新编21世纪
高等职业教育精品教材
旅游大类

旅游美学

主 编 张向东

编写人员 （按姓氏笔画排序）
王 琪 任 扬 李亚男
杨国强 张 晶 张向东
张芮绮 陈爱宣 武真奕
周伊萌 周寒琼 郑昭彦
胡 磊 夏 蓓

中国人民大学出版社
·北京·

图书在版编目（CIP）数据

旅游美学 / 张向东主编 . -- 北京 ：中国人民大学出版社，2024.8. --（新编 21 世纪高等职业教育精品教材）. -- ISBN 978-7-300-32932-1

Ⅰ. F590

中国国家版本馆 CIP 数据核字第 2024MM9062 号

新编 21 世纪高等职业教育精品教材 · 旅游大类

旅游美学

主　　编　张向东

编写人员　（按姓氏笔画排序）

王　琪　任　扬　李亚男　杨国强　张　晶　张向东
张芮绮　陈爱宣　武真奕　周伊萌　周寒琼　郑昭彦
胡　磊　夏　蓓

Lüyou Meixue

出版发行　中国人民大学出版社

社　　址　北京中关村大街 31 号　　**邮政编码**　100080

电　　话　010－62511242（总编室）　010－62511770（质管部）
010－82501766（邮购部）　010－62514148（门市部）
010－62515195（发行公司）　010－62515275（盗版举报）

网　　址　http://www.crup.com.cn

经　　销　新华书店

印　　刷　北京瑞禾彩色印刷有限公司

开　　本　787 mm × 1092 mm　1/16　　**版　　次**　2024 年 8 月第 1 版

印　　张　14.75　　**印　　次**　2024 年 8 月第 1 次印刷

字　　数　280 000　　**定　　价**　59.00 元

前 言

党的二十大报告指出："青年强，则国家强。当代中国青年生逢其时，施展才干的舞台无比广阔，实现梦想的前景无比光明。"青年大学生走进社会、走入职场、走向生活、创造未来，除了要有广博的知识和精湛的技能，审美与鉴赏能力也必不可少。

"世界是一本书，而不去旅行的人只读了其中的一页。"旅游是人们感知和认识世界的一条重要途径。旅游不仅是促进社会经济发展的重要产业，也成为现代人类生活方式的重要组成部分。旅游是一种有机的、整体的文化行为，是一个生命体验的过程，是生活的艺术化和审美化。当人们在旅游过程中面对各种景观产生欣赏之心与感悟之情时，审美就诞生了。作为一项综合性的审美实践活动，旅游审美在丰富人类物质文明和精神文明，调节其情感与生存状态，提高其生活质量，增进其审美智慧，促进全社会审美文化进步与人的全面发展等方面具有积极而特殊的价值。旅游审美是旅游活动中最有感染和教化功能的文化精神活动，它的意义与价值在于：一方面使人通过对自然和人文景观的审美获得精神的满足与愉悦，产生一种对历史、人生、人性、自由等的重新审视，获得一种精神上的完满，从而对自己、他人和世界充满无限的感怀与情意，深刻地感受到生命的意义，进而形成对世间万物充满爱意、包容理解的博大胸襟与气度；另一方面使人通过审美方法的学习与领悟，提升审美格调与品位，为鉴赏力与创造力的培养奠定基础，这也是本教材撰写的意义所在。

本教材是适应新时代高等职业院校旅游相关专业对旅游审美知识教育的迫切要求，为了完善大学生的人格、培养大学生的审美意识和审美能力、提高旅游从业人员的审美修养和鉴赏能力而编写的，对大学生、旅游者和旅游从业人员增长知识、陶冶情操具有很强的实际指导意义。教材共分十章，第一章作为导论部分，旨在阐明旅游美学的生成契机与研究范围；第二章重在分析旅游审美心理过程；第三章至第十章通过比较、分析、描述和评价等方法，重在展现各旅游要素的美学特性与观赏价值，以期达到提高读者旅游审美鉴赏能力和合理开发利用旅游文化资源等目的。

目前市场上关于旅游美学的教材已有多部，它们为本教材的撰写提供了丰富的理论素材，但本教材在编写中依然力求尝试进行突破与创新，在景观的分类中除传统类型外，整合设置了民俗风情、饮食文化、文脉华章、城乡风貌和休闲文化等模块，以适应新时代旅游景观的审美趋势。

本教材的编写体现了以下特色：

1. 能力本位，实用导向。本教材不是旅游美学理论知识的简单拼接，而是从旅游职业活动的岗位能力需求出发，将课程内容的编排和旅游业的实际需要紧密结合，突出实用性和职业性。

2. 理论适当，突出技能。在讲解美学知识的同时突出审美方法的讲授，及时反映旅游业的最新成果、最新案例和动态，以适当的理论作为知识背景，突出审美能力的培养。

3. 创新体例，拓宽视野。各章按照本章导语、知识目标、素质目标、重要术语、正文、案例与专题、本章知识要点、思考与讨论、推荐阅读材料的结构进行编排，正文中嵌入知识拓展等板块，内容丰富、活泼、新颖。

4. 价值引领，树德铸能。教材认真落实课程思政入脑入心入课程的要求，各章清楚写明素质目标。教材中穿插大量反映和介绍人类文明建设成果的案例、图片、视频等拓展资料，以思政引领审美能力的培育，培养学生正确的价值观和审美人格。

本教材既可作为高职高专院校相关专业教材，也可作为旅游从业人员的培训教材和自学参考读物。

本教材由浙江旅游职业学院“国家示范性骨干高职院校重点专业”“浙江省省级示范高职院校重点专业”“浙江省高职院校特色专业”“浙江省高水平职业学校和专业群建设项目”酒店管理专业（群）团队主要成员张向东教授担任主编，由张向东提出体系框架，团队中的多名专任教师共同编写完成。具体分工如下：第一章由郑昭彦、张晶编写；第二、三章由陈爱宣编写；第四章由夏蓓、张芮绮编写；第五章和前言由张向东、任扬编写；第六章由周伊萌编写；第七章由王琪、李亚男编写；第八章由周寒琼编写；第九章由胡磊编写；第十章由杨国强、武真奕编写。全书由张向东统稿。

本教材在编写中参阅了大量相关书籍、学术论文、报刊文献和网络资源，参考和援引了诸多文字成果和实践成果，限于篇幅，只有部分在参考文献中列出，有的在适当的地方加以注明，在此一并向有关专家、学者和组织表示衷心的感谢！本书各章开篇图片均为张向东拍摄。各章中，第四章图片由张向东拍摄，第七章图片由李亚男、王琪拍摄，第九章图片由张向东、胡磊拍摄，第十章所有插花作品图片由清野花艺提供。

本教材由多名教师合作编写，尽管统一了体例和编写要求，但仍难避免文字风格的部分差异；同时，由于编者学识所限，疏漏不妥之处在所难免，敬请广大读者提出宝贵的建议和意见，以便今后修订完善。

编者

目录

壹

第一章

美在生活：旅游美学概述

本章导语

“生活美学时代，旅游越来越成为大多数人生活的一部分，旅游与生活交织在一起，旅游本身就是一种生活方式，旅游是构成生活美学的重要组成部分”（潘海颖语）。随着中国特色社会主义进入新时代，不断满足人民日益增长的美好生活需要，建设美丽中国，已经成为时代发展的主旋律。在物质条件不断得到满足的基础上，对“美”的追求已经成为一种更深层次的内在需求。旅游与美密不可分，旅游涉及审美的一切领域。

知识目标

理解旅游与美学的关系；
了解旅游美学的基本问题；
了解旅游者的审美期待；
理解旅游从业者美学修养的要求。

素质目标

激发学生对中华文明的自豪感，增强学生的爱国之情和文化自信；培养学生担当“民间宣传大使”的使命感，以及扎根旅游事业的责任意识；引导学生端正审美态度，树立追求美好生活的信心。

重要术语

美学　旅游美学　各美其美　美美与共　美学修养

第一节　旅游与美学的关系

一、何为美？——美学研究的基本问题

美学是哲学的一个分支学科。德国哲学家亚历山大·戈特利布·鲍姆嘉通在1750年首次提出美学概念，并称其为“Aesthetic”（感性学），也就是美学。美学是研究人与世界审美关系的一门学科，即美学研究的对象是人的审美活动。审美活动是人的一种以意象世界为对象的人生体验活动，是人类的一种精神文化活动。

何为美？这是美学研究的基本问题。不少哲学家都对这个问题发表过自己的看法。这不是一个简单的问题，通过它可以辐射至世界的本源性问题的讨论。从古到今，从西方到东方，对“美”的解释是很复杂的。如古希腊的柏拉图认为：美是理念；俄国的车尔尼雪夫斯基认为：美是生活；中国古代的道家认为：天地有大美而不言。美是精神领域抽象物的再现，美感的世界纯粹是意象世界。

二、旅游活动的本质是审美

旅游活动的目的地或审美对象主要是风景名胜，也就是在一定时空背景中由自然景观与人文景观构成的旅游吸引物。

自然景观一般包括山水草木、风花雪月、云霞鸟兽等。在中国人的审美意识中，自然既是生活的场所，又是审美的对象，也是人的安身立命之处。“山川之美，古来共谈”的审美习惯和追求“天人合一”的美学风范，均已在悠久的历史长河中演变和积淀为我们审美文化或精神文化的重要组成部分，中国的山水诗歌、山水文学以及山水美学之所以兴盛如斯，其根本原因就在于此。

人文景观一般包括文物古迹、历史名城、园林建筑、民俗风情、社会生活以及各种形式的文化、艺术和娱乐活动等。北京的故宫、苏州的园林、青藏高原的文化风情和丝绸之路的历史古迹等，都是吸引中外游客慕名而来的人文景观。它们不仅具有丰富的审美价值，而且为文化艺术研究和科学考察提供了可观可证的实物和场所。即便就旅游所涉及的“吃喝玩乐”这种日常生活活动而言，除了实用功能外，也同样包含着一定的审美因素。众所周知，中国的饮食文化历史悠久，不仅讲究美食、美酒、美器，而且注重

“色、香、味、形、意”，同时还要求乐舞配置与诗意气氛等。这些具有形式美感的饮食器皿和菜肴造型，以及洋溢着欢乐气氛的饮食环境，都有助于人们思想感情的交流、身心的健康和人际关系的和谐。这便说明，“吃喝玩乐”不只是为了满足人的生理需要，也是为了满足人的情感或精神需求。

总之，旅游活动的内容异常丰富。游人可以观赏旖旎的自然风光，体验形式多样的民俗风情，品尝不同风味的美食佳肴和参与各种有趣的文化娱乐活动，也可以搜奇览胜，踏访文物古迹与园林建筑等人文景观，欣赏绘画雕塑、书法篆刻与音乐舞蹈等艺术作品。可见，作为一项综合性的审美实践活动，旅游集自然美、艺术美、社会生活美之大成，熔文物、古迹、建筑、绘画、雕塑、书法、音乐、庙宇、服饰、民情等为一炉，涉及阴柔、阳刚、秀美、崇高、绮丽、狂野、明快、悲壮、轻松等一切审美形态，有益于满足人们从生理到精神等不同层次的各种审美需求。诚如国内有些美学家所言：“看来人们的旅游目的不是有力无处使，有钱无处花，而是为了丰富自己的精神生活。”“旅游，从本质上说，就是一种审美活动。离开了审美，还谈什么旅游？……旅游活动就是审美活动。”

从具体内容和本质意义上看，旅游是一项集自然美、艺术美和社会生活美之大成的综合性审美实践活动，这项活动在美学方面具有独特价值与多重效应。

三、旅游活动的审美效应

（一）慰藉心灵和调节心理环境

现代人的精神困境表现在现实人生中的许多方面。首先是“文明的缺憾”与劳动的异化使人的精神与情感发育不全，结果导致了所谓的人格畸形——“单面人”。其次是由于“人际关系的稀薄化”而产生的人情冷漠、世态炎凉现象和不正常的“邻居心态”。再次就是存在主义所描述的“寻找家园”与人本主义所解释的“寻找自我”的“浪子心态”。总之，精神与情感的双重失落或失衡，往往使人们处于一种难以解脱的躁动不安的心理环境之中。于是，出于自我调节或暂时逃避的心理，人们纷纷外出旅行，改换生活环境，渴望在寻访名山大川、文物古迹等的旅游活动中达到净化心灵、陶冶情操的目的。

事实上，旅游活动所带来的时空审美感受与情感慰藉，能在很大程度上使人摆脱世俗的羁绊，获得心灵的自由，忘却往日的忧愁，净化心理环境，等等。从这种意义上讲，旅游活动是一种普遍的“社会疗法”，有助于调节个体的心理环境，维系社会的正常秩序以及人与人之间的和谐关系。

（二）造就具有优美灵魂的人

人类通过社会实践与外部世界建立起多种关系，主要包括以求真为导向的认识关系、以趋善为导向的伦理关系与以爱美为导向的审美关系。而推进审美关系发展的基本动力，一方面来自着眼于创作的艺术实践，另一方面来自着眼于鉴赏的审美教育。审美教育的形式是多样的，而旅游活动作为一种全球性的社会文化现象或综合性的审美实践活动，实际上也是一种寓教于乐的普及性审美教育活动。事实证明，旅游活动不仅能为游人提供丰富的审美实践机会，而且能通过其潜移默化的特殊作用陶冶人们的情操，升华人们的精神世界，促进人们的身心健康，培养人们对文化艺术的审美鉴赏能力。

一个人如果能够离开居室去欣赏大自然的美，他的内心肯定“具有一颗优美的灵魂”，而且值得人尊敬。这种“优美的灵魂”至少包含“爱美”“知美”“创美”三个不同层次的心理素质或能力。相比较而言，“爱美”“知美”还不是人生的终极目的，“创美”才是人生的终极目的。所谓“创美”，就是按照“美的规律”来创造美的事物、美的风尚、美的道德、美的人格、美的服务、美的语言、美的行为、美的环境……概括来说，就是创造符合审美要求的“美的生活”。

（三）推动社会审美化的进程

有人说，社会的进步是人类对美的追求的结晶。在现代条件下，具有广泛社会基础和能够满足多种文化需求的旅游业不仅有利于加快审美文化的建设和发展，而且有助于推动全社会审美化的进程。这主要是因为旅游业是一种多边缘、综合性的特殊产业，几乎涉及社会有效劳动的一切领域，如建筑、交通、服饰、饮食、陶瓷、文化、艺术等。而所有这些劳动领域的最终产品在造型、款式、风格、色调、氛围、设计和功能等方面不仅要有可靠的实用价值，而且要有丰富的审美价值，以便满足旅游者不同层次的，包括审美需求在内的各种需求。

旅游活动作为促进社会审美化的动因，还表现在旅游者与旅游目的地居民的相互影响和相互交往等方面。除了物质生活的审美化外，旅游活动对精神生活的审美化也有一定的推动作用。精神生活美化是指通过旅游活动提升个人的审美体验和精神享受。例如，某艺术小镇每年都会举办各种艺术展览、手工艺市集和文化节庆活动，吸引来自各地的游客。游客在小镇不仅可以体验当地的风俗和文化，而且可以通过与当地艺术家的交流，更加深入地了解艺术作品背后的文化和历史，这种学习和体验可以丰富游客的精神世界，从而起到促进社会审美化的积极作用。

（四）提高人类的生活质量

旅游活动具有多重功能，融贯着物质文明与精神文明两大领域的方方面面。比如，旅游过程中品尝美味佳肴与购物等活动，可以满足人的物质需求；旅游过程中进行社会交往活动，可以弥补人际关系上的缺憾；认知异质文化、了解风俗民情，可以丰富人的文化知识、满足人的求知欲望；更换生活环境、寻访清净幽雅之地，可以使人获得不同以往的感受并在相对理想的环境中消除疲劳、恢复健康，摆脱烦恼与焦虑；浪迹山水、艺术欣赏以及相关的娱乐活动，可以使人获得审美享受，不仅有助于净化人的心灵、满足人的精神需要，还能使人体悟人生真谛、提升人生境界……因此，旅游活动可以视为提高人类生活质量的一种有效途径。

（五）促进人的全面发展

人的全面发展，“不是自然的产物，而是历史的产物”[①]。促进人的全面发展的途径主要有道德教育、文化教育、艺术教育等，而除此之外，旅游也不失为一种有效途径。这是因为旅游不仅具有广泛的社会性和普及性，而且具有内容的综合性和功能的多样性。它可以开阔人的眼界，增加人的阅历，丰富人的历史文化知识，培养人的“新感性”。荀子言：不登高山，不知天之高也；不临深溪，不知地之厚也。这种悦山乐水的旅行游览，必然会在感受和体验方面给人以新的刺激，使人在新的环境中跳出思维的陈规旧套，从新的角度和切入点去观察和审视各种新事物、新现象。这对于发展人的敏感性与洞察力、丰富人的想象力和激发人的灵感等，均有不可忽视的作用。

在中国，从古至今一直都有“游学”的传统。因为，绝大多数旅游景观均具有“历史舞台的效果”，积淀着丰富而深厚的人文内涵与历史沧桑。同时，旅游作为一项集自然美、艺术美和社会生活美之大成的综合性审美实践活动，不仅能够满足人的各种审美需求，而且有助于提高人的审美鉴赏能力。总之，在正规的教育途径难以企及的地方，旅游可以发挥一种独特的补充作用，从而促进人的全面发展。

第二节　旅游美学的意蕴和特质

一、旅游如何使生活更具美的特质

近年来，旅游已经成为“小康生活标配、美好生活必备”。旅游是以满足人的需求为基础的活动，它不是个别人的“特权”，而是所有人的“权利”和“福利”。无论是

---

① 马克思，恩格斯．马克思恩格斯全集：第 46 卷（上）．北京：人民出版社，1979：108.

回顾过去还是展望未来，我们都无法回避人类所面临的一系列现实问题，诸如能源、环境、民主秩序、道德伦理、人际关系，等等。其中，人的生活质量问题一直是全世界关注的焦点。依据国外的一项研究报告，好的“生活质量”意指居民在以下八个方面享受良好的福利待遇：

（1）经济方面：就业机会与工资收入有保障。

（2）保健方面：就医方便，保健设备齐全。

（3）教育方面：机会均等，条件良好。

（4）文化娱乐方面：享有参与文化娱乐活动的设施与机会。

（5）住宅方面：可以按照自我偏好进行选择。

（6）安全方面：生活与工作的地区犯罪率被控制到最低限度。

（7）自尊方面：受人尊敬，具有自我价值感。

（8）心理方面：生活无忧无虑。

根据现有的研究成果，参照马斯洛的“需求层次理论”，综合日常的观察、自省与分析，我们认为，生活质量的内涵基本上包括物质、社会、文化、生态、心理、审美与精神七大层面。

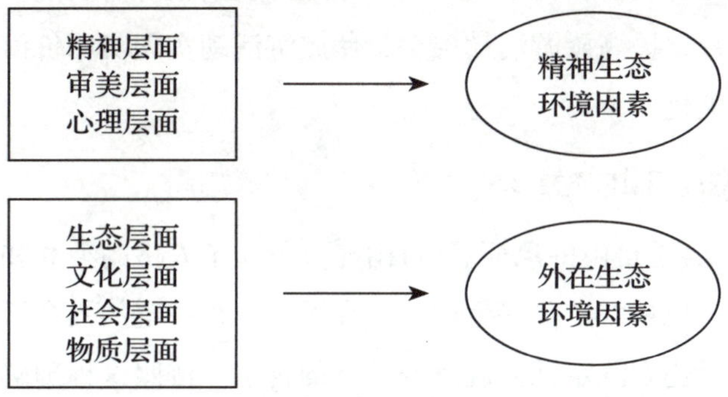

生活质量的内涵

其中，物质层面是指衣、食、住、行等人类基本需求。显而易见，物质层面近似于我们常说的生活水平，是生活质量的基础。但要清楚地看到，这一层面本身并不等于生活质量本身，它只是后者的重要组成部分。社会层面，包括社会环境与秩序、人身安全系数、医疗保健条件和人际关系等因素。文化层面，泛指教育机会、公共文化设施与个人文化修养等内容。生态层面，主要是指生态平衡、环境污染与环境保护的现状。心理层面，一般涉及自尊心、价值感、心理卫生或心态健康等因素。审美层面，一般涉及休闲娱乐、旅游观光、艺术欣赏与艺术创造等活动。与此密切关联的精神层面，则涉及情感寄托、理想追求、修身养性、自我完善与精神超越等一系列具有“形而上”意义的实践活动。概而言之，生活质量属于系统工程，这个系统中的各个层面是相互联系、彼此影响的。依据各自的属性与特点，我们可将物质、社会、文化与生态四个层面划归为外在生态环境范畴，而将心理、审美与精神三个层面划归为内在生态环境或精神生态环境范畴，这样便可把上述多层面模式简化为一种“双因素模式”。

旅游活动可以利用其社会化的市场与普遍化的方式来满足人们的各种需求。旅游活动不仅可以缓解人的心理疲劳，使人从日常的琐碎环境中解脱出来，而且可以丰富人的阅历、升华人生境界。因此，旅游具备使生活变得更美的特质，是提高生活质量的一种有效途径。

二、旅游美学的意蕴

美是旅游本质的自然呈现。从旅游活动本身来看，新时代旅游美好生活是各美其美的价值偏好、美美与共的价值理性和无限美好的价值理想的有机统一。各美其美体现了旅游活动的自由之美，美美与共体现了旅游活动的和谐之美，无限美好体现了旅游活动的无限之美。自由之美彰显了人的个性，和谐之美彰显了人的理性，无限之美彰显了人的超越性，三者统一于新时代旅游活动的具体实践之中。

旅游美学，就是将旅游作为审美对象，通过对包括旅游物质生活和旅游精神生活在内的审美形态的研究，提高旅游活动层次，使旅游活动实现实用价值和审美价值的有机融合，推动旅游审美化。

（一）各美其美：自由之美

有学者认为：“美是自由的象征。”自由充分彰显了人格的独立和生命的意义。自由既是美的本质规定，也是旅游美好生活的内在属性。在一定的社会历史条件下，自由并不是随心所欲，而是遵守既定社会规范条件下的自主。按照这种理解，新时代旅游美好生活之自由主要体现在以下两个方面。

1. 个体对于旅游价值偏好的自主选择

个体的存在是社会历史发展的前提。“人们的社会历史始终只是他们的个体发展的历史，而不管他们是否意识到这一点。”[①] 每个人都是一个生活者——美好生活的基本主体。价值观念的多元化是现代社会的一个基本特征。在个人生活层面，个体价值观念的多元化决定了美好生活的多样性——不同的个体有不同的价值偏好，对旅游美好生活有不同的理解与要求。在物质生活不断改善的基础上，人们的精神诉求不断凸显，旅游美好生活的多样性在旅游生活理念、旅游生活方式、旅游生活时尚、旅游生活理想和旅游

---

① 马克思，恩格斯．马克思恩格斯文集：第 10 卷．北京：人民出版社，2009：43.

生活境界等诸多方面充分彰显出来。人们各美其美，多样的情怀和追求构成了一幅色彩斑斓的旅游美好生活画卷。

2. 个体对于时间的自主把控

新时代旅游美好生活既立足当下，更面向未来。马克思从人类历史发展的总趋势出发，提出未来共产主义社会是一个每个人自由而全面发展的社会。对于自由与美好生活之间的内在联系，马克思是这样设想的："我有可能随自己的兴趣今天干这事，明天干那事，上午打猎，下午捕鱼，傍晚从事畜牧，晚饭后从事批判，这样就不会使我老是一个猎人、渔夫、牧人或批判者。"[①] 也就是说，共产主义社会打破了社会分工的固定化，扬弃了自由时间和劳动时间的对立，使人们有更多的时间培养自己的兴趣爱好。但是，在社会主义初级阶段，劳动依然是谋生的手段，自由时间与劳动时间的对立仍然存在。因此，个体对时间的自主把控依然是相对的、有限的。但随着全面小康社会的建成，人们的自由时间必然会越来越充裕，旅游生活也会越来越丰富多样。

（二）美美与共：和谐之美

早在公元前 6 世纪，古希腊的毕达哥拉斯学派就提出了"美是和谐"的命题，而和谐是"杂多的统一，不协调因素的协调"。按照唯物辩证法的矛盾普遍性原理，矛盾无处不在、无时不有，和谐则是对立事物之间和睦协调的状态。旅游美好生活并不是没有矛盾，而是矛盾能够得到合理解决。因此，和谐既是美的本质规定，也是旅游美好生活的内在属性。从不同价值偏好的共存来看，新时代旅游美好生活之和谐主要体现在以下两个方面。

1. 人与人之间的和谐

在旅游活动中，个体不可避免地要与他人进行社会交往，参与公共生活。在公共生活中，人们总是从不同的视角去考察事物，如阿伦特所说："被他人看到或听到的意义都来自这个事实：每个人都是从不同的角度来看和听的。这就是公共生活的意义所在。"当具有不同认知框架和价值偏好的个体相互交往的时候，不同生活方式之间的矛盾和冲突在所难免。那么，不同的旅游生活方式如何和谐共存，从而实现美美与共呢？我们认为，解决这一问题的关键是诉诸公共理性。罗尔斯说，公共理性是"那些共享平等公民身份的人的理性。他们的理性目标是公共善，此乃政治正义观念对社会之基本制度结构的要求所在，也是这些制度所服务的目标和目的所在"。从公共理性出发，公民可以在个人利益与他人利益之间、个人利益和公共利益之间寻找一种适当的平衡，在关于如何维系公共生活秩序的根本问题上形成一种价值共识——对于不同的价值偏好，人们应该

---

① 马克思，恩格斯．马克思恩格斯文集：第 1 卷．北京：人民出版社，2009：537.

相互保持尊重与宽容，从而实现美美与共。

2. 不同民族、不同国家之间的和谐

旅游活动是“民间的外交”。如今，不同民族、不同国家之间的交往日益频繁，世界各国相互联系、相互依存的程度日益加深，整个世界越来越成为一个“我中有你、你中有我”的命运共同体。在全球化背景下，没有人能够生活在孤岛之中。在日益广泛的对外交流中，不同生活方式和文化观念之间的矛盾与冲突时有发生。面对国际交流中的矛盾与冲突，不同的文明应该开放包容、相互尊重、相互学习、求同存异、和谐共生。人类文明的多姿多彩造就了人类波澜壮阔的发展历史，文明多元并存是当今世界的现实图景。在国际交流日益广泛且深入发展的时代背景下，文明的多样性必然要求不同文明交流互鉴。正如习近平主席于 2014 年 3 月 27 日在联合国教科文组织总部发表演讲时所说：“文明因交流而多彩，文明因互鉴而丰富。文明交流互鉴，是推动人类文明进步和世界和平发展的重要动力。”只有不同的文明开放包容、交流互鉴，人类的旅游美好生活才有可能丰富多彩。

（三）无限美好：无限之美

黑格尔认为：“无论就美的客观存在，还是就主体欣赏来说，美的概念都带有这种自由和无限；正是由于这种自由和无限，美的领域才解脱了有限事物的相对性。”无限即无穷无尽，没有限制。生命是有限的，而人总是想在有限中达到无限。新时代旅游美好生活之无限主要体现在以下两个方面。

1. 旅游美好生活需要的无限发展

需要是人对外界对象的一种依赖关系。人的需要不同于动物的需要，人的需要具有社会性、历史性和实践性。人的需要通过社会生产来满足，并且随着社会生产的发展而发展。人的生物本能只是人的需要的自然前提，人真正的需要是由社会生产创造出来的。马克思曾经指出：“人以其需要的无限性和广泛性区别于其他一切动物。”[①] 需要的持续满足和生产的不断发展会创造更多新的需要。“需要是同满足需要的手段一同发展的，并且是依靠这些手段发展的。”[②]“满足需要的手段”，即社会生产。人的需要呈现出一种随着社会生产发展而不断上升、无限发展的趋势。新时代旅游美好生活的需要涉及经济、政治、文化、社会等诸多方面。随着社会的不断进步，旅游美好生活需要也会与时俱进，永无止境。

---

① 马克思，恩格斯 . 马克思恩格斯全集：第 38 卷 . 北京：人民出版社，2019：11.

② 马克思，恩格斯 . 马克思恩格斯全集：第 42 卷 . 北京：人民出版社，2016：526.

2. 旅游美好生活品质的无限提升

与经济的高质量发展相适应，旅游美好生活是一种品质优良的生活。历史唯物主义认为，人们的生活水平是由社会生产力发展水平决定的，“个人怎样表现自己的生命，他们自己就是怎样。因此，他们是什么样的，这同他们的生产是一致的——既和他们生产什么一致，又和他们怎样生产一致”①。在全面建成小康社会的过程中，旅游美好生活的品质会随着社会生产力的发展而不断提升。社会生产力的发展是一个永无止境的过程，因此，旅游美好生活品质也是一个无限提升的过程。

三、旅游美学的特质

（一）旅游美学注重感悟美

旅游的感悟美古往今来都是一致的。无论是古代周穆王的周游天下、文人士大夫的寄情山水，还是当代人的旅游，都是为了获取审美的愉悦。古今旅游者通过对旅游景观的欣赏，获得一种精神上的愉悦，领略蕴含在各种景观之中的情趣，使心灵徜徉其中，获得完全的自由舒展。

（二）旅游美学表现出文化跨越性特征

人们日常生活范围的时空限制，使得异地异域的自然景观、异质文化产生了特定的不可及性和特定意义上的“距离”，人们因此而对其产生了憧憬。对不同地域旅游景观的理想化联想，能够激起人们外出旅游的欲望。现在人们的旅游生活多是异地旅行生活，人们欣赏的是其他地域、其他民族或其他国家的自然景观、文化风貌。这与人们的日常生活环境有很大的不同，能够引发人们的好奇心和探求欲，从而使旅游美学表现出明显的文化跨越性特征。当然，随着社会的发展，人们对自身所处环境的依附性越来越小，便捷的交通使旅游的范畴更加广泛，不再囿于某一地的旅游景观，而是将审美视野扩大到全世界，旅游美学的文化跨越性特征也就更为明显。

（三）旅游美学注重文化倾向

旅游作为一种大众化的文化消费活动，其审美倾向更注重文化内容——不仅注重旅游景观的外形带来的美的感受，而且注重旅游景观所具有的文化内涵。旅游者外出旅游时接触、观赏、体验异地、异质的文化，能够使其审美视野得到调整。旅游美学既有对高雅、古典艺术的欣赏，也有对通俗、现代文艺的欣赏；既有对自然风景的欣赏，也

① 马克思，恩格斯．马克思恩格斯文集：第1卷．北京：人民出版社，2009：520.

有对民俗风情旅游景观的欣赏；既有对中国文化景观的欣赏，也有对异国文化景观的欣赏。旅游活动促进了不同文化的融合，推动了文化的传播。

第三节　旅游从业者的美学修养

一、旅游者的审美期待与旅游接待艺术

旅游审美心理学告诉我们，当旅游者萌发旅游动机并开始通过各种大众传媒渠道搜集相关信息和选择旅游目的地时，其审美期待心理也随之进入动态的发展阶段。这种审美期待心理起初主要是指向景观对象的审美价值的，但随着旅游目的地的确定与旅游行期的临近，这种期待心理将会更多地转向旅游接待服务，因为后者直接关系到旅游者的旅游审美需求能否得到满足。通常，旅游者的审美期待集中体现在仪表美、风度美、心灵美等方面。

（一）仪表美

人的仪表美是形体美、服饰美与发型美的有机结合。

就形体美而言，中西方的审美观念日益趋向融合与一致：在讲究身材、五官、容貌与肤色的同时，也推崇适宜的比例参数。根据许多美学家、艺术家和健美专家的研究结果，中国人形体美的具体标准可以归纳为以下十条：

（1）骨骼发育正常，关节不显得粗大凸起。

（2）肌肉均匀，皮下脂肪适当。

（3）五官端正，与头部的比例协调。

（4）双肩对称，男性要求宽阔（肩宽为美），女性要求圆润。

（5）脊柱正视垂直，侧视曲度正常。

（6）胸部隆起，男性正面与侧面看上去略呈 V 形，女性乳房丰满而不下垂，侧视应有明显的曲线，通常半球状或圆锥状乳房更具形式美感。

（7）腰细而结实，微呈圆柱形，腹部扁平，男性有腹肌垒块隐显。

（8）臀部圆满适度，富有弹性。

（9）腿部要长，大腿线条柔和，小腿腓部突出，足弓要高，脚位要正。

（10）双手视性别而定，男性的手应厚实有力，女性的手以纤巧结实为宜。

上述条件一般构成人体的常态之美。如果缺乏这种常态美，那就谈不上形体美了。从生理意义上看，形体美通常体现出人良好的健康状况与身体素质。从劳动美学观点看，人们更倾向于欣赏和追求健康的美、富有活力或生命感的美，而不是病态的美，即苍白无力或弱不禁风的美。从旅游美学的实际来看，旅游者对接待人员的形体美要求突出地表现在健康美上。因为这直接关系到整个旅游审美活动能否正常进行及接待人员接待服务的效果。

服饰美是构成仪表美的另一要素。俗话说“三分靠长相，七分靠打扮”，这是有一定道理的。服饰之美不仅对人体具有扬美与抑丑的双重功能，更重要的是能反映出人高雅的品格与审美趣味，给人以美感。如果对服饰加以科学而巧妙的应用，就能使其与人体构成和谐的美，起到一种相得益彰、锦上添花的作用。人们可以根据自己形体的某些美点，借助服饰的色调和款式对其加以突出。例如，肤色白净的女士，服装的色调不妨明快鲜亮一些，若着桃红色服装，在红衣白肤的自然对比调和中就会产生一种“人面桃花相映红”的审美效果。

发型美也是构成仪表美的一个要素。发型在一定程度上属于实用造型艺术，是人的审美情趣与性格品格的直观表现，是自然美与修饰美的有机结合。在实际生活中，人对发型美的追求尽管呈现出多元取向，但个性化依然是一条指导性原则。所谓发型的个性化，就是根据个人的身材、脸型、头型、发质、年龄和职业特点来设计修剪发式，使其能反映出个人的特点和情趣，取得整体和谐的审美效果。

形体、服饰和发型等因素有机结合，便构成了旅游接待人员的总体仪表美，它直接影响着旅游者的审美视知觉。旅游接待人员作为“祖国的一面镜子”或“民间宣传大使”，应充分认识仪表的审美属性与社会意义，重视自己的仪表或形象塑造。

（二）风度美

风度是个人行为举止的综合产物，是个人性格、气质、情趣、素养、精神世界和生活习惯的外在表现，也是社交活动中的一种无声语言。通常所说的“风姿”“风采”“风韵”，基本上都属于风度的具体表现。

风度虽能在很大程度上反映人的内在美，但它总是通过外显的行为，即站态、坐态、步态和其他动作姿态等可视因素展现出来。常言道“站要有站相，坐要有坐相”，这就对风度美提出了最基本的要求。旅游接待人员在同客人交谈或讲解时，首先要注意站态，既不要两脚并拢、笔直硬挺，也不可双腿叉开、摇头晃脑。手势与表情也不宜过于夸张或激烈，更不可用手指点人说话。因为这种站态与手势不是过于紧张生硬，缺乏亲切感，就是显得散漫粗俗，令人生厌。正常的站态要求两脚叉开时不超过肩宽，腰板自然挺直。而手势（一般用五指并拢的手掌作为辅助性表达手势）则要求柔缓优雅，且面带微笑（近乎舞蹈演员通常所展现的二度微笑），这样会给人一种稳定感、轻松感和亲切感，有利于思想感情的沟通与交流。

坐态也有一定的规范。如果坐态失常，不仅不美观，而且会导致人体的畸形变化（如脊柱歪斜），损害人的健康和身材的自然美。旅游接待人员大多是站立服务的，但导游、翻译也常有坐着服务的情形。无论是商谈游览计划还是同桌就餐，入座时都要先客后己、彬彬有礼、轻缓得体，切忌猛坐猛起、弓背哈腰或半躺半坐。总之，要在实际生活中细心观察、不断总结，避免呆板僵直、懒散粗鲁的坐态，追求端正大方、自然舒适的坐相。

步态美主要表现为从容稳健、快慢自然、轻巧敏捷的行走姿态。反之，前摆后扭、上颠下簸、头摇肩晃的行走姿态则难以构成步态美。相形之下，步态由于动态性较强，比站态和坐态更难把握，因此也更具有观赏价值。正如培根所言："论起美来，状貌之美胜于颜色之美，而适宜并优雅的动作之美又胜于状貌之美。"

可以说，站态、坐态和步态是人的自然形体在空间中的具体显现，良好的站态、坐态和步态，加上优雅的手势与温和的表情，会构成一种和谐统一的空间形象。无论从静观还是动观的角度看，这种直观的空间形象都是风度美的客观表现形式。但这并不是说风度就是这"三态"与手势、表情等的简单组合。从严格的意义上说，风度美属于社会美的范畴，是人的内在美（气质、修养、情趣等）的自然流露。因此，风度美要求内秀与外美的统一，要求"诚于中而形于外"。

（三）心灵美

从社会美的角度来评判别人的美时，人们总是习惯于把仪表美和风度美归于"表层"的美，而将心灵美看作"深层"的美，并且认为这两者的和谐统一可以造就一种"完整的美"，即一种表里如一的内外综合美。只有这种美才是人类美学追求的极致。

旅游接待人员的心灵美主要体现在他们所提供的优质服务上。据报道，有位陪同法国"东方之友"旅行团的导游翻译在整个游览观光过程中积极热情，任劳任怨，关心游客，讲解认真，语言生动，把中华文化的精义与旅游景观的特征真正介绍和传播给了客人，同时还为团中的老人排忧解难，关怀备至。临别时，游客感激不已，依依惜别。之后，他们寄来多封感谢信，对此番在华旅行给予了很高的评价，对导游的服务表示了高度的赞扬。这就是对旅游接待人员心灵美的形象诠释。国家标准《导游服务规范》（GB/T 15971－2023）规定了导游服务能力要求、导游服务内容要求等，本质上是对导游人员如何塑造心灵美进行了高度而集中的概括。特别是对其国格和人格方面的要求，在社会学意义上可以说是旅游接待人员塑造心灵美的起点。自不待言，只有讲究国格和人格者才有可能追求自我完善，追求从仪表、风度到心灵的“完整的美”。

二、如何提高旅游从业者的美学修养

随着旅游业的不断发展，广大旅游者对旅游审美的要求越来越高。这就对旅游从业者提出了更高的要求。能否使旅游者获得更多的审美享受，最大限度地满足旅游者的审美需求，主要取决于旅游从业者自身美学修养的广度和深度。提高旅游从业者的美学修养，对于提高旅游者的全过程旅游体验品质具有重要作用。

（一）培养自我审美意识，提高审美情趣

旅游从业者应多角度、全方位地培养自己的自觉审美意识或审美自觉性，提高审美情趣，使自己的仪表、风度、心灵、语言、情趣和技艺等方面都符合美的规律，符合个体与社会审美化的发展要求。

随着旅游者与旅游从业者之间交往的增多，旅游者的注意焦点会逐渐从旅游从业者的仪表美转到风度美上，这是个体审美层次提高的表现，潇洒自如、优雅自信的风度会强化人们对仪表的审美感受；反之则会冲淡这种感知，甚至使先前的印象模糊或者流失。对于旅游从业者而言，要养成良好的风度，就需要在社会生活和劳动实践中，注意观察、体味和模仿其他社会成员优雅、自然、得体的身体姿态，从中抽象或概括出适宜自我的参照标准，加以综合，使其个性化、内在化。同时，还应从审美化角度出发，积极主动地发挥自己的潜力，按照美的规律从形象、姿态、举止、风度等方面培养和塑造自己。

一般来说，旅游从业者的仪表美和风度美固然重要，但在旅游审美关系中，旅游者的审美经验和审美感受往往是一个不断深化的过程，或是一个由表及里的认识过程，所以旅游从业者内在的心灵美或道德美更为重要。总之，人的发展是自我的发展，没有自觉的审美意识或者缺乏追求自我完善动力的人，是很难成为一名优秀的旅游从业者的。

（二）增强审美敏感性，提高审美能力

审美敏感性是指审美觉悟或审美鉴赏能力，主要包括审美感受力、审美想象力、审美理解力三个基本要素。

审美感受力是审美主体通过感官对外部自然美和艺术美进行把握而逐步得到培养和强化的。要提高自己的审美体验层次，就要培养和提高自己的审美感受力。旅游从业者要充分利用自己的感官，通过观赏和交流，提高自己的审美能力，获得特殊的审美

体验。

审美想象力是在直观审视审美对象的基础上，通过大脑中积蓄的“内在图式”以及主体的审美理想，对其加以改造、丰富、完善和创新的能力。旅游从业者可以通过欣赏大量的艺术作品来陶冶情操，产生细腻高雅的情思意趣。

审美理解力是一种在感觉的基础上把握和鉴赏审美对象的意味或内涵的能力。这种能力是感性接触大量审美对象和广泛参加审美实践活动的产物。审美理解力的提高首先靠学习和积累历史、地理、文学、美学等方面的知识，提高欣赏水平；其次要通过直观体验，以形象思维来创造和感悟审美对象，提高审美能力。

（三）研究旅游者的审美需求，提高审美水平

由于审美个性的差异，旅游者的审美需求是多样的。在服务接待过程中，使不同的旅游者获得最大限度的审美满足，是旅游从业者的主要任务。旅游从业者要充分考虑旅游者的审美需求和动机，认真研究旅游者的审美类型，根据旅游者审美个性的差异，选择旅游者最感兴趣和最愿意接受的审美对象，收集最具有代表性的材料，并在接待过程中配以详略得当、生动详细的讲解，这样才能引起旅游者的共鸣，达到旅游审美的目的。

案例与专题

美之旅程——追寻旅游生活中的美感

本章知识要点

本章主要揭示了旅游与美学的关系，诠释了旅游美学的意蕴和特质，并从旅游者的审美期待角度介绍了旅游从业者的美学修养要求。

思考与讨论

1. 如何从审美的角度来看待旅游活动的本质？
2. 为什么说旅游有助于提高人类的生活质量？请举例说明。
3. 怎样提高旅游从业者的美学修养？
4. 旅游美学有哪些基本特质？
5. 你怎么理解旅游美学的意蕴？

推荐阅读材料

1. 沈从文. 沈从文生活美学. 北京：新世界出版社，2017.

2. 刘悦笛. 审美即生活. 北京：商务印书馆，2021.

3. 刘悦笛. 生活之美. 合肥：安徽文艺出版社，2021.

4. 纪录片《美丽中国》。

5. 纪录片《跟着书本去旅行》。

贰

第二章

悦志悦神：旅游美学心理与体验

本章导语

本章主要探讨了旅游审美心理的四大要素，分析了旅游美学体验的具体内容，着重介绍了旅游美学体验的方法。本章内容是旅游美学最基本的理论起点，起到统摄全书的作用。

知识目标

了解旅游审美心理的四大要素；

理解旅游美学体验的内涵；

掌握旅游美学体验的方法。

素质目标

树立正确的审美观，掌握正确的审美方法，不断提高审美情趣。

重要术语

审美知觉　审美想象　审美情感　审美理解　审美个性　审美意识　审美感受　动态与静态　移情与距离　时机与位置　节奏与重点

第一节 旅游审美心理要素

旅游审美是旅游者在具体的观光游览活动中所进行的价值判断过程。该审美实践过程通常伴随着复杂、微妙且愉悦的心理活动，主要涉及审美心理的四大要素：审美知觉、审美想象、审美情感和审美理解。这些要素作为特殊的审美心理功能，在相互作用中引起不同程度的审美愉悦或审美快感。

一、审美知觉

审美知觉，指审美对象刺激人的感官而引起的各种感觉和随之而来的知觉综合活动。人通过视、听、嗅、味、触等主要感官渠道辨别、接受和传达外界的各种信息。

旅游审美知觉与普通知觉的区别在于，旅游审美知觉关注审美对象的外在形式和内容是否符合人的内在情感状态和精神世界，能否使旅游者的情感得以表现或者升华。

审美知觉具有三个方面的特点：情感性、选择力、整体性。

二、审美想象

审美想象，指审美主体在审美活动过程中，由一个事物想到其他事物的心理过程。审美想象分为初级和高级两种形式。初级形式指简单联想，包括接近联想和类比联想。高级形式包括知觉想象和创造性想象。联想就是见到甲就想到乙。见到甲能想到乙的原因，无非是两个，要么甲和乙在性质上相近，要么甲和乙在经验上接近。下面举例进行说明。

接近联想：杭州传统名菜“东坡肉”，让人联想到曾任杭州太守的苏东坡带领民工疏浚西湖、修筑路堤，老百姓感念他的恩德，送他猪肉的传说。

类比联想：在古代，杨柳象征离别，菊花象征隐士。

知觉想象：黄山的“梦笔生花”、桂林的“象鼻山”、阳朔的“月亮山”，这些山石的形状和现实世界中的某些事物有相似之处。

创造性想象，是脱离眼前的事物，在内在情感的驱动下，通过回忆起种种形象并进行改造，创造出一种从未存在过的崭新形象。比如来北京颐和园观光的游客，站在昆明湖的东岸，由低往高观赏水景、拱桥、长廊和万寿山佛香阁，再由近及远眺望玉泉山宝塔与西山的风景，会在想象中将这些景致有机地连接和组合在一起，构成一幅有近、中、远景的山水图画。

三、审美情感

审美情感，指在审美知觉和审美想象中，主体对客体的一种主观情绪反应。审美是一种主观的心理活动过程，审美情感作为一种精神的愉悦，它能够丰富人的精神世界，激发人们对情感美的追求。

春秋时期有一位著名的琴师，名叫伯牙，他精通音律，琴艺高超。他弹琴时，一个樵夫在一旁欣赏。伯牙弹起赞美高山的曲调，樵夫说道："真好！雄伟而庄重，好像巍峨的泰山一样！"当他弹奏表现奔腾澎湃的波涛的曲调时，樵夫又说："真好！宽广浩荡，好像看见滚滚的流水、无边的大海一般！"伯牙兴奋极了，激动地说："知音！你真是我的知音。"这个樵夫就是钟子期，从此二人成了非常要好的朋友。"高山流水"体现的是情感共鸣、心灵相通、理念契合。具有审美力的情感交流通常是排除杂念而深入人心的，共鸣的产生是自然而然的意会，而非言传，它会带来心理的愉悦、心灵的共振、精神的认同以及自我价值的提升。

四、审美理解

审美理解，指审美主体以感情的形式在审美知觉基础上形成的一种审美领悟。概括起来，有三个层次。第一层次的理解主要在于区分现实状态与虚幻状态。比如，在观看海市蜃楼时，不把幻境当作实景。在欣赏戏剧时，不把剧情当作现实中发生的事。第二层次的理解是对审美对象内涵的理解，即对审美对象的题材、人物、典故、背景、符号意义等的理解。比如游览嘉峪关，如果不知道其历史背景、基本功能和象征意义，也就难以理解其真正的历史作用。第三层次的理解是深层、内在的理解。如杜甫《望岳》一诗中的最后两句——"会当凌绝顶，一览众山小"，不仅描绘出了泰山的巍峨雄奇，而且表达了作者的豪情壮志，使人们不仅对泰山的外在形态有了感性认识，而且对这座名山的历史文化积淀有了深层次的理解。

第二节　旅游美学体验

在旅游审美过程中，同游某一景点的旅游者可能会有相同的感受，也可能会有不同的体验。孟子说过：“口之于味也，有同耆（同嗜）焉；耳之于声也，有同听焉；目之于色也，有同美焉。”审美感受和审美体验大都与审美个性和审美意识相关。

一、审美个性

从社会学的角度看，个性受到现实环境和社会关系的制约，它是在人不断学习、实践、积累、充实和丰富自己的过程中形成的。审美个性的形成与发展，也是一个复杂的过程，不仅涉及先天因素，而且与后天的训练有关。先天因素是形成审美个性的自然条件。如，先天失明或失聪的人，对需要视觉能力、听觉能力的旅游审美对象的感受性就比较差。后天的训练是审美个性形成与发展的根本动力，如个人经历、性格、阅历、教育背景、生活实践等。比如，自古文人描绘秋天，多用凄清寂寥之词。如李白写道：“秋风清，秋月明。落叶聚还散，寒鸦栖复惊。”曹操写道：“秋风萧瑟，洪波涌起。”曹丕写道：“秋风萧瑟天气凉，草木摇落露为霜。”叶绍翁写道：“萧萧梧叶送寒声，江上秋风动客情。”而有“诗豪”之美誉的刘禹锡则写道：“自古逢秋悲寂寥，我言秋日胜春朝。晴空一鹤排云上，便引诗情到碧霄。”此诗表现出诗人豁达豪迈和乐观向上的精神。

旅游审美个性指旅游审美主体在审美情趣上的主观偏好和倾向。受气质禀赋等先天因素和成长背景、阅历等后天因素的综合影响，旅游审美主体对旅游地、旅游审美对象及其审美价值的选择有自己的偏好。从旅游者的基本要求和旅游观光的活动安排等具体情况来看，旅游者的审美个性大体分为三种类型，即阳刚型、阴柔型和中间型。

二、审美意识

广义的旅游审美意识是指审美主体反映美的各种意识形式，包括旅游审美意识活动的各个方面和各种表现形态，诸如审美感知、审美想象、审美理解、审美情感等审美感受心理，以及审美观念、审美能力、审美理想、审美趣味、审美需要、审美动机等审美个性心理。狭义的旅游审美意识即旅游美感，专指旅游审美感受，它是指旅游审美主体对当下客观存在的某一旅游审美对象所产生的一种特殊的心理感受。

任何审美主体都是客观的历史存在，审美主体的审美意识、审美趣味、审美理想等，必然受到其所处的时代、民族、阶层、文化传统的影响。因而审美意识具有时代性、民族性、社会性、阶层性等特征。

（一）审美意识的时代性

不同时代有不同的审美标准。比如，对女性美的评判标准就随着时间的变化而变化。唐朝时，崇尚的女性体态美是额宽、脸圆、体胖，但是到了宋代，女子以身轻如燕、身姿窈窕为美。

（二）审美意识的民族性

各民族由于在地理环境、政治经济、价值体系等方面存在差异，因而在审美意识上形成了特定的民族性。不同的民族有着不同的审美，有的民族还形成了自己独特的风俗习惯，比如非洲的唇盘族，女性会对唇部进行特殊的装扮，把嘴唇撑得很大，这在她们看来是美的象征。

（三）审美意识的社会性

首先，审美主体是社会的、历史的存在，必然受其所处的时代、民族、阶层、文化传统、风俗习惯的制约。其次，任何审美活动都是在一定的社会历史环境中进行的，必然受当时的生产力水平、社会文化氛围等因素的影响。

（四）审美意识的阶层性

审美意识作为社会意识的一部分，难以避免地打上了阶层的烙印。不同阶层的人，其审美标准、审美能力、审美趣味存在着差异。这个阶层的人认为美的东西，对于另一个阶层的人来说可能是不美的，甚至是丑的。

三、审美感受

旅游审美感受是指在旅游审美实践中，审美主体从审美客体那里所获得的一种心理体验，也称为“旅游审美体验”。旅游者在欣赏不同的景观或美的形态时，会获得不同的审美感受。按照由低到高的顺序，一般将审美感受分成三个层次，即“悦耳悦目”“悦心悦意”“悦志悦神”。

（一）悦耳悦目的审美感受

所谓“悦耳悦目”，是指观赏者依靠听觉和视觉在审美活动中所体验到的愉悦感受。它是美感的最低层次，通常以生理舒适和心情愉悦的融合为特征。比如，在一个阳光明媚的春日，漫步在西湖边，看远处群山青翠，近处桃红柳绿，湖面上碧波荡漾，空气中弥漫着阵阵花香，有船工用力地划着船儿，当船桨划过水面，水鸟受惊飞起，发出“扑棱棱”的声音，越剧爱好者在亭子里尽情地唱着曲子……此情此景，令人身心愉悦，不禁陶醉其中，获得悦耳悦目的美好感受。

（二）悦心悦意的审美感受

所谓“悦心悦意”，是指透过眼、耳所看到和听到的具有审美价值的感性形象，领悟到其某些较为深刻的意蕴，进入“对心思意向的某种培育”（李泽厚语）的欢快喜悦状态。它是美感的较高层次，主要以凝神观照的审美体察为特征，对审美客体的初级感官反应升华到了较高的精神愉悦的审美层次。

在欣赏自然景观的过程中，悦心悦意的审美感受表现得尤为突出。旅游者置身于绿色田园、江河湖海、青山绿水、清风明月的景象之中，似乎“一切景语皆情语”。比如游九寨沟，那清幽的自然生态环境，常常使人生出无限遐想或者超然出世的情怀。

总之，悦耳悦目的审美感受以感知或直觉为主要特征，而悦心悦意的审美感受则以想象或理解为主要特征。

（三）悦志悦神的审美感受

所谓“悦志悦神”，是指旅游者在凝神观照审美对象时，经由知觉、想象、理解和情感等心理要素的交互作用，于审美愉悦中唤起昂扬向上的意志和精神。它作为美感的最高层次，常常表现为感到自己和自然、和整个宇宙合而为一，似乎达到超道德的本体高度，也就是达到了天人合一的至高的审美境界。或者说，个体不再为了一般的生存目的或功能需求而忍辱屈从或牺牲尊严，而是让神志伴随着愉快的心境在时空中来去无碍、纵横驰骋。

中国古代哲学崇尚“天人合一”观，所谓“一天人，合内外”。中国古人把人看作天地万物之一，与宇宙是一体的。不像今天人被当作一个个独立的个体，异化于天地万物之外。在哲学上有主体和客体之分，有自我、社会、自然等不同的概念。东晋陶渊明在官场和社会中感受到了与天地万物的疏离，于是他不为五斗米折腰，辞官隐居田园，融于天地万物之中。在《归园田居·其一》诗中，他高兴地写道：“久在樊笼里，复得返自然。”他对自然的依恋，就像“羁鸟恋旧林，池鱼思故渊”。田园生活有多好？他在那里“采菊东篱下，悠然见南山”，他在那里“晨兴理荒秽，带月荷锄归”，他在那里“漉我新熟酒，只鸡招近局”。在田园之间，他务农、饮酒、作诗、会友。陶渊明的归隐，不为五斗米折腰是表层原因，更深层的原因是对“天人合一”的追求，对陶渊明而言，回到田间务农，就是回归自然，直接和自然打交道。在自然之中，他找到了“真”，他说“此中有真意，欲辨已忘言”。今天我们到田园观光，也可以细细品味陶渊明的田园诗，暂且放下被利害、物欲所纠缠的“小我”，将自己混化于宇宙大全的“大我”中。既然生死都已不足虑，那么人生之得失与祸福又何足挂怀！

第三节　旅游美学体验方法

一、动态与静态

在旅游审美活动中，动态观赏和静态观赏是两种最为普遍的观赏方法。这两种观赏方法各有长处，互为补充。旅游者根据景观特征和个人需求来灵活地运用这两种观赏方法，是丰富旅游经验的可靠途径。

（一）动态观赏

动态观赏是指旅游者在游览过程中，沿着一定的风景线，或步行，或乘车，或乘船，或骑马等，进行风景观赏的一种方式。动态观赏时，视点与景物相对位移，物我皆有变化，如同看 3D 电影，风景"一帧一帧"地呈现在眼前，形成一种动态的连续构图。

不同游览方式的动态观赏，移动速度不同，景物变化方式不同，游人的观景感受、效果也不同。乘车观赏时，物我双方空间位移的速度快，空间跨度大，景物向一定方向聚集，给人以强烈的幻觉性运动感，使人产生一种生机盎然的审美感受。湖上泛舟时，视线的选择较自由，效果比乘车要好。缓步漫游时，步移景异，既能注意前方，又能左顾右盼，视线的选择更为自由。一般园林绿地规划应从动与静两方面要求来考虑。园林绿地平面总图设计主要考虑满足动态观赏的要求，应该安排一定的观景路线，每一条观景路线的分景安排应达到"步移景异"的效果，一景又一景，形成一个循序渐进的连续观赏过程。

（二）静态观赏

静态观赏是指旅游者在一定的位置上，面对风景，缓慢地移动视线，进行风景欣赏的一种方式。静态观赏时，视点与景物位置相对不变，即物我保持不变，如同看一幅立体风景画，整个画面是静态构图，所观景物结构、层次固定不变。所以适宜静态观赏的地方往往也是适宜摄影和绘画写生的地方。由于在静态观赏时往往要转动头部，因此，除主要方向的景物外，还要考虑其他方向的景物，以满足观景需要。静态观赏需要的时间较长，感受量较大，便于体察感悟或想象理解观赏对象的审美价值或内涵。静态观赏时，游人往往对一些细节特别感兴趣，要进行细部观赏，为了满足这种观赏要求，可以在分景中穿插配置一些能激发人们进行细致鉴赏的兴趣、具有特殊风格的近景或特写景等，如碑、亭、假山、窗景以及某些特殊风格的植物等。

二、移情与距离

（一）移情观赏

“移情”作为美学术语，表示人可以通过自己的意识活动，将自己的思想和感情加诸某个对象，使其具有一定的情感和审美色彩。“我们把自己完全沉没到事物中去，并且也把事物沉没到自我里去：我们与高榆一起昂然挺立，同大风一起狂吼，和波浪一起拍打岸石”，这说的是由我及物和由物及我两个方面的统一。移情说的主要代表人物是德国美学家立普斯。他认为，美感的产生是由于审美时，我们把自己的情感投射到审美对象上去，将自身的情感与审美对象融为一体了。

中国传统美学思想中的“寓情于景”“情景交融”和西方的移情说有着异曲同工之处。“去年今日此门中，人面桃花相映红。人面不知何处去，桃花依旧笑春风。”（崔护《题都城南庄》）“桃花”何以“笑春风”？“颠狂柳絮随风去，轻薄桃花逐水流。”（杜甫《绝句漫兴九首·其五》）“柳絮”何以“颠狂”？“桃花”又何以“轻薄”？“泪眼问花花不语，乱红飞过秋千去。”（欧阳修《蝶恋花》）花不会言语，为何要“泪眼问花”？这都是因为诗人在景物之中寄托了自己的情感。正如近代学者王国维在《人间词话》中所说：“有我之境，以我观物，故物皆著我之色彩。”总之，在旅游审美活动中，游人在观赏旅游景观时，展开想象，将自己的思想感情投射到眼前的景物上去，“一切景语皆情语”，景中有情、情中有景，情景交融，能够达到移情观赏的审美效果。

（二）距离观赏

瑞士心理学家布洛认为，距离是一种审美原理，是审美悟性的一种特征。他认为，在审美活动中，主客体之间应保持一定的距离，距离产生美。距离一般包括心理距离和空间距离。

1. 心理距离

为了形象地说明“心理距离”的含义，布洛举了一个例子，说的是在海上航行遇上大雾的情形。对于一般人而言，这是一件头疼的事。因为海雾不仅令人呼吸不畅、耽误行程，而且会使人置身于无边的、未知的恐惧之中而感到惊慌无助。可是，一旦抛开海雾可能带来的危险及焦躁情绪，聚精会神地去看周围的景观，心无旁骛，我们就能够欣赏到无比美妙的海上美景。

我国美学家朱光潜先生吸收和发展了布洛的“心理距离”说。他认为，心理距离“其实不过是由于暂时脱开实用生活的约束，把事物摆在适当的‘距离’之外去观赏罢了”。他还说，我们在游历新境时最容易见出事物的美。东方人陡然站在西方的环境中，或是西方人陡然站在东方的环境中，都觉得面前的事物光怪陆离，别有一种美妙的风味。这就是因为那个新环境还没有变成实用的工具。比如，北方人第一次去江南，看到西湖；南方人第一次去内蒙古呼伦贝尔大草原，在青青草地上打滚、嬉戏。对他们来说，西湖、大草原都是奇景，妙不可言。但常年生活在西湖边或草原上的人来说，除了以居近名胜感到自豪外，觉得也不过如此罢了。外出散步时，河边有一棵树，看它的正身，极其平凡。但是，当你走到树下，你却被它在河面的倒影吸引住了：红黄青的颜色搭配，疏影横斜的枝条……小时候，家在农村，目力所及：村子周围绵延的几排青山、几畦稻田、几间土房、几缕炊烟。当时觉得单调无趣得很。可是，现在回忆起来，却是清景无限，留恋不已。看熟悉或新奇的风景，看正身或倒影的风景，看现在或过去的风景，为什么给人的审美感受、效果天差地别？朱光潜先生认为，“看正身，看现在，看自己的境遇，看习见的景物，都好比乘海船遇着海雾，只知它妨碍呼吸，只嫌它耽误程期、预兆危险，没有心思去玩味它的美妙”，而“看倒影，看过去，看旁人的境遇，看稀奇的景物，都好比站在陆地上远看海雾，不受实际的切身的利害牵绊，能安闲自在地玩味目前美妙的景致”。所以，想要见到事物本身的美，就要从实用世界跳出去，抛下实用性，克服功利性，把它摆在适当的距离之外去看。

2. 空间距离

空间距离，指人与物之间在空间上的间隔。“横看成岭侧成峰”的美就是因为空间距离而产生的。

体量大的景观，一般适合远距离观赏，距离太近就感受不到其整体性。古往今来，无数文人墨客歌咏月亮，赞叹它的美。“明月出天山，苍茫云海间”“明月松间照，清泉石上流”“春江潮水连海平，海上明月共潮生”“海上生明月，天涯共此时”……人们喜欢月亮，是因为它高高地挂在夜空，配以皎洁的月光，给人一种可望而不可即的神秘感。地球难道就不美丽吗？其实，我们居住的地球是如此美丽多姿。但居住在地球上的人离地球实在太近了，对地球太熟悉了，总是带着功利心去看待身边的一切，而忽略了地球的美，诚如苏轼所说：“不识庐山真面目，只缘身在此山中。”

有些景观适宜近距离观赏，如果距离太远，就会看不清事物的细微之处，也难以欣赏到事物的美。如湖面嬉戏的鸳鸯，含苞待放的花朵，亭台楼阁的名人题字、楹联等，只有近距离观赏这些景致，才能感受到它们的美。

根据观赏对象的特征选择合适的观赏空间距离，是很重要的。比如，自驾前往莫干山游览，从几千米开外的远处望去，轻雾缭绕的山色峰影就像一幅朦胧淡雅的写意水墨画；再靠近一些，景象变得清晰多了，层峦叠嶂，满山遍野的翠竹修林，绿意盎然，让人心旷神怡；当你走进山里，穿过竹林，来到剑池，观飞瀑、听鸟鸣，山显得更加清幽了。这就体现了“远望之，以取其势；近看之，以取其质”的距离原理。

三、时机与位置

（一）观赏时机

人文景观的美，一般不随着时间的变化而变化。比如，寺庙、博物馆、文化遗址等，不论季节如何变换，它们都以一张老面孔示人。但有些景观，只在某个季节或者某一特定的时间出现，展现出别具特色的美。比如，江西婺源的油菜花、洛阳的牡丹花、钱塘江大潮、香山红叶、吉林雾凇、哈尔滨冰雕等，这些景观都有明显的季节性，只有选择一个恰当的观赏时机，才能获得更好的审美享受。

同一景观，在一年的不同季节、不同的天气，在一天的不同时段，往往呈现出不同的美。比如，西湖之美，美在四季，春花、夏荷、秋月、冬雪，各具美态。阳春三月，草长莺飞，桃红柳绿，青山含翠，碧水如镜；夏日荷花，接天莲叶，生机无限；秋月皎洁，素月分辉，明河共影；冬雪初霁，红梅待放，清香淡雅，疏影横斜。西湖之美，又美在四时，朝暮有变，景象万千。西湖之美，亦在于晴中见潋滟，雨中显空蒙。有人认为，日西湖不如夜西湖，晴西湖不如雨西湖，雨西湖不如雪西湖。不论何时来看西湖，它都会呈现出别样的美，或明丽，或静谧，或朦胧，或素净。

（二）观赏位置

在观赏旅游景观时，观赏位置的选择也是十分重要的。而位置主要关乎视点、角度、方位和距离。宋代画家郭熙说：“山有三远：自山下而仰山巅，谓之高远；自山前而窥山后，谓之深远；自近山而望远山，谓之平远。高远之色清明，深远之色重晦，平远之色有明有晦。”从中可以看出观赏的视点、角度、方位和距离对审美效果的影响。

其中，观赏角度指的是对观赏对象可以取平视、仰视、俯视的审美视角。平视，是看视线前方延伸较远的景物。欣赏“水光潋滟晴方好，山色空蒙雨亦奇”的西湖美景，游人采取平视的方式为宜。仰视，是从低处往高处看。“日照香炉生紫烟，遥看瀑布挂前川。飞流直下三千尺，疑是银河落九天。”要想领略李白诗中所描绘的庐山瀑布飞流直下的气势和意境，就需要选择一个合适的位置，采用仰视的视角。俯视，是从高处往下看。“会当凌绝顶，一览众山小”，游人登上泰山山顶，俯视环顾四周，周围的山都显得十分渺小，便会有“登泰山而小天下”的感觉，领略到它的雄壮之美。

观赏云南石林的阿诗玛天然石像，也存在着一个观赏角度和距离的问题。据说，从石像正前方十步开外望去，石像犹如一位姑娘，戴着头巾和首饰，背着盛满果实的大箩筐，昂首挺胸向前走。但若从偏左方八步开外看去，石像便变成一位瘦骨嶙峋、老态龙钟的妇人。同一景物，从不同的角度和距离看去，会呈现出截然不同的形象，这就是由观赏位置的不同导致的。

四、节奏与重点

（一）观赏节奏

对游泳景观的观赏有其特定的节奏：一种是观赏速度节奏，即观赏速度的快慢。观赏节奏的快慢取决于旅游者观赏的时间和所用的媒介。短时间内完成对自然景观的观赏，则节奏快；反之，则节奏慢。观赏节奏由快到慢，依次是乘飞机、汽车、船、步行。观赏的速度直接影响到审美效果，快节奏的观赏所获得的是对景观总体轮廓的把握，而慢节奏的观赏所获得的则是对景观具体特征的把握。另一种是不同风景系列组合带来的审美感受的变化节奏。景区往往不只包含一个景点，而是由多个景点串联而成。各个景点的审美特色不同，对旅游者的吸引力也不同，旅游者在旅游审美活动中，要选择适合自己的风景组合节奏。

（二）观赏重点

旅游者在景区中游览时，可以有选择地观赏其中最具有个性特色或最富有审美价值的景点。旅游者在外出旅行之前，一般会查阅旅游目的地的相关资料，了解其基本情况和风貌，在掌握一定信息的基础上确定观赏重点，做出最佳的游览计划安排。

上述八种观赏方法，都有其遵循的美学原理，各有长处，互为补充。旅游者可以根据自己的审美需要，从自身的实际出发，因地制宜，灵活运用各种审美方法，提升审美感受，获得最理想的审美效果。

案例与专题

毛泽东《沁园春·长沙》赏析

本章知识要点

本章首先介绍了旅游审美心理的四大要素，即审美知觉、审美想象、审美情感和审美理解。这些要素作为特殊的审美心理功能，在相互作用中引起不同程度的审美愉悦或审美快感。然后依次分析了审美个性、审美意识、审美感受的基本含义。最后结合美学体验的具体内容，从动态与静态、移情与距离、时机与位置、节奏与重点入手，分析了旅游美学体验的方法。

思考与讨论

1. 什么是审美知觉?

2. 审美想象中的接近联想、类比联想分别指的是什么？请结合具体的审美对象进行说明。

3. 审美想象中的知觉想象和创造性想象分别指的是什么？请结合具体的审美对象进行说明。

4. 如何理解审美个性?

5. 审美感受的三阶段具体包括哪些内容?

6. 如何理解移情观赏和距离观赏？请举例说明。

7. 选择一处景观进行实地观赏，分析其最佳观赏方法。

推荐阅读材料

1. 毛泽东《沁园春·雪》。

2. 卞之琳《断章》。

3. 苏轼《八声甘州·寄参廖子》。

4. 彭亮，张琪. 黄山颠覆你的审美世界. 风景名胜，2008（12）.

叁

第三章

乐山乐水：旅游生活中的自然景观

本章导语

我国幅员辽阔，有众多的名山大川、江河湖海。自然景观是大自然馈赠给人类的瑰宝，不仅构成了丰富的旅游资源和人类生存的环境，而且蕴含着丰富的科学内涵和美学价值，是认识自然、探索自然奥秘的载体。本章简要地介绍了自然景观的构成，详细地分析了自然景观的美学特性，总结了酒店与自然景观融合的典型案例。

知识目标

了解自然景观的构成；
理解山水美的美学特性；
理解生物美的美学特性；
理解气候天象美的美学特性。

素质目标

理解自然景观的美学特性，学会品鉴祖国山川之大美。

重要术语

自然景观　雾凇　蜃景　极光

第一节 自然景观的构成

自人类诞生至今，地球上已经很少存在人迹未至、未受人类影响的景观。因此，严格说来，“自然景观”很难寻获，更不易鉴定。以城市周边的森林公园而言，一般人都把它看作自然景观，但实际上它却是人类造林的成果。“自然”的含义实际上不易界定，因此有一种简单的处理方法是把“人为的”当作与之相对的名词。“景观”的含义也十分广泛，包括一切可见及可觉察的事物，如空气、水、生物、土地等。

自然景观与人文景观的区别主要体现在三个方面：一是范围不同。自然景观是天然景观和人文景观的自然方面的总称。二是指代对象不同。自然景观是指可见景物中，未曾受人类影响的部分。人文景观是指受到人类直接影响和长期作用而使自然面貌发生明显变化的景观，如乡村、工矿、城镇等。三是特点不同。从发生学的角度上看，一切自然景观都是大自然长期发展变化的产物，具有天然赋存的特点，即天赋性，因而它是旅游的第一环境。而人文景观是人类长期从事劳动实践和发明创造的结晶。

自然景观大致表现为三种存在形态：一是没有经过人类生产实践活动加工改造的纯自然的景观，如日月星辰、原始森林、南北两极的冰川；二是人类从事生产实践活动的场所的自然风光，如草原牧场、水库景区、海滨浴场等，代表性景观有呼伦贝尔大草原、三峡水库、有“亚洲第一滩”之称的青岛金沙滩；三是经过人类生产劳动直接改造的自然物，如杭州西湖、京杭大运河、红河哈尼梯田。

我国自然景观主要包括山岳景观、水体景观、生物景观、气候天象景观等，每种自然景观又可细分为若干具体的景观类型。

自然景观类型

自然景观类型	具体分类	主要代表
山岳景观	花岗岩地貌景观	安徽黄山莲花峰、天都峰；陕西华山；湖南衡山；浙江普陀山；海南天涯海角、南天一柱
	变质岩地貌景观	山东泰山；河南嵩山；江西庐山；湖北武当山；山西五台山
	砂岩峰林地貌景观	湖南张家界
	丹霞地貌景观	江西龙虎山；福建武夷山；安徽齐云山；贵州梵净山；广东丹霞山
	岩溶洞穴地貌景观	广西桂林七星岩、芦笛岩；贵州黄果树；广东肇庆七星岩

续表

自然景观类型	具体分类	主要代表
水体景观	海域风景	海南三亚；北戴河；青岛金沙滩
	江河溪涧	长江三峡；钱塘江；漓江
	湖泊水库	杭州西湖、千岛湖；云南昆明滇池；甘肃刘家峡水库
	飞瀑流泉	黄河壶口瀑布；贵州黄果树瀑布；庐山三叠泉瀑布；济南趵突泉
	冰川景观	四川海螺沟冰川；新疆托木尔冰川；西藏绒布冰川
生物景观	森林景观	东北长白山原始森林；湖南张家界原始森林；云南西双版纳原始森林
	草原景观	内蒙古呼伦贝尔大草原；新疆巴因布鲁克草原
	古树名木	银杏；珙桐；黄山迎客松
	奇花异草	洛阳牡丹；扬州琼花；漳州水仙
	珍禽异兽	大熊猫；金丝猴；扬子鳄
气候天象景观	气候景观	黄山云海；吉林雾凇；巴山夜雨；哈尔滨雪景
	天象景观	日月并升；海市蜃楼；极光；峨眉山金顶佛光

第二节 自然景观的美学特性

了解各种自然景观的成因与演化、景观资源的合理开发与保护、自然景观评价和赏析的基本原理与方法，能陶冶我们的情操，提高我们的科学素养，使我们获得美的享受，提高审美能力。

我国地域辽阔，神州大地的自然景观千姿百态、各具风韵，自然景观的美学风格也千差万别，或雄伟，或险峻，或奇异，或秀丽，或幽静，或旷达，无不向世人展现出大自然的鬼斧神工，令旅游者叹为观止。自然景观所具有的美学特征，直接反映了它的景观属性。具体来说，自然景观的美学特性可从以下几个方面来分析。

一、山水美的美学特性

（一）形态美

我国自然山水景观的形态美可概括为雄、奇、险、秀、幽、奥、旷、野等几种典型的风格特征。

1. 雄俊美

“雄”，意为雄伟、雄壮、壮观、壮美、崇高，与“阳刚美”属同一审美范畴。雄伟的自然景观，以其高大的形象和磅礴的气势，让人产生赞叹、崇敬之情。

山之雄，首推泰山。“岱宗夫如何？齐鲁青未了。造化钟神秀，阴阳割昏晓。荡胸生曾云，决眦入归鸟。会当凌绝顶，一览众山小。”（杜甫《望岳》）诗人生动地描绘出泰山的雄伟磅礴，赞美了泰山高大巍峨的气势和神奇秀丽的景色。

水之雄，首推钱塘江潮涌。“千里波涛滚滚来，雪花飞向钓鱼台。人山纷赞阵容阔，铁马从容杀敌回。”（毛泽东《七绝·观潮》）毛泽东去海宁盐官观潮，目睹了汹涌澎湃的钱塘江大潮，被这扑面而来的汹涛巨浪深深地震撼了。观潮回来，他创作了这首七绝，生动地描绘了钱塘江大潮的恢宏气势。

若山之雄与水之雄相结合，双雄皆备，则更具“雄”的特征。如长江三峡的西大门瞿塘关，又名夔门，素有“夔门天下雄”之称。长江上游之水纳于此门而入峡，两岸断崖壁立，高数百丈，峡中水深流急，波涛汹涌，江面最窄处不及 50 米，形同门户，故得此名。

2. 奇异美

“桂林山水甲天下。”这里的山，平地拔起，千姿百态；这里的水，蜿蜒曲折，明洁如镜；山多有洞，洞幽景奇。“山清、水秀、洞奇、石美”，构成了桂林“四绝”。桂林无山不洞，山中大多都有奇异洞景。阳朔月亮山、穿山月岩、会仙月峰等高高耸立；水月洞、龙隐洞、冠岩等低浮水面；碧莲洞、隐山六洞群洞相连；芦笛岩、七星岩深邃幽长；龙泉洞溪流平缓，宜乘船游玩；安吉岩水声震耳，宜寻险探胜。洞内石钟乳、石笋、石幔、石柱、石花、石莲等缤纷幻丽、琳琅满目。吸水石、假山石在山脚、水畔、洞口、地下广泛分布。怪异奇巧的山石更是到处可见，著名的如试剑石、悬云石、芙蓉石等。

黄山以“奇松”“怪石”“云海”“温泉”四绝闻名天下，素有“中国第一奇山”之美誉。奇松即形态奇特的松树。最著名的黄山松有迎客松、望客松、送客松、探海松、蒲团松、黑虎松、龙爪松、麒麟松、连理松，等等。黄山怪石以奇取胜，以多著称。其形态可谓千奇百怪，形象逼真，令人叫绝。有的酷似珍禽异兽，诸如“猴子望太平”“松鼠跳天都”“鳌鱼驮金龟”“乌龟爬山”；有的宛如各式人物，诸如“仙人下棋”“仙女绣花”“夫妻谈心”“童子拜观音”；有的形同各种物品，诸如“梦笔生花”“笔架峰”“仙人晒靴”“飞来钟”；有的又以历史故事、神话传说而命名，诸如“苏武牧羊”“太白醉酒”“武松打虎”“达摩面壁”等。黄山怪石从不同的位置、在不同的天气下观看，会有不同的感受，可谓“横看成岭侧成峰，远近高低各不同”。

珠穆朗玛峰麓冰塔林位于珠峰脚下 5 300 米到 6 300 米的广阔地带，是世界上发育最充分、保存最完好的特有冰川形态。尤其是在海拔 5 800 米的冰川上，举目所及，一片洁白。神奇的天公造物，让人目不暇接，那宛如古代城堡般的悬岩，层次分明，风化岩石形成的高大石柱、石笋、石剑、石塔，成群结队，姿态各异，绵延数千米。

3. 险峻美

“险”是惊险、危险。险峻陡峭的特征在山形、山势上往往表现为坡度特别大，山脊高而窄。这类景观给人的感觉是惊喜、刺激，它能锻炼人的意志，激励人们奋发向上，努力拼搏。

“自古华山一条路”，华山之险举世闻名。游客置身其中，会有脚下踩着万丈深渊的惊险刺激的感觉。长空栈道是华山险道的险中之险，被誉为“华山第一天险”，它是在万仞绝壁上镶嵌石钉搭木椽而筑。栈道上下皆是悬崖绝壁，铁索横悬，由条石搭成尺许路面，下由石柱固定，游人只能面壁贴腹，屏气挪步。

4. 秀丽美

“秀”是秀丽、柔美、优美、雅致，它与“阴柔美”属同一审美范畴。秀美的风景给人以恬淡、舒适、安逸的感觉，让人心情愉悦，心境平和，怡然自得。比如秀美的桂林山水，河流清澈娟秀，石峰蔚然林立，形成一派山环水绕、山水相依的秀丽景色。

5. 幽静美

“幽”是幽美、幽静、幽邃之意，往往与“深”“曲”“暗”相关联。这类景观往往视域比较窄小，亮度较低，景深而层次多，有迂回曲折之妙，能够给人一种恬静、超逸的感受，使人超然物外，助人修身养性。

“清晨入古寺，初日照高林。曲径通幽处，禅房花木深。”（常建《题破山寺后禅院》）诗人抒写了清晨游寺后禅院的感受，以凝练简洁的笔触描写了一处幽深寂静的景观。

位于成都城郊的青城山，全山树木苍翠，四季常青，诸峰环峙，状若城郭，故名青城山，是国家 5A 级旅游景区。青城山山谷、山间盆地中有高大的乔木，松、柏、楠、枫等古木遮天蔽日，宫观亭阁掩映于浓荫翠盖之间，三千长阶之通幽小径穿越丛林深谷，处处幽深，处处清静，所以享有“青城天下幽”的美誉。

6. 奥秘美

“奥”是奥妙、幽深、复杂。以“奥”为美的景观，比幽静之美更为复杂深隐、封闭迷离。如四周崖壁环列、通道如隙的“一线天”式景观，曲折繁复、深奥如井的溶洞景观都属此类。游人进入其内，顿感奥秘无穷，幽深莫测，如扑朔的迷宫。以“奥”著称的武陵山区，植被覆盖率高达90%以上，峰高而林密，遮天蔽日，溶洞棋布，迷离神奇，对探幽访奥者具有极大的吸引力。

7. 旷阔美

“旷”是旷远、辽阔。这类景观的视域极广、极远，与幽景截然相反。凡能称“旷”的，都是人的视线没有阻隔、放眼四望茫无际涯的景色，如浩渺的水面、苍茫的原野等。观赏旷景能够使人心胸开阔、通透豁达。从内蒙古大草原的“天苍苍，野茫茫，风吹草低见牛羊”到登黄鹤楼的“孤帆远影碧空尽，惟见长江天际流”，再到伫立江边的“野旷天低树，江清月近人”，各种旷景无不具有雄浑、博大、深沉之势。按照人与景的距离远近，“旷”又可分为平旷和高旷两大类。

第一，平旷。平旷主要以开阔的水面和平川而得景，人与景亲近不隔，视域平远辽阔，一望无际，烟波浩渺。八百里洞庭被誉为“天下旷”。“昔闻洞庭水，今上岳阳楼。吴楚东南坼，乾坤日夜浮。”（杜甫《登岳阳楼》）诗人用“坼吴楚而浮乾坤”把洞庭湖烟波浩渺的雄阔气势夸张而形象地描画出来，令人称绝。描写洞庭湖广阔无垠、水势旷远的诗句还有：“八月湖水平，涵虚混太清。气蒸云梦泽，波撼岳阳城”（孟浩然《望洞庭湖赠张丞相》）；“楼观岳阳尽，川迥洞庭开”（李白《与夏十二登岳阳楼》）；等等。

第二，高旷。高旷则以山巅峰顶览胜，人与景拉开距离，视域自上而下散开，空旷开阔，给人一种超拔壮阔的审美感受，使人心胸开阔，形成人与景浑然一体的审美境界。“众鸟高飞尽，孤云独去闲”（李白《独坐敬亭山》）描绘了众鸟高飞、云卷云舒的情境；“江旷春潮白，山长晓岫青”（王勃《早春野望》）描写了初春时的山水景色，江阔山高，一派美好春光。描写高旷之美的诗句还有：“天寒远山净，日暮长河急”（王维《齐州送祖三》）；“梦上高高天，高高苍苍高不极。下视五岳块累累，仰天依旧苍苍色”（元稹《梦上天》）；“天高吴塞阔，日落楚山空”（戴叔伦《次下牢韵》）。

8. 野趣美

“野”是野趣，有纯天然、非人工之意。以“野”为美的景观，属于原始自然的产物，纯真古朴，富有野趣，一般未受人类干扰、雕饰或破坏。具有天然野趣之美的自然景观能够给人一种自由自在、单纯率真、光明磊落的审美感受。如“大漠孤烟直，长河落日圆”表现的是大漠荒原之野；“芳树无人花自落，春山一路鸟空啼”表现的是山林之野。九寨沟、张家界和神农架等景区，其山、水、石、林、洞等基本仍处于原始状态，保持着自然的风貌，给人一种远离尘嚣的神秘之感。

需要注意的是，自然山水的美学风格往往是多种审美形态的和谐统一。“泰山天下雄”“华山天下险”“黄山天下奇”“峨眉天下秀”“青城天下幽”“洞庭天下旷”都是从总体上描写的。

（二）色彩美

自然风景中的色彩美主要是由树木花草、江河湖海、烟岚云霞及阳光等的色彩构成的，万象纷呈，极其丰富。缤纷的自然色彩，最易于被人们直观地感受，给人们带来赏心悦目的美感，使人们感到快乐和幸福，乃至令人振奋。

“江作青罗带，山如碧玉篸”（韩愈《送桂州严大夫同用南字》），作者把一幅绚丽多姿的山水风景画呈现在我们面前，把山色之青翠、水态之柔美描写得惟妙惟肖。“日出江花红胜火，春来江水绿如蓝。”（白居易《忆江南》）水本无色，但透入水中的光线，受到水中悬浮物或水底沉积物以及水分子的选择吸收与选择散射的合并作用，再加上天色的映衬，从而产生了丰富的色彩。诗人以“江”为中心下笔，通过“红胜火”和“绿如蓝”，生动地描写了江花、江水的色彩，鲜艳夺目的江南春景便跃然眼前。“一道残阳铺水中，半江瑟瑟半江红。”（白居易《暮江吟》）诗人通过描写夕阳斜照下的江水，抓住江面上呈现出的两种颜色，把夕阳西沉、晚霞映江、光色变幻的绚丽景象刻画得淋漓尽致。

（三）动态美

自然景观的动态美主要由流水、飞瀑、飘雾和浮云等因素构成。所谓“山得水则活”，是因为水的流动、跌宕、声响能打破山谷的沉寂，改变景观的形态，同时还能给植物、鸟兽提供滋养，给人一种生机勃勃的审美感受。闻名天下的三峡风景，若无汹涌奔腾的长江巨流，就不会给人以惊心动魄之感。

（四）听觉美

在众多自然景观中，瀑落深潭、惊涛拍岸、溪流山涧、泉泻清池、雨打芭蕉、风吹松涛、幽林鸟语、夏日蝉鸣、寂夜虫唱等自然音响，在特定的环境中，能给人以独特的审美感受。

“秋阴不散霜飞晚，留得枯荷听雨声。”（李商隐《宿骆氏亭寄怀崔雍崔衮》）凄冷的秋雨敲打枯荷的声音，在此时却有一番别样的美感。诗人听到的何止是那凄楚错落的雨声，枯荷秋雨的清韵更衬托出秋夜的寂静和诗人夜不成寐的雨夜情怀。“荷风送香气，竹露滴清响。”（孟浩然《夏日南亭怀辛大》）露珠从竹叶上滴下发出清脆的响声，衬托出夜晚的寂静清冷，为后面表达对友人的怀念之情做好了铺垫。

（五）文化美

自从人类出现，自然难以避免地要着上人为的色彩。追求人与自然和谐共处的古代中国人，不仅在自然山水的美景中寄情抒怀，而且通过改造山水赋予其人文内涵。于是，文人雅士、高道名僧，纷纷隐逸山林，给自然山水增添了人文特色。林逋隐居西湖孤山、严子陵隐于富春江、王维置别墅于辋川、范成大建园林于苏州等等，都给这些地方的自然景观赋予了浓浓的人文气息。也许，某些人文因素的参与，是在无意识的情况下进行的，如道观和佛寺，最初只不过是那些修行者的栖身之所，不具人文特征，但是，后人在抒怀之时，凭吊那段难忘的历史，在对古圣先贤遗迹的追踪过程中，能体会到山水之外的文化气息。还有那些帝王的封禅、驻跸、题词、赐名等，都会给自然景观赋予历史文化内涵。在这个有着怀古倾向的国度里，历史名人所到之处，总有独特的魅力。当年孔子登东山而小鲁，登泰山而小天下，他所登览驻足之处，勾起了后人的翩翩联想！原本属于自然的山山水水，承载了许多的人文内涵，那么，看山不是山，看水不是水，也是理所当然的了。

庐山山水文化，是中国山水文化的精彩折射，是中国山水文化的历史缩影。庐山的自然景观，是诗化的自然，亦是“人化”的自然。诗人、书画家、文学家、哲学家在这里留下了众多带有浓郁人文气息的历史遗迹。自东晋以来，历代诗人、名人以其豪迈激情、生花之笔，创作了许多歌咏庐山的诗歌，如东晋诗人谢灵运的《登庐山绝顶望诸峤》、南朝诗人鲍照的《登庐山望石门》、南朝诗人江淹的《从冠军建平王登庐山香炉峰诗》等等，庐山也成为中国山水诗的策源地之一。东晋诗人陶渊明，一生以庐山为背景进行创作。《归园田居》《饮酒》是他的重要代表作，他所开创的田园诗风，影响了之后的整个中国诗坛，庐山由此成为田园诗的诞生地。唐代诗人李白曾多次游历庐山，留下了《庐山谣寄卢侍御虚舟》等诗歌，他的《望庐山瀑布》可谓家喻户晓，成为中国古代山水诗歌中的极品。唐朝名相张九龄也曾写下《湖口望庐山瀑布水》这一不朽诗作，他以“万丈红泉落，迢迢半紫氛”赞叹庐山瀑布从天而降的不凡气势。宋代诗人苏轼的《题西林壁》，流传广泛，影响深远，“不识庐山真面目，只缘身在此山中”，成为充满辩证哲理的名句。元代画家赵孟頫的《水帘泉》一诗，赋予了庐山瀑泉独具韵味的美感。明代开国之君朱元璋的《庐山诗》，展示出庐山雄伟壮美的气势。清代，王士祯、沈德潜、魏源、陈三立、康有为等也都在庐山留下了著名的诗篇，使庐山的山水诗展现出异彩纷呈的景象。“一山飞峙大江边，跃上葱茏四百旋”，毛泽东的《七律·登庐山》，则将庐山山水诗的艺术美推向了一个极致。

二、生物美的美学特性

（一）植物美的美学特性

1. 形态美

景观植物的形态美表现在植物根、茎、叶、花的形状上。花形有喇叭形、扇形、椭圆形、圆形、唇形之分，叶有单、复、全、裂之状，树形有挺拔雄健、婀娜多姿之别，果形有圆、扁、线之分。根、茎、叶、花的组合构成植物独特的形态美，有的苍劲雄伟，有的婀娜多姿，有的古雅奇特，有的悬根露爪，有的俊秀飘逸，有的挺拔刚劲，有的倩影婆娑……可谓千姿百态。飘逸的垂柳，挺拔的白杨，庄严的侧柏，如盖的油松……都是具有形态美的乔木。被誉为“花中之王”的牡丹，以其丰硕的花朵尽显富贵之态；热带雨林中的树木高大，叶宽大、常绿；干旱沙漠地区的仙人掌肉质化，叶呈刺状；海滩上的红树长出许多气生根，形成独木成林的景观。

2. 色彩美

植物在不同的季节呈现出不同的生命色彩，使自然山水不再单调。“雨中草色绿堪染，水上桃花红欲然”（王维《辋川别业》），“荆溪白石出，天寒红叶稀”（王维《山中》），“碧玉妆成一树高，万条垂下绿丝绦”（贺知章《咏柳》），“山明水净夜来霜，数树深红出浅黄”（刘禹锡《秋词·其二》），“暗暗淡淡紫，融融冶冶黄”（李商隐《菊》），“接天莲叶无穷碧，映日荷花别样红”（杨万里《晓出净慈寺送林子方》）……这些诗句展现了植物色彩随季节变换的曼妙图景。

3. 香气美

很多植物都会发出香味，除了花的部位之外，枝梗、叶片、树皮、根部、果实、种子等部位也会产生香味，像樟树、檀香树、松树、柏树等在剪理时就会产生迷人的味道。“春风能解冻，和煦催耕种。裙裾微动摇，花气时相送。夏风草木熏，生机自欣欣。小立池塘侧，荷香隔岸闻。”北宋诗人郭熙在《四时之风》中描写了春风、夏风给我们送来的阵阵花香。梅花的香气清幽淡远，显得与众不同，卓尔不群。它与文人墨客身上洁身自好、孤芳自赏的清高气质相契合，所以梅香备受推崇。“零落成泥碾作尘，只有香如故。”“遥知不是雪，为有暗香来。”“疏影横斜水清浅，暗香浮动月黄昏。”“不要人夸好颜色，只留清气满乾坤。”“梅须逊雪三分白，雪却输梅一段香。”“香非在蕊，香非在萼，骨中香彻。”这些都是赞美梅香的经典诗句。

4. 寓意美

中国人喜欢荷花、兰花、竹子和松柏等植物景观，其根本原因不在于其外表好看，而在于其内在的品质，即把它们作为人格的象征或精神意志的表现。象征会使人产生丰富的联想并且触景生情。比如，荷花“出淤泥而不染，濯清涟而不妖”，象征高洁；竹子傲立挺拔，谦虚洒脱，象征谦恭；兰花素香淡雅，不趋炎附势，象征高雅的品格；菊花美丽但在秋季开放，不争奇斗艳，象征淡泊名利……这都属于寓意美的具体表现。松、竹凌寒，岁晏不凋；梅花傲雪，凌寒独放。故世称松、竹、梅为“岁寒三友”。中国古人对花的品行进行拟人化的评比，选出了最像君子的四种花——梅花、兰花、竹子、菊花，称为“花中四君子”。这几种植物都有值得人们学习的品格。无论是“岁寒三友”还是“花中四君子”，梅花都在其中，足见古代文人对梅花的偏爱与推崇。为何他们如此看重梅花呢？那是因为在百花凋谢、大雪纷飞的季节，梅花能够独自盛开，其不畏严寒、傲视冰雪的品质，与文人所崇尚的清高与坚韧品格相契合，于是文人墨客就借梅花来抒情表意。“宝剑锋从磨砺出，梅花香自苦寒来。”“不是一番寒彻骨，怎得梅花扑鼻香？”“已是悬崖百丈冰，犹有花枝俏。”“冰雪林中著此身，不同桃李混芳尘。”这些诗句都赞美了梅花傲视冰雪的品质。

（二）动物美的美学特性

动物美是指具有美的形态、能使人感受到审美情趣的各种动物的审美属性。它是自然界中最具活力的美。动物美的美学特性主要表现在体态美、色彩美、鸣声美、动态美、象征美、奇异美等方面。

1. 体态美

许多动物的生理结构、形体姿态都符合对称、比例、均衡等形式美的法则。特别是狮、虎、牛、马，当它们正立时，如以前肢为界向地面作垂直虚线，把身体和头、颈分为两部分，其水平长度之比恰与黄金分割相符，因而给人以和谐的美感。有些动物因其体形而格外吸引人，如肥硕似熊、丰腴富态的“国宝”大熊猫；体形雄伟健硕、具有王者风范的老虎、狮子；腿修长、头高昂、典雅高贵的长颈鹿；四腿如柱、沉稳有力的大象；尾似马非马、角似鹿非鹿、蹄似牛非牛、颈似骆驼非骆驼的“四不像”——麋鹿。它们有的温顺可爱，有的勇猛威武，都体现了动物的体态美。

2. 色彩美

有些动物的色彩单一、纯正，如金色的猴、雪白的兔、褐色的松鼠等。有些动物的皮、毛、羽色彩缤纷，显现出或对比，或调和，或规则，或奇异的图案美，如黑白分明的大熊猫、五彩的孔雀、斑斓的猛虎等。动物王国中还有许多身体会变色的成员，如头足类动物章鱼、乌贼等。不过，最为出名的当属避役，即“变色龙”，它们能够快速改变身体的颜色，有时是绿色，有时是黄色，可能上一刻还是白色，下一刻就变成了棕色或黑色。

3. 鸣声美

“留连戏蝶时时舞，自在娇莺恰恰啼。”（杜甫《江畔独步寻花·其六》）诗人以细腻的笔触，写出了蝴蝶轻盈曼妙的舞姿和黄莺柔美圆润的歌声，既像一首美妙绝伦的乐曲，又如一幅醉人的画卷，把诗人喜悦、轻松、愉快的心情淋漓尽致地表达了出来。“两个黄鹂鸣翠柳，一行白鹭上青天。”（杜甫《绝句》）“独怜幽草涧边生，上有黄鹂深树鸣。”（韦应物《滁州西涧》）“漠漠水田飞白鹭，阴阴夏木啭黄鹂。”（王维《积雨辋川庄作》）“曲江柳条渐无力，杏园伯劳初有声。”（白居易《曲江早春》）“花开红树乱莺啼，草长平湖白鹭飞。”（徐元杰《湖上》）“相思夕上松台立，蛩思蝉声满耳秋。”（白居易《题李十一东亭》）“林莺啼到无声处，青草池塘独听蛙。”（曹豳《春暮》）这些都是描写“鸟语虫鸣”的著名诗句。

4. 动态美

动物是活动的景物。它们动作、姿态各异，或灵巧，或轻捷，或雄健，或怪异，具有独特的审美情趣。如鸟儿“举翼凌空碧”“翱翔一万里”；鱼群“散如万点流星迸，聚似三春濯锦舒”；昆虫“穿花蛱蝶深深见，点水蜻蜓款款飞”；等等。各种动物的动态美各有其趣，令人叫绝。

5. 象征美

动物与人有很多相似之处，所以动物的美往往能唤起人的联想，具有丰富的象征意义。在古人看来，成双成对的鸳鸯是忠于爱情的象征，“梧桐相待老，鸳鸯会双死”；大雁、鱼象征传递书信的信使，“鸿雁在云鱼在水”“驿寄梅花，鱼传尺素”；牛的吃苦耐劳是无私者奉献精神的写照，“横眉冷对千夫指，俯首甘为孺子牛”。

6. 奇异美

动物界异趣良多、奥妙无穷。如形似植物的海鞘，能离开水在滩涂上爬行、跳跃的弹涂鱼，用眼睛喷血来御敌的角蟾，叫声如凄婉动听的古琴声的四川峨眉山万年寺弹琴蛙，等等。

三、气候天象美的美学特性

（一）气象美

气象是指风、云、雨、霜、冰、雪、露、虹、闪电、打雷等一切发生在大气中的物理现象。变幻多端的气象形成了丰富多彩的大气景观。

1. 云、雾、雨

云之美在于它的变化之美和意境之美。或“孤云独去闲”，或“白云一片去悠悠”，或“薄雾浓云愁永昼”……云聚散不一，“轻而为烟，重而为雾，浮而为霭，聚而为气”，从形态上看有朵状云、片状云、条状云和鱼鳞云等。云的变幻多端，能够唤起人们许多审美想象和联想。

雾之状态，“上接高天，下垂厚地；渺乎苍茫，浩乎无际”。云和雾往往结合在一起，塑造出一种朦朦胧胧的意境美。如黄山瑰丽壮观的“云海”以美、胜、奇、幻享誉世界，一年四季皆可观。浮云缥缈，雾气缭绕，如人间仙境。依云海分布方位，全山有东海、南海、西海、北海和天海，而登莲花峰、天都峰、光明顶则可尽收诸海于眼底，领略“海到尽头天作岸，山登绝顶我为峰”之境界。

雨之美，在于声响之美、意境之美。雨声无论大小，都是一首有特色的乐曲：淅淅沥沥的小雨如二胡独奏，中雨似琵琶合奏，滂沱大雨似万乐齐鸣。雨丝会唤起人们的诸多情思，寄托不同的情感。有人见雨则喜，有人听雨则忧。“好雨知时节，当春乃发生”，是欣喜；“寒雨连江夜入吴，平明送客楚山孤”，是孤寂；“秋阴不散霜飞晚，留得枯荷听雨声”，是无奈；“雨横风狂三月暮，门掩黄昏，无计留春住”，是惆怅；“垂死病中惊坐起，暗风吹雨入寒窗”，是悲伤。

2. 冰雪美景

“北国风光，千里冰封，万里雪飘”“山舞银蛇，原驰蜡象”，描绘出中国北方地区冬日银装素裹的景象。屋檐下的冰锥，坚硬细长，如玉柱，似竹笋。门窗上的霜花，变幻多姿，当你张开想象的翅膀，你能看到：有的像枝繁叶茂的大树，有的像纤细柔弱的小草，有的像起伏的山峦，有的像奇特的怪石。

3. 雾凇

吉林雾凇是雾凇景观中最为常见的。在吉林，每到冬季，尽管松花湖水面一抹如镜、冰冻如铁，但冰层下面几十米深的水里仍能保持 4℃的水温，水温和地面温差常在 30℃左右，于是就形成了松花江市区以下几十里不封冻的江面。温差使江水产生雾气，江面上白雾袅袅，久不消散。每年从 12 月下旬到翌年 2 月底，在一定的气压、风向、温度等条件的作用下，江面的大量雾气遇冷后便以霜的形式凝结在周围粗细不同的树枝上，形成大面积的雾凇奇观。每当雾凇来临，吉林松花江岸十里长堤“忽如一夜春风来，千树万树梨花开”，柳树结银花，松树绽银菊，把人们带进如诗如画的仙境。

4. 佛光美景

佛光是山岳中一种奇特的自然现象，在中国峨眉山最为常见。太阳自观赏者的身后，将人影投射到观赏者前面的云彩上，云彩中的细水、冰晶和水滴形成圆圈形彩虹，看上去是一个七彩光环，而人影在光环正中，“光环随人动，人影在环中”。“佛光”奇观的出现需要阳光、地形和云海等众多自然因素的结合，因此比较罕见。佛光具有神秘莫测、壮观绮丽的美学特征。

5. 蜃景之美

在平静无风的海面、湖面或沙漠上，有时会突然耸立起亭台楼阁、城郭古堡，或者出现其他物体的幻影，虚无缥缈，变幻莫测，宛如仙境，这就是海市蜃楼，简称蜃景。海市蜃楼是光线在垂直方向密度不同的气层中，经过折射而形成的，通常分为上现、下现和侧现的蜃景。沙漠里的“海市蜃楼”，就是太阳光遇到了不同密度的空气而出现的折射现象。沙漠里，白天沙石受太阳炙烤，沙层表面的气温迅速升高。由于空气传热性能差，在无风时，沙漠上空的垂直气温差异非常显著，下热上冷，上层空气密度高，下层空气密度低。当太阳光从密度高的空气层进入密度低的空气层时，光的传播速度发生了改变，经过光的折射，远处的绿洲便呈现在人们眼前了。在海面或江面上，有时也会出现这种“海市蜃楼”现象。

（二）天象美

天象主要是指与日、月、星辰等的变化有关的现象。这是大自然中最富于神秘感的审美对象，它们的变幻组合常常引人联想。例如，日出日落，使人联想到命运的起起落落；月亮的阴晴圆缺，使人联想到人生的悲欢离合。夸父逐日、嫦娥奔月、牛郎织女等的神话故事，都使天象美具有了独特的魅力。

“日出江花红胜火，春来江水绿如蓝”“飞来峰上千寻塔，闻说鸡鸣见日升”，是旭日之姿；“白日依山尽，黄河入海流”“大漠孤烟直，长河落日圆”“夕阳无限好，只是近黄昏”，是夕阳之态；“迢迢牵牛星，皎皎河汉女”“愿我如星君如月，夜夜流光相皎洁”“醉后不知天在水，满船清梦压星河”，是星辰之状。这些诗句写出了辽阔宇宙中的天象之美，给人以无限的遐想。祖国大江南北，海峡两岸，有多处风景名胜将“天象”与其他景观融为一体，比如：无锡的“二泉映月”，杭州西湖的“三潭印月”“平湖秋月”“雷峰夕照”，台湾的“日月潭”，桂林象鼻山的“象山水月”，大理的“洱海月”，北京卢沟桥的“卢沟晓月”，西安临潼的“骊山晚照”等。

1. 日食和月食

日食和月食，都是天文奇景。日食是指月球运行到太阳和地球中间，当三者正好处于一条直线时，月球就会挡住太阳射向地球的光，由此产生的黑影正好落到地球上。在民间传说中，日食现象也称为“天狗食日”。日食分为四种，包括日全食、日环食、日偏食和全环食，其中较罕见的是全环食，只发生在地球表面与月球本影尖端非常接近的情形下。“日食则朔，月食则望。”也就是说，日食一般发生在农历初一。

月食是指地球运行到了太阳与月亮的中间，此时太阳、地球、月球恰好在同一条直线上，地球把从太阳射向月亮的光挡住了。月食必定发生在满月的晚上，即农历十五或十六的晚上。2021 年 5 月 26 日，“超级月亮 + 月全食”组团亮相。这次月全食也是全年满月中月亮最大的一次，可以说是“超级月亮”带食而升。这天，月亮运行到距离地球的最近点，满月视直径达到全年最大，比任何时候的太阳视直径都大。此时，月亮刚好处于近地点，且与月亮最圆的时刻只差 9 小时，是名副其实的“超级月亮”。月全食时，因为浓厚的大气层把紫、蓝、绿、黄等光线都吸收掉了，只剩下红色光可以穿透过来，大气层将红色光折射到月球表面，所以我们能看到红红的月亮挂在天空中，这就是“红月亮”。

2. 极光

极光是夜间在地球南北两极附近地区的高空出现的灿烂美丽的光辉。其原理是，来自太阳的带电粒子到达地球附近，地球磁场迫使其中一部分沿着磁场线集中到南北两极。当它们进入极地的高层大气时，与大气中的原子和分子碰撞并产生光芒，形成极光。极光在南极称为南极光，在北极称为北极光。早在 2 000 多年前，中国就开始观测极光，有着丰富的极光记录。极光多种多样，五彩缤纷，形状不一，绮丽无比，在自然界中罕有能与之媲美者，任何彩笔都很难描绘出那空气中变幻莫测的炫目之光。极光有时出现时间极短，犹如烟花在空中闪现一下就消失得无影无踪；有时却可以在苍穹之中辉映几个小时。它有时像一条彩带，有时又像一团火、像一张五光十色的巨大银幕，给人以极致的视觉享受。

第三节　酒店与自然景观的有机融合

一、酒店再现山水景观

广州白天鹅宾馆是中国第一家五星级酒店。宾馆大堂正前方的连廊中，“故乡水”潺潺流过。“故乡水”是中庭山水景观的名字。它由庭山、鱼池、曲桥、园林建筑、绿化及灯饰等组成。当年建筑师莫伯治选择了“故乡水”的主题，这勾起了霍英东的思乡情怀，他欣然同意，还为“故乡水”题写“别来此处最萦牵”，希望聊慰游子的思乡之情。故人情重一江水，南国春深万枝花。来广州白天鹅宾馆看“故乡水”，曾是很多华侨归国的保留项目，它萦绕着许多游子的思乡情怀，是白天鹅宾馆园林景观的灵魂所在。

“故乡水”景观中庭的西面是庭山，山上筑有山洞和蹬道，山体由英石筑成，有三层楼高，石料取自广东英德，呈灰黑色，外观线条硬朗，轮廓多转角，变化丰富。庭山顶上有濯月亭，其顶部用金箔做成，亭顶散发着金灿灿的光芒，通过灯光变化可衬托出“故乡水”一年四季的不同景观。瀑布从亭旁十数米高的庭山上飞流而下直落鱼池，气势磅礴，甚为壮观。曲桥边种植了三棵狐尾椰，濯月亭旁植有罗汉松、龟背竹，庭山上及四周搭配茶花、吊兰、簕杜鹃及大量棕榈科植物共 40 多个品种，中庭回廊外延花槽栽满了天冬。寓意吉祥长寿的罗汉松、象征热情坚韧的簕杜鹃以及富有岭南特色的棕榈科植物，使“故乡水”焕发出新生的活力，使整个“故乡水”景观的绿化搭配显得错落有致，呈现出春意盎然的景象。

二、野奢酒店

近年来，“野奢酒店”风靡世界，这源于人们对旅行返璞归真的极致向往。从字面上释意，“野”即自然，在自然的魅力面前，即使是再好的人工景观也会黯然失色。走进自然中与山水森林互动，不仅能享受到朴实无华的休闲之趣，还能对自然进行探索。“奢”即品质，要求有齐全的休闲设施、热情的服务，即使人迹罕至，也要享受舒适自在的现代生活。中国从来不缺自然美景，也不缺奢华酒店，当二者结合时，会碰撞出怎样的火花呢？想象一下，前一刻还身处温暖舒适、充满现代高科技的室内，打开门便走进了山川湖海之中，满眼都是直击心灵的美景……

（一）杭州法云安缦酒店，千年古刹旁的“隐士”

法云安缦位于灵隐寺景区的山谷竹林之间，周围竹林密布、草木青翠，步行即可到达灵隐寺和永福寺。酒店完整保留了原法云古村院落布局，泥墙木门、石梯小径，房舍错落有致地坐落在山坡上。除了通往每间房舍的一条小路，其他地方都种满了绿植，有各种树木，还有时令果蔬。

1. 客房特色

每间房舍都是独立庭院，整体风格古朴简洁，老式家具、迷你吧、地暖、空调、卫浴等设施齐全。复式别墅分上下层，有按摩间、按摩床、桑拿浴房。

2. 休闲设施

Spa、室外恒温泳池、健身房、木桶浴盆、图书馆等。

3. 特色活动

剪纸、书法、品酒和传统音乐等。

（二）三亚亚特兰蒂斯酒店，海洋与酒店自然融合的代表

该酒店以传说中的亚特兰蒂斯城邦为主题，是一站式娱乐度假胜地，集酒店、餐厅、购物中心、水上乐园和水族馆于一体。这里拥有千余间宽敞的海景客房及套房，可以满足客人的不同需求。特色套房内精致豪华的内部装饰，带来尊贵的入住体验。酒店提供 24 小时贴身管家服务。

1. 海底套房

该酒店拥有 5 间双层水底套房，在其中可以饱览大使环礁湖中 86 000 尾海洋精灵尽情游弋的奇幻景致。

2. 海底餐厅

这里拥有 21 家寰球美食餐厅，包括享誉全球的 Bread Street Kitchen & Bar，以及独具特色的奥西亚诺海底餐厅。

3. 水世界

全年开放的水世界按照国际领先标准打造，全长 2 千米的极速漂流河以及 30 条滑道为游客带来肾上腺素飙升、心跳加速的极致快感。高达 23 米、角度近乎垂直的“海神之跃”等待着勇敢者的挑战。

4. 失落的空间水族馆

在这里，游客通过迷宫般的隧道和主题鲜明的走廊，不仅可以欣赏到海底世界的珍稀生物，还能走向海底的亚特兰蒂斯废墟，仿佛走进了失落的史前文明，令它显得更加神秘。失落的空间水族馆的灵魂是一个长达 16.5 米、高达 7.2 米的巨大水族箱，它被称为大使环礁湖。这个水族箱海水容量高达 13 000 吨以上，相当于 50 多个标准游泳池的容量，它的外壁是厚达 0.65 米的特种玻璃，透过它，奇幻的海底世界一览无余。在这里，我们可以近距离地欣赏亚特兰蒂斯的废墟城堡和海洋动物，其中就包括来自极地的白鲸以及鲨鱼、鳐鱼和其他数以万计的特色海洋生物。除了大使环礁湖，水族馆里还有 30 多个大小各异的水族箱。每个水族箱旁边都有中英文介绍，对海洋生物的名称、习性等都进行了清晰的描述，若仔细阅读介绍和观赏，至少需要游览 4 个小时。水族馆里的海水清澈，海洋生物活泼迷人。失落的空间水族馆与其他水族馆的不同之处在于，它是一个多媒体水族馆，能够通过独一无二的创意设计实现整缸海水变色，呈现让人叹为观止的视觉盛宴。在这里，游客不仅可以看到、听到、触碰到海洋生物，还可以预约进行潜水，体验与海洋生物的零距离接触。

案例与专题

天下无山——黄山景观欣赏

人间天堂——西湖审美鉴赏

桂林山水甲天下——桂林山水景观欣赏

诗意栖居——云南腾冲隈研吾·“石头纪”温泉 VILLA 度假酒店

本章知识要点

本章首先介绍了自然景观的类型，主要包括山岳景观、水体景观、生物景观、气候天象景观等。其次重点介绍了山水美的美学特性、生物美的美学特性和气候天象美的美学特性。其中，山水美的美学特性包括形态美（概括为雄、奇、险、秀、幽、奥、旷、野）、色彩美、动态美、听觉美、文化美。最后列举了酒店与自然景观有机融合的代表性案例。

思考与讨论

1. 简述自然景观的构成。
2. 简述山水美的美学特性。
3. 植物美的美学特性有哪些？
4. 动物美的美学特性有哪些？
5. 气象美的美学特性有哪些？
6. 天象美的美学特性有哪些？
7. 酒店如何与自然景观进行有机融合？请结合具体例子来说明。

推荐阅读材料

1. 央视纪录片《三江之源》(共 5 集)。
2. 央视纪录片《河西走廊》(共 10 集)。
3. 张妙弟 . 中国国家地理百科全书 . 北京：北京联合出版公司，2016.
4. 刘伉，李志华 . 全球最美的自然景观 . 北京：中信出版社，2016.
5. 埃琳娜·比安奇 . 全球最美的国家公园 . 金丹青，译 . 武汉：华中科技大学出版社，2018.

肆

第四章

雕梁画栋：旅游生活中的建筑园林

本章导语

旅游生活中的建筑景观、园林景观与酒店建筑设计之美是立体且多元的，既具有历史人文底蕴，又有现代时尚感。本章主要围绕旅游生活中的建筑景观、园林景观与酒店建筑设计美学展开，引导学生学会欣赏与比较，体会建筑之美给人们带来的经济价值和精神享受。

知识目标

了解建筑景观与园林景观的定义与性质；

理解中国传统建筑景观的美学特性；

理解中国古典园林景观的组成要素及美学思想；

掌握酒店建筑设计审美的内容。

素质目标

树立正确的价值观和审美观，以中国传统建筑、古典园林美学为着力点，厚植家国情怀。

重要术语

建筑景观　园林景观　三维空间　装饰

第一节　建筑景观、园林景观概述

一、建筑景观的定义与本质

（一）建筑景观的定义

建筑景观一般是指在风景区、公园、广场、历史名胜等景观场所中存在的或本身具有景观标识作用的建筑。它具有景观与建筑的双重身份，建筑里有景观，景观里有建筑。与一般建筑相比，建筑景观有着与环境、文化紧密结合，生态节能，造型优美，注重观景与景观之间的和谐等多种特征。

（二）建筑景观的本质

建筑从来都不是单纯为了居住和使用，而是社会发展各个阶段的秩序、权力、礼仪、道德的综合体现。建筑的空间划分、功能使用、外形特征、文化内涵，无不带有时代的印记，体现着人类的意志。文化是建筑的灵魂。

就建筑而言，技术是为功能服务的，艺术是为了满足功能的需要而创造出来的。建筑的本质是人文关怀，即满足人的需求，这一点不可本末倒置。

二、建筑景观的分类

建筑景观按其使用功能划分，可以分为宫殿建筑、陵寝建筑、宗教建筑、古城墙建筑、礼制建筑、民居建筑、商业建筑。

（一）宫殿建筑

宫殿建筑，又称宫廷建筑，为传统建筑之精华，是指古代帝王为了巩固自己的统治，突出皇权的威严，满足精神生活和物质生活享受的需要而建造的规模巨大、气势雄伟的建筑物。这些建筑大都金玉交辉、巍峨壮观。

中国古代宫殿建筑一般采取严格的中轴对称的布局方式，建筑物自身被分为两部分，即“前朝”和“后寝”。“前朝”是帝王上朝治政、举行大典之处，“后寝”是帝王与后妃们居住、生活的场所。代表景观有北京故宫。

北京故宫

（二）陵寝建筑

陵寝建筑是古代帝王、后妃的坟墓、祭祀殿堂以及其他附属建筑的统称。这是古代建筑的一个重要类型。如古埃及的金字塔，印度的泰姬·玛哈尔陵，我国的秦始皇陵、明十三陵等，都反映了当时建筑技术和艺术所达到的最高水平。

中国古代皇陵是建筑、雕刻、绘画和自然环境融于一体的综合性艺术，其布局大体上可概括为三种形式：以陵山为主体的布局形式，以秦始皇陵为代表；以神道贯穿全局的轴线布局形式，以唐高宗的乾陵为代表；以建筑组群构成总体格局的布局形式，明清皇陵大都属于此类。

（三）宗教建筑

随着宗教的传播，其建筑风格与技术也传播至世界各地，并与各个国家的民族建筑相结合，形成了相对固定的型制。

世界上不同宗教的建筑有不同的风格，中国的宗法伦理观念，也影响了几乎所有的中国宗教建筑类型。比如，中国的佛教寺庙建筑，深受中国古代建筑的影响，它们庄严雄伟、精美华丽，往往和自然风景融为一体，具有浓郁的中国佛教建筑特色。

（四）古城墙建筑

城墙是古代军事防御设施，是由墙体和其他辅助军事设施构成的军事防线。

城墙根据其功能有广义和狭义之分。广义的城墙分为两部分，一部分为构成城墙的主体；另一部分属于城市防御建筑，由墙体和附属设施构成封闭区域。狭义的城墙则仅指由墙体和附属设施构成的封闭区域。封闭区域内为城内，封闭区域外为城外。

城墙包括一切城市（京师、王城、郡、州、府、县等）的内、外城垣。南京明城墙是世界上现存的长度最长、规模最大、保存原真性最好的都城城墙，我国保存较为完整的城墙还有西安城墙、平遥古城墙、荆州城墙、兴城城墙、开封城墙等。

（五）礼制建筑

礼制建筑不同于宗教建筑，但与宗教建筑又有着密切的联系。“礼”为中国古代“六艺”之一，它集中地反映了封建社会中的天人关系、等级关系、人伦关系、行为准则等，是上层建筑的重要组成部分，在维系封建统治中起着很大的作用。能够体现这一宗法礼制的建筑就称为礼制建筑。中国著名的礼制建筑有天坛、太庙、孔庙、武侯祠。

北京天坛

（六）民居建筑

民居，作为传统建筑内容之一，因分布广，数量又多，并且与各族人民的生活生产密切相关，故具有明显的地方特色和浓厚的民族特色。

民居分布在全国各地，由于各民族历史传统、生活习俗、人文条件、审美观念不同，也由于各地自然条件和地理环境不同，因而，不同类型的民居，其平面布局、结构方法、造型和细部特征也就不同，呈现出各自的特色。各族人民常把自己的心愿、信仰和审美观念，以及自己最希望得到、最喜爱的东西，用现实的或象征的手法，反映到民居的装饰、花纹、色彩和样式等元素中。如汉族人喜用鹤、鹿、蝙蝠、喜鹊、梅、竹、百合、灵芝等图案及万字纹、回纹等花纹，白族人喜用莲花图案，傣族人喜用大象、孔雀、槟榔树等图案。民居建筑的代表有四合院、蒙古包、窑洞、土楼、竹楼等。

南浔民居

徽州民居

（七）商业建筑

商业建筑是为人们进行商业活动提供空间场所的建筑类型的统称。商业建筑在社会发展的各个阶段表现出不同的建筑形式特征，从古代“以物易物”与“日中为市”的市场、“前店后坊”式的商店到百货商店、超级市场、购物中心等具有多种空间形式的现代商业建筑，已发展为要求具备服务性、展示性、休闲性、文化性的空间环境。

经济的快速发展推动城市的建设，越来越多体量巨大、形态奇特的建筑物在城市中矗立起来，成为新的城市标志性建筑，比如北京的鸟巢，这座现代地标建筑物已成为到北京旅游的游客在故宫、长城等景点之外重要的游览地。信息时代的旅游活动让这些新的标志性建筑物闻名世界。

北京鸟巢

上海东方明珠和陆家嘴金融贸易区

三、园林景观的定义及本质

园林，指在一定的地域运用工程技术和艺术手段，通过改造地形（或进一步筑山、叠石、理水）、种植花草树木、营造建筑和布置园路等途径建造而成的美的自然环境和游憩境域。园林与建筑既有联系，又有区别。

园林常常离不开建筑，但建筑只是园林的基本要素之一。园林的基本单位是景象。园林和建筑虽然同属于造型空间艺术，但园林更讲究整体效果，其艺术感染力即旅游吸引力不仅产生于建筑的造型、建筑群的空间关系，也产生于山形、水流、植物等条件的巧妙配合及与建筑的空间关系。

园林中的建筑也不同于一般建筑，更注重在园林中“点景”的作用。相对建筑而言，实用功能虽然也是园林功能中不可缺少的组成部分，但它在任何一个历史阶段都不是园林属性中最本质的内容，因为这些功能要求可以在园林范畴以外的自然或人工空间环境中得到满足。精神功能才是园林的主要功能，它支配着园林的物质内容，决定了园林要有统一的主题或情趣，要表达出理性精神和诗情画意。

中国是世界上园林艺术起源较早的国家之一，中国的古典造园理论和实践对亚洲、欧洲一些国家的园林艺术产生了重大、持久的影响。因此，中国园林被称为“世界园林之母”，在世界上享有盛誉。

四、园林景观的分类

中国园林的分类方法很多，较为常见的是按其从属关系分为皇家园林、私家园林、寺观园林。

（一）皇家园林

皇家园林，在古籍里面称为“苑”“囿”“宫苑”“苑囿”“御苑”等，为中国园林的三种基本类型之一。中国自奴隶社会到封建社会，在这连续几千年的漫长历史中，帝王君临天下、至高无上，皇权是绝对的权威。与此相适应，一整套突出帝王至上、皇权至尊的礼法制度也必然渗透到与皇家有关的一切政治仪典、起居规则、生活环境之中，表现为所谓“皇家气派”。皇家园林作为皇家生活环境的一个重要组成部分，形成了有别于其他园林类型的建筑技艺和风格。

皇家园林一般指供帝王、后妃居住、游娱之用的园林，它反映了封建统治阶级的皇权意识，体现了皇权至尊的观念。皇家造园追求宏大的气派和皇权的至高无上，常将有代表性的宅第、寺庙、名胜集中并在园林中再现出来，这就导致了“园中园”格局的定型。在对自然的态度上，皇家气派凌驾于自然之上。皇家园林的人工气息浓厚，往往以人工美取胜，自然美仅居次要的位置。皇家园林占地面积较大，规模宏大，真山真水较多。皇家园林的布局也颇为讲究，为君的威严、为父的威望、为主的高贵，都依靠园林设计者的智慧，严谨地反映出来。皇家园林一般以主体建筑作为构图中心统率全园，建筑常居于支配地位。园中建筑色彩富丽堂皇，风格多姿多彩。园林建筑在皇家园林中所占的面积比例较低，多采取“大分散、小集中”、成群成组的布局方式，用建筑的形式美来点染、补充、裁剪、修饰天然山水。现存的著名皇家园林有北京的颐和园、北海公园以及河北承德的避暑山庄。

北京颐和园

知识拓展

百家讲坛. 皇家园林的三大类别. 央视网，2021-02-13.

（二）私家园林

中国古代园林建筑的建造大多与生活享乐有密切关系，然而历代匠师在创造过程中积累了丰富的经验，形成了独具风格的传统文化艺术特色。中国古代园林，除皇家园林外，还有一类属于王公、贵族、地主、富商、士大夫等私人所有的园林，称为私家园林。古籍里称之为“园”“园亭”“园墅”“池馆”“山池”“山庄”“别墅”“别业”等。这类园林规模较小，一般只有几亩至十几亩，小者仅一亩或半亩而已；大多以水面为中心，四周散布建筑，构成一个或几个景点；以修身养性、闲适自娱为园林主要功能；园主多是文人学士出身，能诗会画，清高风雅，淡素脱俗。私家园林集中在南京、苏州、无锡等地。现代保存下来的私家园林大多建造于明清时代，这些园林充分表现了中国古代传统园林建筑的独特风格和高超的造园艺术。

私家园林集中在南方，是因为江南地区河湖密布，水源十分丰富，气候温和，树木常青，既有得天独厚的自然条件，又有玲珑通透的太湖石等造园材料，具备造园的自然、经济与人文等多方面条件。私家园林多建于城市之中，一般来说空间有限，占地不多，不能将自然山水圈入园内，往往通过叠山理水的手法在平地之上掘地为池、堆石为山，造出山林沟壑、曲桥流水，将大自然浓缩于园林之中，通过空间艺术的变化，创造出优美的自然山水意境。因而其对自然的态度主要表现出士大夫阶层的哲学思想和艺术情趣。园内的建筑小巧玲珑，环境色彩讲究清淡雅致，表现出朴素、淡雅而又亲切的风格，力求创造一种与喧哗的城市隔绝的世外桃源境界。私家园林多与住宅相连，布局常取内向式，即在一定的范围内围合，精心营造。在私家园林中，一般以厅堂为主体建筑，以假山、水池为构架，配置各种花草树木。在小小的天地里，景物紧凑多变，却营造出了无限的境界。现存著名的私家园林有北京的恭王府，苏州的拙政园、留园，上海的豫园，扬州的个园等。

（三）寺观园林

寺观园林一般只是佛寺和道观的附属园林，也包括寺观内外的园林化环境。其造园手法与私家园林区别不大。寺观园林的风格特征是理性美，它的产生开辟了对园林景观对象的理性探索和领悟，并影响了整个园林艺术。由于寺庙道观本身就是“出世”的所在，因此其中园林部分的风格更加淡雅。寺观园林注重选址，多选择自然环境优美的名山大川，建造时讲究因地制宜、因势制胜。寺观园林主要有三种形式：一是对城市中的寺观按园林进行布置；二是在城市寺观旁附设园林；三是在风光优美的自然山水中建寺观，这类寺观的庭院空间和建筑处理也多使用园林手法，使整个寺观形成一个园林环境。现存著名的寺观园林有北京碧云寺的水泉院、四川峨眉山的伏虎寺、河北承德避暑山庄的外八庙等。

承德避暑山庄的外八庙

第二节 中国传统建筑景观的美学特性

一、中国传统建筑的美学特征

中国建筑在世界上分布地域最广，有着独特的传统风格，各民族的建筑都有自己的传统和特色。中国建筑的美学特征主要表现在以下三个方面。

（一）建筑的审美价值和伦理价值密切相关

从审美的角度来说，建筑不仅要使人获得感官上的美感享受，更重要的是要恰当地表现建筑形象本身所包含的伦理、政治等方面的内容。例如，都城的布局表现出“体象乎天地，经纬乎阴阳。据坤灵之正体，仿太紫之圆方”的威仪；宫殿表现出“天子以四海为家，非壮丽无以重威”的气派。从周秦以来，凡宫殿、坛庙、陵墓、住宅、祠堂的体量、形式、色彩、用材等都有详细的等级规定和礼制理论，细微到彩画、雕刻的题材与手法，门窗的格纹，瓦饰的式样。这类礼制法规又往往和成熟的形式美法则结合在一起，形成了特定社会时代建筑内容与形式相统一的和谐感、节奏感以及不同类型建筑的性格和风格。

（二）建筑艺术的形式美直接来源于功能内容和工程实践

中国传统建筑的形式美首先体现为它的群体美、序列美。这种总体的艺术气氛又都以满足礼仪和生活实用的要求为基础。即使是一所简单的四合院住宅，它的布局和体量也都体现了封建家族中尊卑、长幼、内外、嫡庶等不同等级之人的生活地位和待遇。如北京紫禁城宫殿、天坛、十三陵、颐和园，苏州园林以及四川峨眉山寺等，它们的艺术形式都体现了各自的功能内容。中国建筑经过长期实践，至少从春秋战国开始，就注意在保持结构牢固、施工迅速的前提下，寻求各个结构部件之间恰当的比例关系，进而使群体与单体、结构与造型之间保持和谐与稳定。中国工科巨著《周礼·考工记》最先记述了一些比例法则，其中使用最多的是 2 ∶ 3。到唐代，结构构件的比例关系更趋完整划一。北宋崇宁二年（1103 年），由朝廷颁发的《营造法式》对比例法则做了更细致的规定，要求确切使用 10 ∶ 15“分”，即 2 ∶ 3 的基本度量单位设计建筑。2 ∶ 3 不仅接近“黄金分割”，是公认的美的比例，也是材料力学最佳的参数之一

（三）重视环境的内在意境胜于单纯的造型美观

中国传统建筑通过序列设计和环境气氛的运用，取得了突出的审美效果，对世界建

筑美学思想做出了重要的贡献。自永定门至钟鼓楼长约 7.8 千米的北京中轴线，如同古都之脊，不仅串联起万宁桥、景山、故宫、太庙、天安门、正阳门等历史文化遗存，更书写着这座城市深厚绚烂的文化底蕴。著名建筑学家梁思成曾说："北京独有的壮美秩序就由这条中轴的建立而产生。"天坛以苍翠的松柏林海为基调，将洁白的圜丘和湛蓝的祈年殿衬托得极为圣洁肃穆。为了深化环境意境，中国传统建筑还很重视运用象征手法，以布局、造型形式、形象模拟、匾联题字等，激发人的联想。如天坛的造型、色彩和布局以及许多与"天"(阳) 有关的数字，突出地象征了古人对"天"的认识；承德避暑山庄和外八庙，模拟国内一些风景名胜和著名寺院，象征着统一的多民族国家的巩固与发展。

二、建筑景观形式美法则

(一) 主和从

古希腊哲学家赫拉克利特发现，自然界趋向于差异的对立。他认为协调是从差异的对立中产生的，而不是从类似的东西中产生的。例如，植物的干和枝、花和叶，动物的躯干和四肢等，都呈现出一种主和从的差异。这就启示人们：在一个有机统一的整体中，各个组成部分是不能不加以区别的，它们之间存在着主和从、重点和一般、核心和外围的差异。建筑构图为了达到协调统一，从平面组合到立面处理，从内部空间到外部形体，从细部处理到群体组合，都必须处理好主和从、重点和一般的关系。这在一些采用对称构图的古典建筑中体现得尤为明显，现代建筑强调形式必须服从功能的要求，反对盲目追求对称，出现了各种不对称的组合形式，虽然主从差异不像古典建筑那样明显，但还是力求突出重点，区分主从，以求得整体的统一。

(二) 对比和微差

建筑要素之间存在着差异，对比是显著的差异，微差则是细微的差异。就形式美而言，两者都不可少。对比可以借相互烘托陪衬以求得变化，微差则可以借彼此之间的协调和连续性以求得调和。没有对比会显得单调，而过分强调对比以致失掉了连续性又会造成杂乱。只有把这两者巧妙地结合起来，才能达到既有变化又协调一致的效果。对比在建筑构图中主要体现于不同体量、不同形状、不同方向、不同色彩和不同质感之间。

(三) 均衡和稳定

处于地球重力场内的一切物体只有在重心较低和左右均衡的时候，才会给人稳定的感觉。如下大上小的山、左右对称的人等。建筑的实践使人们认识到，均衡而稳定的建筑不仅在实际使用上是安全的，在感觉上也是舒服的。

1. 对称均衡

对称本身就是均衡的。由于中轴线两侧必须保持严格的制约关系，因此凡是对称的形式都能够获得统一性。中外建筑史上无数优秀的实例，都是因为采用了对称的组合形式而实现完整统一的。中国古代的宫殿、佛寺、陵墓等建筑，几乎都是通过对称布局把众多的建筑组合成为统一的建筑群。在西方，特别是从文艺复兴时期到 19 世纪后期，建筑师几乎都倾向于利用均衡对称的构图手法谋求整体的统一。

2. 不对称均衡

由于构图受到严格的制约，对称形式往往不能适应现代建筑复杂的功能要求，因此，现代建筑师常采用不对称均衡构图。这种构图形式，因为没有严格的约束，所以适应性强，显得生动活泼。在中国古典园林中这种构图形式应用已很普遍。

3. 动态均衡

对称均衡和不对称均衡形式通常都是在静止条件下保持均衡的，故称静态均衡。而旋转的陀螺、展翅的飞鸟、奔跑的猛兽所保持的均衡，则属于动态均衡。现代建筑理论强调时间和空间两种因素的相互作用及其对人的感觉所产生的巨大影响，促使建筑师去探索新的均衡形式——动态均衡。例如把建筑设计成飞鸟的外形、螺旋形，或采用具有运动感的曲线等。

4. 稳定

同均衡相联系的是稳定。如果说均衡着重处理建筑构图中各要素左右或前后之间的轻重关系的话，那么稳定则着重考虑建筑整体上下之间的轻重关系。西方古典建筑几乎总是把下大上小、下重上轻、下实上虚奉为求得稳定的金科玉律。随着工程技术的进步，现代建筑师则不受这些约束，创造出许多同上述原则相对立的新的建筑形式。而中国传统建筑具有独特的建筑形式，如悬山顶、大梁小梁结构、天框等，这些建筑形式不仅美观，而且在结构上能增强建筑的稳定性。

（四）韵律和节奏

自然界中的许多事物或现象，往往由于有秩序地发生变化或有规律地重复出现而激起人们的审美感受，这种美通常称为韵律美。例如投石入水，激起一圈圈的波纹，就是一种富有韵律的现象。蜘蛛结的网、某些动物（包括昆虫）身上的斑纹、树叶的脉络也是富有韵律的图案。有意识地模仿自然现象，可以创造出富有韵律变化和节奏感的图案。韵律美在建筑构图中的应用极为普遍。古今中外的建筑，不论是单体建筑还是群体建筑，乃至细部装饰，几乎处处都有应用韵律美营造节奏感的例子。难怪有人把建筑比作“凝固的音符”。表现在建筑中的韵律可分为以下四种。

1. 连续韵律

一种或几种组合要素连续安排，各要素之间保持恒定的距离，可以连续地延长等，是这种韵律的主要特征。建筑装饰中的带形图案，墙面的开窗处理，均可运用这种韵律获得连续性和节奏感。

2. 渐变韵律

重复出现的组合要素在某一方面有规律地逐渐变化，例如加长或缩短、变宽或变窄、变密或变疏、变浓或变淡等，便形成渐变韵律。例如，我国古代密檐式砖塔通过檐部与墙身的重复与变化形成渐变韵律，使人感到既和谐统一又富于变化。

3. 起伏韵律

渐变韵律如果按照一定的规律变化，如波浪之起伏，就称为起伏韵律。

4. 交错韵律

两种以上的组合要素互相交织穿插，一隐一显，便形成交错韵律。简单的交错韵律由两种组合要素做纵横两向的交织、穿插构成；复杂的交错韵律则由三个或更多要素做多向交织、穿插构成。现代空间网架结构的构件往往表现出复杂的交错韵律。

（五）比例和尺度

协调的比例可以营造美感。公元前 6 世纪，古希腊的毕达哥拉斯学派认为万物最基本的元素是数，数的原则统摄着宇宙中的一切现象。这个学派运用这种观点研究美学问题，即在音乐、建筑、雕刻和造型艺术中，探求什么样的数量比例关系能产生美的效果。在建筑中，无论是组合要素本身，还是各组合要素之间以及某一组合要素与整体之间，无不保持着某种确定的数的制约关系。这种制约关系中的任何一处，如果越出“和谐”所允许的限度，就会导致整体比例失调。至于什么样的比例关系能产生和谐的效果并给人以美感，则众说纷纭，主要有以下几种说法。

1. 模数比例

一种看法是，只有简单而合乎模数的比例关系才易于辨认，因而也才是和谐的、美的。从这种基本观点出发，像圆形、正方形、正三角形等具有确定数量制约关系的几何形状可以当作判别比例关系的标准和尺度。至于长方形，它的长和宽可以有不同的比，因此就存在一个什么是最佳比的问题。人们经过长期的探索发现，宽与长之比为 1 ∶ 1.618 的长方形最为理想。这就是模数比例中的黄金分割原理。

2. 相同比率

还有一种看法认为，若干毗邻的矩形，如果它们的对角线互相平行或垂直，那么它们就是具有相同比率的相似形，一般可以产生和谐的关系。

3. 模度体系

现代建筑师勒·柯布西耶把比例和尺度结合起来研究，提出“模度体系”。从人体的三个基本尺寸（人体高度 1.83 米，手上举指尖距地 2.26 米，肚脐至地 1.13 米）出发，按照黄金分割引出两个数列——“红尺”和“蓝尺”，用这两个数列组合成矩形网格，由于网格之间保持着特定的比例关系，因而能给人以和谐感。

4. 理性的比例

还有人认为良好的比例关系不能单纯按抽象的几何关系来确定。他们强调，功能要求、结构、材料以及民族文化传统都会对比例产生影响。良好的比例不单是直觉的产物，还应当符合理性的要求。

5. 尺度

同比例相联系的是尺度。比例主要表现为整体或部分之间的长短、高低、宽窄等关系，是相对的，一般不涉及具体尺寸。尺度则涉及具体尺寸。不过，尺度一般不是指真实的尺寸，而是人们感觉上的大小印象同真实大小之间的关系。虽然按理来说两者应当是一致的，然而在现实中却可能出现不一致的情况。如果两者一致，意味着建筑形象正确地反映了建筑物的真实大小。如果不一致，可能出现两种情况：一是大而不见其大——实际很大，但给人的印象并不如真实的大；二是小而不见其小——本身不大，却显得大。建筑中的一些构件如栏杆、扶手、坐凳、台阶等，因有功能要求，尺寸比较确定，有助于正确显示出建筑物的整体尺度感。一般来说，建筑师总是力图使观赏者所产生的印象同建筑物的真实大小相一致，但对于某些特殊类型的建筑如纪念性建筑，则往往通过尺度处理，给人以崇高的感觉；对于园林建筑，则希望使人感到小巧玲珑，产生一种亲切感。这两种情况，虽然使人产生的感觉同真实尺度之间不尽吻合，但为了实现某种艺术意图是被允许的。

（六）重复和再现

在音乐中某一主旋律的重复或再现，通常有助于整个乐曲的和谐统一。在建筑中，往往也可以借某一“母题”的重复或再现来增强整体的统一性。随着建筑工业化和标准化水平的提高，这种手法已得到愈来愈广泛的运用。一般来说，重复或再现总是同对比和变化结合在一起，这样才能取得良好的效果。凡对称必然都包含着对比和重复这两种要素。中国古代建筑中常把对称的格局称为“排偶”，偶是成对的意思，也就是两两重复地出现。西方古典建筑中某些对称形式的建筑平面，表现出以下特点：沿中轴线纵向排列的空间，力图变换形状或体量，借对比求变化；而沿中轴线横向排列的空间，则相应地重复出现。这样，从全局来看，既有对比和变化，又有重复和再现，从而把互相对立的因素统一在一个整体之中，同一种形式的空间如果连续多次或有规律地重复出现，还可以营造出一种韵律节奏感。

（七）渗透和层次

西方古典建筑多为砖石结构，各个房间多为六面体的闭合空间，很少连通。随着技术的进步和新材料的不断出现，特别是框架结构取代砖石结构，为自由灵活地分隔空间创造了条件，空间自由灵活“分隔”的概念逐渐代替了传统的把若干个六面体空间连成整体的“组合”概念。这样，各部分空间互相连通、贯穿、渗透，呈现出极其丰富的层次变化。所谓“流动空间”，正是对这种空间所做的形象概括。中国古典园林中的“借景”就是一种空间的渗透。“借”是把彼处的景物引到此处来，以产生层次丰富的景观效果。“庭院深深深几许”就描述了中国古典园林所独具的幽深境界。近年来，一些公共建筑更加注意空间的渗透，不仅考虑到同一层内若干空间的相互渗透，而且通过楼梯、夹层的处理，形成上下多层空间的相互穿插渗透，以使层次变化更加丰富。

（八）空间序列

建筑是三度空间的实体，不能一眼就看到它的全部，只有在连续行进的过程中，从一个空间到另一个空间，才能逐一看到它的各个部分，最后形成整体印象。逐一展现的空间变化必须保持连续关系。观赏建筑不仅涉及空间变化，还涉及时间变化。组织空间序列时要把空间的排列和时间的先后两种因素考虑进去，使人们无论是在静止的情况下还是在行进中都能获得良好的观赏效果，特别是沿着一定的路线行进时，能感受到既和谐一致，又富于变化。

第三节　中国古典园林景观的组成要素及美学思想

一、中国古典园林景观的组成要素

园林景观是由叠山、理水、植物、建筑四种基本要素构成的综合性景观。

（一）叠山

山体构成了园林的地形骨架，决定了园林空间的形态。园林的山有真假之分。大型的园林常包入真山真水，但更多的园林是在其内进行叠山，也就是以土、石为材料，对自然山水加以艺术的提炼和夸张，将自然界的山峦“浓缩”成假山和置石。假山体量大而集中，可以将园林分割成不同的空间或坡度，以适当地布置景物，可游可观，使游人产生置身于山林之感。假山讲究自然之理、自然之趣，利用原有的地形，因势而立，力求体现出山林野趣，表现出自然山体的神韵和地形特征。置石体量小而分散，装点布置在园林中。庭院内的置石，多为景观的主体，形态与空间尺度相称，与周围的景物浑然一体，耐人寻味，以观赏性为主。例如，太湖石之美讲究“瘦”“皱”“漏”“透”“丑”。瘦者，指石块体态苗条，有迎风玉立之势；皱者，指石头上有凹凸之皱褶，山石有皱，才能显出苍老，方有真山之气；漏者，指山石上有大孔小孔，涡洞相套，上下贯穿，四面玲珑；透者，指石的纹理贯通，所谓“纹理纵横，笼络稳起”；丑者，指丑中求美，丑中见秀。

（二）理水

水是园林的命脉，是组成园林的重要元素。水既可划定空间，也可延伸空间。在园内有限的空间里，可以依据地势构造出大小不一、变化无穷的水面和曲折迂回的水道，形成泉、溪、涧、池等各式水体。静态的、大的水面空间明亮柔和，给人以空灵开阔、神清气爽的感觉。动态的水面可形成空间的焦点，吸引游人的眼球。飞泻而下的瀑布、湍急的水流形态各异、动感强烈；萦绕迂回的涓涓水流曲折蜿蜒，让人感到源流无穷、水阔溪长。园林中的水景赋予园林独特的个性，为园林增添灵气。园内山水相依，有山必有水，山因水而活，水因山而媚。山是园林的骨架，水是园林的血脉，山水相映成趣。

（三）植物

园林虽是假山假水所造，却力求真实自然，因此便利用自然的花草树木来装饰、点缀，淡化人工造景的痕迹。植物的种类繁多，四时之景不同。园林中配置的植物有常绿和落叶之分，有乔木、灌木、草本等不同姿态。植物在一年之中生长、开花、结实，不时地变换形态、姿容、色彩，呈现出变化多端的景观，表现出园内葱郁苍翠、充满生机的自然景象。花草树木给园林增添了许多绚丽的色彩、美丽的形态，是园林中不可或缺的组成部分。如果没有植物的点缀，园内缺乏充满生机的颜色，园林就只能成为一个山水建筑的模型，而不是可居、可游、可观的城市山林。

（四）建筑

亭、台、楼、阁、桥、榭、厅、廊是中国园林建筑的主要形式。有人把建筑看作园林的“眼睛”，像人一样，有了眼睛，才能有神采。建筑是人工所造，有了建筑，也就有了艺术之美。融自然美、建筑美、艺术美于一体的园林建筑布局讲究自然之趣，为了使建筑与周围环境相融合，往往将亭台楼阁分散、穿插于山水风景中，人工美与自然美水乳交融、处处成景。

园林建筑本身也有美丽多姿的轮廓，其造型、装修、细部处理追求典雅清新。建筑形体灵活多变，体量大小相宜，布局配合地形，可透可围、可开可闭、可断可续，穿插于山水间，参差错落、灵活多变、曲折有致、疏密得宜，又不拘泥于均衡对称，点缀着园内美景。园林建筑又是园中观景休憩的佳处，使游览更加富有情趣。

园林建筑与山水、花草树木组成多变的风景画，建筑是画面中的主题，起到画龙点睛的作用，成为传神之处。

家具也是园林建筑中不可或缺的元素。当代园林艺术家陈从周先生说过：“园缺家具，即胸无点墨。”园林中的家具多以楠木、紫檀、花梨等质地坚硬、强度高、色泽优美的木材制作，还会进行细致的雕饰。有的还镶嵌有大理石或云石，并根据石上的纹路走向进行镂、雕、刻，呈现出迷人的景致。中国古典园林中保留了很多明清时代的家具。明代家具以选材精良，线条简洁、明快、优美为特色，强调和谐、秩序和韵律，造型简洁，装饰讲究，风格清新高雅。清代家具多用雕、嵌、描、绘、漆、镂等手法，雕刻华丽庄重，巧夺天工。

二、中国古典园林的发展历史

中国古典园林建筑艺术是中国灿烂的古代文化的组成部分。它是中国古代劳动人民智慧和创造力的结晶，也是中国古代哲学思想、宗教信仰、文化艺术等的综合反映。

为了能简要地说明中国古典园林的发展历史，现根据历史文献和现存古代园林遗址的考察，循其明显的轨迹，大致分成三个时期来概述之。

（一）先秦至秦汉时期

此时期或可称为中国古典园林的“自然时期”，是从“囿”到“苑”的发展时期。原始时代，先民主要的生产活动是渔猎，后来慢慢进化到种植定居，驯养了一些野生动物，比如猪、犬、羊等，种植了一些植物，比如禾、麦、稻等。这样就出现了圈养、圈种的有一定范围的地方，在甲骨文、金文中出现了“因”“囿”“鉴”“圃”等字。随着生产力的进一步提高，又有了专门从事农事、畜牧、手工制作以及各种杂务劳动的奴隶阶层，在解决了生活的劳务问题后，奴隶主和帝王们就有了足够的时间来进行各种游乐嬉戏，其中包括“狩猎”活动。而那些被选择为狩猎区的地方，一定是禽兽比较集中的山丘或林茂之地、水草丛生之处，这些地方逐渐发展为圈养动物的“囿”。根据史料记载，从殷周到秦汉时期，这种“囿”大体具有以下三个特点：

（1）片地宽广：一般方圆都在几十里、上百里左右，如春秋时楚庄王“筑层台，延石千重，延壤百里”。

（2）工程浩大：囿的周围有界垣，囿内有台屋构筑。

（3）人工设施增加：由于狩猎地往往距离统治中心较远，因此不免要在“囿”内建寝殿屋宇。

这种最早期的“囿”到汉代有了新的发展，它逐渐摆脱了自然山林的原始状态，日趋专门化了。帝王们在这里建“宫”设“馆”，除了为游猎所需而增添了寝宫殿宇、生活设施，还配置了观赏植物、人工山水等景色，使其初步具有了“园林”的性质，从汉代起它的名称也从“囿”改称“苑”或“苑囿”了。著名的汉代宫苑“上林苑”中，方圆数百里，有“建章宫”，有“太液池”，宫殿数十座，设置了“射熊馆”“白鹿观”“虎圈观”等各种动物的圈观，并种植了各地送来的花木，如“核桃”“紫纹桃”等。不过此时尚处于中国古典园林发展初期，对于苑囿的布局布置，并无一定规划，仍较多地带有古时“囿”的狩猎趣味。建筑和山水的安排，也并不融洽有序，奇树异花的种植，只是猎奇罗列，虽然它有了某些园林的性质，成为日后造园的发端，但总体来说，仍处于自然发展的时期。

（二）唐宋时期

唐宋时期是中国古典园林的形成时期。由汉代开启的中国园林发展进程，经过三国、魏晋南北朝到隋代统一中国的过渡，至唐代出现了一个兴盛的局面。此阶段，疆域的扩大、经济的发达、民族的融合使文化艺术的发展达到了一个空前繁荣的时期。此时，园林的发展出现了两个显著的特点：一是在苑囿的营建中注意了游乐和赏景的作用，如在殿宇建筑外，已注意到叠石造山、凿池引泉。布局关系也趋于融洽，使之形成优美的环境，具备了休憩、游赏，甚至宴乐之功能。二是绘画技术的发展与造园艺术的发展互相促进，如南朝梁张僧繇擅长画山水，能“咫尺之内，便觉万里为遥”，画家所提炼的构图、排列、层次和色彩，极大地丰富了造园技巧，而且有的画家，自己本身就是杰出的造园专家，如诗人王维设计营建了“辋川别业”。

宋徽宗营建的“艮岳”，也就是《水浒传》里“花石纲”的来历，可称为唐宋时期中国古典园林的代表作。这座御花园，山水美秀，林木畅茂，叠石树峰，又有宫殿亭阁，高低错落，叠山凿池，别出胜景，可惜已经在战火中夷为平地，永远地消失了。

（三）明清时期

明清时期是中国古典园林的全盛时期。北宋灭亡后，辽、金、元三代相继在燕京一带兴修皇家园林。金人从开封拆运大量的艮岳花石至中都，元代在建筑艺术方面促进了国内各民族和东西方文化的交流，使中国各民族丰富奇特的建筑形式更添异彩。至今还能见到的北京妙应寺白塔就是 13 世纪出于尼泊尔艺术家阿尼哥之手的佛教建筑。明清时期的中国古典园林，具有三个方面的特点：功能全、形式多、艺术化。

1. 功能全

各个历史时期的园体都有新增加的内容，至明清后，诸如听政、受贺、宴会、观戏、居住、园游、读书、礼佛、观赏、狩猎、种花等场所，应有尽有，甚至为满足统治者的“雅兴”，还建有商业市街之景，如颐和园的苏州街，以及圆明园的买卖街。园林中可包罗帝王生活的全部活动，随着功能的多样化，园林的建筑营造规模自然也越来越大。

2. 形式多

这是指对于作为园林重要组成部分的建筑而言，无论其为建筑群落组合，还是单体建筑，其形式都是多种多样的。它吸收了各地区的地方特点和各民族的民族风格，既有殿堂楼阁，又有幽尼佛寺，既有粉墙石垣，又有竹篱泥巴，灵活而多变，随处而点缀，这在《红楼梦》中描写的大观园里就有非常生动的反映。在园林布局及布置方面则吸收了南北园林艺术的精华，因地制宜地加以汇聚，比如圆明三园（圆明园、长春园、绮春园）的诸多景色中就再现了苏州、杭州、扬州等地著名园林的特点，谓之“移天缩地”亦不为过。

3. 艺术化

明清园林中的园林建筑呈现出高度艺术化的特征，其景物、风格、布局，讲究移步借景，动静相兼等艺术美学理论的运用已臻成熟，各种建筑形式的风景景观融为一体，水、木、石的精心安排和建筑物的排列，都有了立体效果，甚至在附属设施的样式、内部装修和环境色彩等方面也都进行了统一、和谐的设计，体现了中国造园思想的高超境界。

三、园林景观的审美意境

造园者在构造园林时往往融入自己的情感，不仅着重于再现自然，还注重表现形外之意，追求意与境的融合。

（一）本于自然，高于自然

园林是小中见大，讲究小而精，将大自然的景色浓缩于园林之中，成为自然的缩影，使人们不出城郭而享山林之美。造园时注重融于自然，将园林与周围自然环境融为一体。园内的面积是有限的，但通过借景，可以突破园林实体的有限空间，将园外美好景物纳入园内，使园林形成幽深广阔的境界和意趣。为体现与自然的融合，常常用建筑、植物等分隔园林空间，讲究隐而不露，用门洞、漏窗、长廊、树丛、溪流来分隔，隔而不断，使园林的有限空间显得曲折幽深而又宽敞舒适，营造出小中见大的效果。

在造园时，将大自然的各种组景要素浓缩成叠山、理水、植物、建筑四种基本构园要素，经过重新布局，形成有主有次、有烘托有呼应的格局，山水花草皆备、亭台楼阁参差，犹如画面一般。

各种构园要素及其组合，都要做假成真。在叠山、理水、植景时，要巧于因借，充分利用原有的山势、水形及植物本身的美态。如假山叠石要以假乱真，讲究自然之趣。用山石模拟自然裸露的岩石要体现出真山峰峦的形状、气势和岩石纹理。园林中的山石可用作花台种植观赏植物，也可用花台组织游览路线，或将花台与岸边相连。水的源头可藏于石隙，可隐于洞穴，让人感受到“源头自有活水来”。植物的配置要如同自然生长的花木一样，有疏密变化而富有天然野趣，从而使整个园林像一幅充满天然之趣的画卷。

（二）情景交融

园林中常寄托着园主人的理想和愿望。不同园主人为人处世的哲学与文化审美态度，反映到构思立意上是不同的。他们在建造园林时倾注了自己的情感和意念，寄情于物、托志于物，利用园林中的景物寓意寄情。如在园林植物配置上多种植松柏、修竹、兰花、荷花、蜡梅等寓意高雅的植物。松挺拔坚强，竹虚心有节，兰坚贞不屈，荷淡泊清幽，梅不畏严寒，对这些植物的赞美，也就是对园主人情操的肯定。其实园内的置石、水池、花草树木等都体现出情感与景象的交融。

（三）意境的含蕴

境生于象外。意境并不局限于有限的意象之内，而是力求在有限中见无限。旅游者在园林内游览时会受到时空的限制，只能欣赏到一时一地的景观。园林通常借助于诗情画意营造意境，采用传统的诗、画、书法等艺术形式进行点景。特别是悬于特色景点建筑上的题咏、楹联、匾联，集文学、书法、雕刻于一体，抓住景观的典型特征，结合空间、历史、传说及作者的情感，用文学的形式给予高度的概括，通过艺术的烘托、渲染、提示，引起旅游者的联想与想象，使旅游者感受到园林隐于“秀”中的“象外之意”。

知识拓展

陕西学习平台. 中国古典园林造园艺术. 学习强国 App，2020-06-03.

第四节　酒店建筑设计审美

一、酒店空间审美

（一）三维空间审美

三维空间，也就是人类生活的空间。酒店建筑空间就是三维空间。酒店建筑空间本身是环境景观的一个组成部分，其空间美从整体上说是服从于周围环境而存在的。酒店建筑作为稳定的、不可移动的具体形象，总是要借助于周围环境才能获得完美的造型表现。在进行建筑艺术处理时，恰当地表现自我，根据整个环境的需要给自己定位，使个体、局部烘托整体，把个体、局部融于环境中，在为整体增色的同时表现自我存在的价值，这才是酒店建筑美的根本所在。

酒店三维空间还包含酒店建筑的内部空间，它具有灵动之美、虚实之美、流动之美、序列之美。空间处理应从单个空间本身及其与不同空间之间的关系两个方面考虑。单个空间的处理应注意空间的大小和尺度、封闭性、构成方式、构成要素的特征（形状、色彩、质感等），以及空间所表达的意义或所具有的性格等内容。多个空间的处理则应以空间的渗透、层次、对比、序列等关系为主，空间的大小应视空间的功能要求和艺术要求而定，大尺度的酒店空间如大堂需要气势壮观、感染力强，以使人耳目一新；小尺度的酒店空间应亲切宜人，适合大多数活动的开展。为了获得丰富的建筑空间，设计酒店时应注重空间的渗透和层次变化，主要可通过处理空间分隔与相互之间的关系来达到目的。被分隔的空间本来处于静止状态，但一经连通，随着相互间的渗透，好像就延伸到了彼此之中，打破了原先的静止状态而产生一种流动的感觉，同时也呈现出空间的层次变化。空间的对比是丰富空间之间的关系、形成空间变化的重要手段。当将两个存在着显著差异的空间布置在一起时，形状、大小、明暗、动静、虚实等特征的对比会使这些特征更加突出。当将一系列的空间组织在一起时，应考虑空间的整体序列关系，安排穿越路线，将不同的空间连接起来，通过空间的对比、渗透、引导，创造出富有性格的空间序列。在组织空间、安排序列时应注意起承转合，要让空间的发展有一个完整的构思，以增强艺术感染力。

（二）多维空间审美

自工业革命后，现代建筑设计以崭新的面貌展现在世人的眼前，并且彻底地否定了工业革命前的设计风格。多维空间的出现为酒店建筑的空间感受带来了新的气息，使得酒店空间形象呈现出多元之维。

拉脱维亚的利耶帕亚温泉酒店，以公共浴室的空间设计见长。拱顶在公共浴室建筑设计史上极为重要，也是极富代表性的空间组织元素。它代表着罗马浴室建筑最前沿的建造技术，并一直延续到文艺复兴与巴洛克时期的建筑中去。而在这些建筑之中，拱顶在空间组织与氛围营造中发挥了独特的作用，它通过强化空间的向心性与独特性，进一步突出了其下部圆形的重要地位。

二、酒店装饰审美

（一）装饰基础知识

装饰是一种对特定的建筑物或室内物品按照一定的思路和风格进行美化的活动或行业。建筑装饰是建筑物或者构筑物的重要组成部分，其传统功能在于美化。发展到现在，建筑装饰的功能已不仅限于美化，更多的是优化。

1. 装饰构造的基本方法

装饰构造的基本方法主要有现制法、装配法、粘贴法等。其中，现制法主要是针对各种装饰饰面、幕墙单元体等构筑物的；装配法是在铝合金扣板、石膏板、压型钢板等材料与构筑物之间采用柔性或刚性连接方式；粘贴法是将成品或半成品材料与建筑物构件粘贴起来。

2. 建筑装饰的主要内容

建筑装饰的主要内容包括人体工程学原理应用、建筑装饰的空间组织与界面处理、建筑装饰材料的选择与运用、建筑软装、建筑绿化与庭园设计等。

（二）装饰在酒店设计中的作用

1. 酒店风格定位

酒店装饰设计是为了满足酒店居住和膳食的需要，是为了创造完美的、立体的四维空间形象，以使客人体会到“宾至如归”的感觉，所以，能否实现实用性与艺术美的相互糅合、完美统一，是衡量环境空间艺术设计水平高低的基本标准。所谓建筑艺术的创作，正是以实践的态度，直接借助物质媒介和形体结构特殊的形式，体现一定民族、一定时代、一定社会的审美意识。许多酒店环境的设计将现代主义、极少主义、高技术风格等奉为唯一准则，这是非常错误的发展趋势。我们的生活之所以多姿多彩，正是因为不同民族背景、不同地域特征、不同自然条件、不同历史时期的文化的不同所带来的世界的丰富多样性。从这一点上来讲，越具有地域性也就越具有世界性。酒店的装饰设计在功能上要满足使用需求，与国际接轨，而酒店的审美表现、文化精神、艺术风格及价值趋向则要考虑地域性及文化性的特色。能够反映出时代的印记、文化的象征以及地方特色，是一家酒店设计成功的关键所在。“一方水土养一方人”，让每家酒店都能真正拥有自己的历史，有自己的审美风格及表现语汇，这样才能创造出和谐而又多姿多彩的酒店环境。

2. 酒店功能定位

一个设计师在开始设计酒店时，首先要弄清的是要建造一个什么类型的酒店，也就是对酒店进行定位。酒店的定位包括：这是一个什么类型的酒店；它的规模是怎样的；它是豪华型的还是中低档的；它是否属于品牌经营；它的星级是什么；它的服务对象是谁；等等。设计前，酒店的功能定位一定要明确，绝不能模棱两可。如果计划建造一个五星级酒店，同时又想吸引三四星级的客人，就属于不合理的定位。酒店设计一定要在弄清楚酒店要面向什么样的客人、有多大的建筑面积，并进行市场分析后进行，这样才会获得良好的设计效果。在建造酒店之初，设计师通常会制定一套设计方案，来表达和说明酒店在此方案的指导下会设计成什么样子。当设计师真正开始设计时，一定要坚持认真执行自己的方案，最好不要轻易改变最初的设计构思，否则可能会导致管理者经营策略的改变，也就是说，这在某种程度上会改变酒店的功能定位。设计是深入酒店经营的方方面面的过程。客房、厨房、客用电梯、网络等，很多酒店功能的组成部分都应成为设计的重点。

三、酒店色彩审美

色彩是酒店设计中最重要的因素之一。它既有审美作用，又有表现和调节环境空间与气氛的作用，而且它能通过人们的感知、印象对人产生相应的心理影响和生理影响。酒店室内外色彩的运用，能左右人们的情绪，并在一定程度上影响人们的行为活动，因此，良好的色彩设计可以更有效地发挥设计空间的使用功能，提高酒店的空间品质。色彩设计在酒店室内外设计中有以下作用。

（一）调节空间感

运用色彩的物理效应能够改变室内外空间面积或体积的视觉感，改善空间实体的形象。不同的空间有着不同的使用功能，色彩的设计也要根据空间功能的差异而做相应变化。可以利用色彩的明暗度来营造空间中的不同气氛。使用高明度的色彩和较明亮的灯光来装饰，可以营造出光彩夺目的空间气氛；使用低明度的色彩和较暗的灯光来装饰，则给人一种“隐私性”和温馨之感。

（二）体现个性

色彩可以体现酒店目标人群的特性。一般来讲，以年轻人为目标客户的酒店色彩丰富一些，且室内多选择暖色调；以中老年人为目标客户的酒店色彩相对单一，且通常选择冷色调，因为他们比年轻人更喜欢安静。

（三）调节心理

色彩是一种信息刺激元素。过多高纯度的色相对比，会使人感到过分刺激，容易烦躁；过少的色彩对比，则会使人感到空虚、无聊，过于冷清。因此，在进行酒店色彩设计时，要注意色彩之间的协调搭配，以及色彩与材料、空间整体风格的和谐统一。

（四）调节室内温度感

室内温度感因颜色搭配方式的不同而有所不同。在色彩设计过程中，采用不同的色彩方案主要是为了改变人们对室内温度的感受，但季节和地域的气候是循环变化的，因此要因地制宜地根据所在地区的气候常态来选择合适的色彩方案。

（五）调节室内光线

室内色彩可以调节室内光线的强弱，因为不同色彩有不同的反射率，如白色的反射率为 70% ～ 90%，灰色的反射率为 10% ～ 70%，黑色的反射率在 10% 以下。在酒店室内外设计过程中，应根据不同房间的采光要求，适当地选用不同反射率的色彩来调节进光量。

在色彩运用上较为成功的是洲际旗下的英迪格（Indigo）酒店及希尔顿旗下的嘉悦里（Canopy）酒店。嘉悦里品牌将爱马仕橙运用得非常成功，显得精致、时尚又高级。

知识拓展

酒店设计实例——杭州柏悦酒店

案例与专题

天圆地方——天坛建筑欣赏

青瓦白墙——徽派建筑欣赏

壶中天地——中国江南私家园林景观欣赏

巧夺天工——公共性建筑欣赏

本章知识要点

本章主要围绕旅游生活中的建筑景观、园林景观与酒店设计美学展开，介绍了建筑景观与园林景观的定义与性质、中国传统建筑景观的美学特性、中国古典园林景观的组成要素及美学思想和酒店建筑设计审美。其中，中国传统建筑景观的美学特性、中国古典园林景观的美学思想与酒店建筑设计审美是重中之重。

思考与讨论

1. 请解释建筑景观与园林景观的区别与联系。

2. 中国传统建筑景观的美学特性有哪些？

3. 中国古典园林的组成要素及美学思想主要包含哪些内容？

4. 分享你眼中最美的建筑景观、园林景观。

5. 找寻你眼中最美的酒店，并从空间审美、装饰审美、色彩审美三方面对其进行分析。

推荐阅读材料

1. 爱课程. 中国古代建筑艺术. 学习强国 App，2021-06-15.

2. 陈念慈. 天人合一观与中国古典建筑、园林美学思想渊源探微. 东岳论丛，2002（2）：63-66.

3. 纪录片《梁思成与林徽因》。

4. 梁思成. 中国建筑史. 北京：生活·读书·新知三联书店，2011.

5. 陈波. 挺有意思的中国古典园林史. 北京：中国电力出版社，2019.

6. 精品文化工作室. 设计速递：酒店设计. 大连：大连理工大学出版社，2012.

伍

第五章

外师造化：旅游生活中的造型艺术

本章导语

罗丹有一句名言："美是到处都有的，对于我们的眼睛，不是缺少美，而是缺少发现。"书法、绘画、雕塑、碑刻、摄影等造型艺术是人类文化的重要组成部分，它们源于生活，又高于生活，丰富了旅游生活的审美内涵，展现了旅游生活的智慧力量，深化了旅游生活的诗情画意。它们强烈的神韵之美使人倾心，给人享受，令人震撼。

知识目标

了解造型艺术的内涵与美学特性；

了解中国书法艺术的发展历程和美学特性；

了解中国画的类型和美学特性；

了解中国雕塑艺术的发展历程和美学特性；

了解碑刻艺术、摄影艺术的美学特性；

学会欣赏造型艺术并在酒店中加以运用。

素质目标

通过对有中国特色的造型艺术的学习和了解，弘扬中华优秀传统文化，在旅游企业的产品设计、形象传播中自觉融入中国精神、中国气派，展示中华文化自信。

重要术语

造型艺术　书法　写意画　工笔画　形神兼备　意在笔先　雕塑　圆雕　浮雕　透雕　碑刻　瞬间艺术

第一节 造型艺术及其美学特性

一、造型艺术的内涵

18 世纪德国美学家莱辛在他的著作《拉奥孔：论诗与画的界限》中，通过对雕塑作品《拉奥孔》和诗歌文学的比较分析，把造型艺术概念放在视觉艺术和空间艺术范畴里，而把文学等非空间性、非视觉性的艺术形式排除在造型艺术概念之外。我国在五四运动后开始普遍使用“造型艺术”这一概念。

造型艺术是指运用特定的物质材料（如纸张、颜料、泥石、金属、木料等），通过塑造直观的、静态的视觉形象来反映自然界、社会生活和表现思想感情的一种再现性空间艺术形式，它主要包括书法、绘画、雕塑、碑刻、摄影等。根据人们的习惯，造型艺术也称为“空间艺术”或“视觉艺术”。

二、造型艺术的美学特性

所谓造型，就是在一定的空间条件下塑造形体。按照中国古代画论的观点，造型就是“应物象形”“以形写神”，在一定的空间内“经营位置”，它既可以以三维空间的形式存在，也可以以二维空间的形式存在。

造型艺术的美学特性如下。

（一）空间的真实性

造型艺术是凭借视觉而存在的一门艺术。有了眼睛，有了视觉，才能感受到点、线、面、体和各种各样的颜色。人们可以用语言来称赞一幅画、一座雕刻或者一幅书法作品，但任何言语的描绘都无法代替直观形象给观赏者带来的特殊的美感，正所谓“百闻不如一见”，造型艺术直观的真实性、生动性是语言和声音所无法替代的。

造型艺术是在空间中塑造艺术形象，人们的视觉可以毫无障碍地感知到它们的存在，从而引发审美感觉。绘画、书法、雕塑、摄影等，都是以造型为基础的空间艺术。一方面，造型艺术的作品有二维空间（如绘画、摄影、书法）的，也有三维空间（如雕塑）的；另一方面，造型艺术在展示自然、社会生活、人物形态的时候，往往必须表现其空间性质。只不过雕塑、建筑和一部分工艺美术作品具有实际存在的三维空间，而绘画、摄影的造型则是平面中的一种想象而已。“应物象形”“以形写神”是造型艺术的基本功。这就要求创作者做到以下两点：一是在具象化作品中抓住具有典型意义的外部特征；二是采用以有形表现无形和以无形丰富有形的间接表现方式，充分调动观赏者的想象和联想，如中国画中的“计白当黑”“无画处皆成妙境”就体现了这一点。

（二）虚拟的运动性

造型艺术是通过塑造可视的和空间性的静态形象来反映生活，就其本质而言，它是不适合表现事物的运动和发展状态的。它无法像文学、戏剧、电影那样完整地展示事件的发展过程，表现自然界和人类社会生活的各种运动状态，也无法像音乐那样动态地表现情感的发展变化。造型艺术只能在空间里展开，却不能在时间上发展延伸。但是造型艺术并非绝对不能表现运动状态，艺术家在长期的实践中总结出了一套“以静寓动”的规律，就是抓住事物运动状态中“最富于孕育性的那一顷刻”，“从这一顷刻可以最好地理解到后一顷刻和前一顷刻”，也就是说，能暗示出事物运动的“将来时态”和“过去时态”，即抓住事物在运动中即将到达顶点的那一瞬间的动态美。造型艺术在空间中展示形象，并不是完全排斥时间性，相反，它只有抓住事物运动过程中的瞬间状态才有价值。例如体育摄影，就是用动态艺术手段去反映运动之美。

无论是绘画、雕塑还是工艺美术，都需要有对时间的瞬间性的把握，否则造型艺术就会毫无生气。米隆的《掷铁饼者》就是“以静寓动”的经典之作。怎样表现最富于孕育性的那一顷刻呢？造型艺术形象的展示就是避开“顶点”，表现事物在运动状态中即将到达顶点而又没有到达顶点的那一顷刻，以未定形态预示顶点的情形，将“空白”留给观赏者去想象和填补，使空间形象的展示具有一种运动的虚拟性，给人栩栩如生之感。莱辛对此有过深刻论述：“在一种激情的整个过程中，最不能显出这种好处的莫过于它的顶点。到了顶点就到了止境，眼睛就不能朝更远的地方去看，想象就被捆住了翅膀，因为想象跳不出感官印象，就只能在这个印象下面设想一些较软弱的形象，对于这些形象，表情已达到了看得见的极限，这就给想象划了界限，使它不能向上超越一步。”也就是不经看、没韵味，因此“最能产生效果的只能是可以让想象自由活动的那一顷刻了”。

知识拓展

米隆与《掷铁饼者》

（三）情感的蕴藉性

从传统角度看，造型艺术是长于再现而拙于表现的。莱辛曾说过，绘画所处理的“是一个眼见的静态，其中各部分是在空间中并列而展开的。绘画由于所用符号或模仿媒介只能在空间中配合，就必然要抛开时间；所以持续的动作，正因为它是持续的，就不能成为绘画的题材。绘画只能满足于在空间中并列的动作或是单纯的物体，这些物体可以用姿态去暗示某一动作”。这说明造型艺术在再现事物的形象方面是具体的、明确的。但作为一种静态的艺术，它不能像文学艺术那样可以通过语言直接表现人物的内心世界，抒发人物的思想感情；也不能像音乐那样，直接表现作者浓烈真挚的情感。造型艺术是在视觉形象中蕴含情感的艺术。在对造型艺术形象的感知中，人们不仅可以看到其所表现的艺术形象，而且能通过对外在形象的感知体验到艺术家们在所塑造的形象中寄托的意识和情感。跟其他艺术不同的是，造型艺术的思想感情具有更大的蕴藉性。绘画中的“以形写神”“形神兼备”“虚实相生”“无画处皆成妙境”，就是让欣赏者在有形的空间内去领略无形的思想与情感。比如中国画《蛙声十里出山泉》就是如此。

中国的绘画讲究意味、意趣、意境，书法也是如此，强调“计白当黑”，甚至把书法中字的结构安排称为“布白”。书法是通过笔墨表现线条的运动，杨雄说：“书，心画也。”意思是说书法是对人心理的描绘，是以线条来表达和抒发作者的情感和心绪的。书法作品的构思、布局、变化，是将意念、感情集中在笔尖上，还未形成实在的形象；而书法的造型，回旋转折，进退往复，严容神姿，笔毫随着作者的意念、感情而动，是已经见诸实在的构思。书法在黑与白的关系中处理每个字内部的间架结构，整个尺幅疏密有间，从而使欣赏者获得美的感受，在想象中显现出“飞鸟出林”“惊蛇入草”“骤雨旋风”等艺术境界。所以，书法之神恰恰在尺幅之外。

雕刻艺术，也是通过营造空白与未定的意境，让人们去感受“象外之象”“景外之景”。正如宗白华先生所言：“西洋最清醒的古典意境——希腊雕刻，也要在圆浑的肉体上留有清癯而不十分充满的境地，让人们心中手中波动一痕相思和期待。阿波罗神像那极端清朗秀美的面庞上，仍流动着沉沉的梦意在额眉眼角之间。”显然，以有形之象蕴藉无形之意是一切造型艺术共同追求的目标。

第二节　造型艺术分类与赏析

一、书法艺术

汉字是人类文明里唯一传承超过5 000年的文字。由汉字书写孕育而生的书法艺术，体现着东方文明的核心价值。书法不仅具有很高的实用价值，而且有很高的审美价值，它是中华艺苑中光照千古、根深叶茂的一株奇葩。

书法是以汉字为素材，以线条及其构成为运动形式来表现性灵境界和体现审美理想的抽象艺术。书法既是一门造型艺术，以毛笔为主要工具，以汉字为表现对象，也是一门视觉艺术，那些优秀的传世作品当中包含着极为凝练、极为丰富的线条构架之美。书法艺术是一门在作品中融入作者个性和审美意念的、绝对强调主体精神的艺术，其中包含着作者的情、意、趣，因此，一幅好的书法作品所具有的艺术品位、韵味、意境、情趣都与作者的人品、文品紧紧关联，具有强烈的人性美感。所以，中国自古以来就有“书如其人”“字如其人”的说法。

中国书法艺术既是世界文化宝库中的珍贵财富，也是当代鲜活的艺术，好的书法作品与自然景观、建筑园林、文学文艺相映成趣、和谐统一，给旅游生活赋予了极高的审美价值，在旅游活动中，越来越多的旅游者对书法作品表现出了浓厚的兴趣。

（一）中国书法艺术的发展历程

汉字是世界上最古老的文字之一，也是世界上使用历史最长的文字。从审美角度看，汉字具有“形美”“音美”“意美”等特征，适合于书法和写诗。这主要与其“象形”“会意”“指事”等功能有关。汉字的书写变化多端，风格多样，形成了一门独具魅力的艺术——中国书法，汉字形成发展的历史便是一部书法艺术史。

殷墟甲骨文是商代的文字，是我国迄今为止发现的最古老的成熟文字。它是商代王室刻在龟甲兽骨上，用以记录占卜、祭祀等活动的文字。西周时期的钟鼎文，是刻在或铸在青铜器上的铭文，又叫金文、吉金文。石鼓文是春秋战国时期秦国的文字，它是刻在十只鼓形石头上的文字。石鼓文主要记载了秦国君王狩猎游乐之事，以四言诗的韵文形式刻于石鼓上。先秦的所有文字被学者称为广义的大篆。

知识拓展

1. 甲骨文的发现与三次重要的考古发掘. 中国国家博物馆官网，2019-12-23.
2. 央视纪录片《发现甲骨文》。

小篆是秦始皇统一六国之后使用的文字，是秦代通用的标准字体，主要用于官府发布的命令和正式文件。它是中国历史上第一种统一的汉字字体。

汉代是书法史上一个极为重要的时代，字体已诸体皆备，且汉字形体已基本定型。隶书是由篆书经过简化、草化演变而来的一种书体。汉隶承秦隶发展而来，笔画有轻有重，波（左撇）、磔（右捺）分明，“蚕头燕尾”的特点显著，书法艺术已趋成熟，是汉代使用的正式字体。草书形成于汉代，它是隶书的草写形式，称为隶草。东汉时期草书逐渐出现波磔，是成熟隶书的速写法，称为“章草”。章草在东汉普遍流行。汉末在章草的基础上出现了省减点画波磔、更加自由便略的草体，称为“今草”。楷书是中国书法史上最后定型的字体，它是从隶书的快写与简化中萌生出来的，同时与草书互相影响、共同发展。楷书对隶书的笔画进行了改造，它的笔画平直，字形方正，所以又称为“正书”。行书是介于楷书和草书之间的字体，是楷书的快写体。

魏晋南北朝时期是个战乱频繁、动荡不安的时代。在这将近400年的历史中，书法的发展出现过两次起伏。三国魏时，以钟繇最为杰出，他变通隶书，健全楷书法制，被奉为“楷书之祖”。东晋崇尚书法，王羲之变通汉魏书风，将楷、行、草几种新的字体推向艺术的高峰，被后世称为“书圣”。这个时期是我国书体演变乃至整个书法发展转变的重要时期，也是我国书法史上的第一次高峰期。从此，篆、隶退到次要位置，而富于变化的楷、行、草书成了主要字体。

隋唐五代时期，我国的书法又得到了进一步的发展，形成了书法史上的第二次高峰期。特别是魏晋时期成熟的楷、行、草书，经过唐人的开拓创新，达到了新的艺术高峰。初唐的欧阳询、虞世南、褚遂良、薛稷以楷书见长，有“初唐四家”之称。晚唐以颜真卿最为杰出，开创了书法史上又一大书体流派——颜体，它与“二王”并行后世，影响深远。

宋元时期在继承晋唐传统的基础上，把书法同其他文学艺术形式结合起来，使书法又有所创新与发展。有“宋四家”之称的苏轼、黄庭坚、米芾、蔡襄可以与晋唐名家相媲美，对后世的影响很大。元代书法名家赵孟頫的行书、楷书圆转遒丽，影响较大。

明清两代的书法家在继承传统中求发展，在变革中求创新，使明清书坛呈现出一派百花争艳的繁荣景象。这一时期的书法具有以下几个特点：帖学、碑学兴替消长；篆、隶复兴；书家众多，流派纷呈；书法与诗、文、画、印进一步结合，使书法成为一种完备的艺术形式。在清代书法家中，“扬州八怪”之一郑燮（板桥）的书法很有特色，行书中掺以隶书，纵横奇崛，不拘传统。

（二）旅游生活中的书法艺术

中国书法遗产是一座无比丰富的艺术宝库，也是我国特有的一种人文旅游资源。在社会生活中，文字无所不在，而中国文字又具有独特的构造和书写方式。因此，与文字共生的中国书法就成为一门普及又引人入胜的艺术。作为中国传统艺术和审美文化的重要组成部分，其言志、抒情、点缀和装饰的功能，使其遍布于风景名胜、书斋庭院、楼台馆所、建筑园林、宾馆酒店等处，融入各式各样的旅游工艺品之中，成为大众怡情悦性的重要媒介，也成为旅游生活的重要内容，极大地丰富了旅游生活的文化内涵。如今在风景名胜区游览，徜徉于山石林木、亭台楼阁之间时，往往能观赏到形式多样的书法艺术景观。那些中堂、条幅、楹联、匾额、折扇等，虽然寥寥数字，却令人品味良久，百看不厌。

（三）中国书法艺术的美学特性

1. 线条形态之美

书法美的表现形式是线条造型的美。线条美是书法美最为突出的特征。汉字是由点、横、撇、捺、钩、折等基本笔画组成的，只有用一定的规矩和法度去书写好各种笔画，笔笔入法，才会有全字的美观。书写者在运笔过程中，不仅讲究点画线条的长短、粗细、曲直、角度和距离等形态方面的准确精到、各尽其美，而且讲究运笔的节奏和韵律，并在其中倾注自己的精神因素，使线条似乎有了生命。笔借手力，手随心运，笔法使线条形成千变万化的优美形态，而且具有高度的运动感。书法艺术的美就是这样产生的。书法的高明之处不在于用笔实现表层形态的巧饰精美及种种变化，而在于线条深层内蕴的精神意味和生命情调。具体而言，就是通过各种笔法技巧，使点画线条富有力感和情感的美。

作为视觉艺术的书法作品，其创作主体的情感是通过线条的节奏来表现的，也就是利用既连续又有规律变化的点画线条，引导人的视觉运动方向，控制人视觉感受的变化，使人的心里产生一定的节奏感，并由此产生一定的情感活动。点画线条中每一个笔触的颤动，每一根线条疾缓节奏的律动，都显示出创作者创作时的心理轨迹。鉴赏者跟随着线条的节奏，就能获得同步式的体验，深入作品中去探寻创作者内心世界的奥秘。“飘风骤雨惊飒飒，落花飞雪何茫茫”，“恍恍如闻神鬼惊，时时只见龙蛇走。左盘右蹙如惊电，状同楚汉相攻战”，这是唐代诗人李白观看怀素的草书时发出的惊叹。何止李白，几乎每个人在观看草书时，都会无法抑制地被其书法形象激起思想、情绪的波澜，书法作品中那回旋多姿的点与线，仿佛处在无限的节奏中，有了不息的生命，给人以激越的感受。

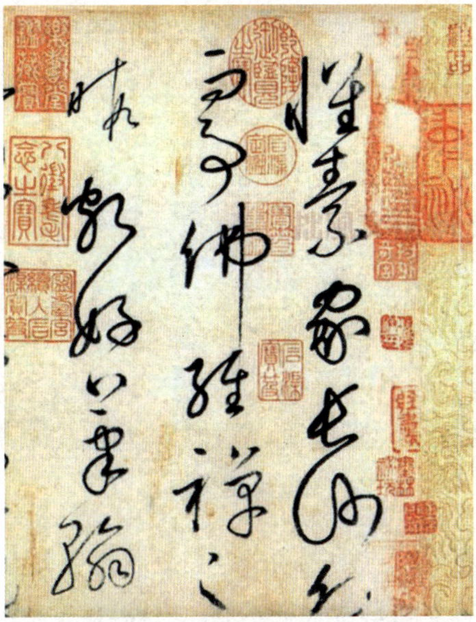
怀素《自叙帖》(局部)

书法的审美效果和文字形体的关系密不可分，这是书法美学的一个重要方面。据史料记载，文字的最初形态是画，所谓“书画同源”，就是指最早的文字是象形文字，这些字犹如一幅幅简笔画，是以自然物作为依据的。在大多数西方国家，文字的主要目的就是传达信息，字符本身只不过是一个载体。而中国的汉字不但能传达信息，还由于它的“象形”性质而具备了审美价值。最初的文字是取法于天地、日月、山水、草木以及兽蹄、鸟迹而形成的，生动而直观地反映出自然的美。这就使得汉字与现实生活中各种自然物体的形状有着相似之处，再加上写法有干湿、刚柔、浓淡、方圆、粗细之别，就构成了更为复杂、丰富的形象。例如，点，形如雨滴、露珠；竖，或似“松干直立”，或似“长矛阵列”。字形与笔画的这种与天地万物之“象”的关系，不是直接摹写，而是精神上相通，书法家在书写时，贯注了对自然生命的热爱。

2. 结构章法之美

线条组合成字的结构，多个字排列布局便构成了一幅完整的书法艺术作品，因而，字形结构与布局的美，是书法美的另一重要特征。成功的书法作品的结构，不只是讲求静态的平正、匀称的法则，更重视在动态的多样变化中求得均衡的造型、趣味和多样的统一，从而达到虚实相生的书法境界。此外，结构与布局还必须符合对比照应的法则。对比才能产生变化，形成节奏和韵律；而照应能使分离的线条或字形气势呼应，形成和谐统一的整体美感。比如楷书通常是横平竖直，但为了追求结构造型的生动性，也往往故意将某些线条斜置，使之与平正线条形成明显对比，以求变化。如欧阳询的楷书，整体看极其工稳，细察则时见欹正手法的运用。这种方法的运用，是为了平中见奇、险中求稳，加强艺术表现力。一味追求字与字之间以及内部各点画间的整齐划一，不可能产生生动活泼的效果。

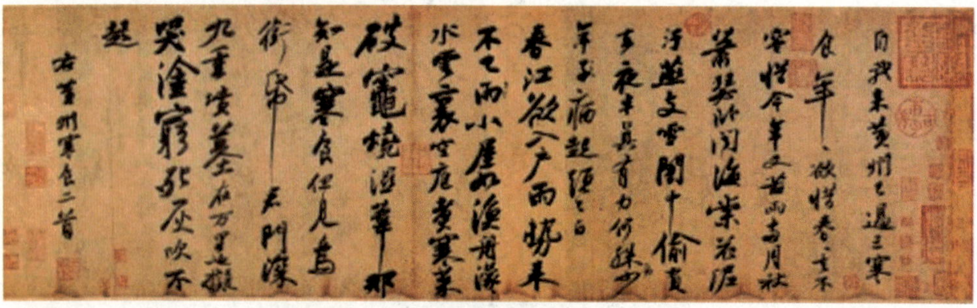

苏轼《寒食帖》

汉字由点画连贯穿插而成，点画之间的空白处也是字的有机组成部分，虚实相生才能构成完美的结体。人们对空间是特别敏感的，有特殊的情感，有的空间作用于人，有的则是人自己的心情向空间的投射。具体到书法的结体上，不同书法家的结体方法能产生不同的意境，如欧阳询中宫集密，而有森严之意；颜真卿中宫敞扩，颇有恢宏之气；柳公权内收外放，有劲健洒脱之势。可见，空白的处理不同，给人的感受也有所不同。

据记载，唐代的草书大师张旭看到公主与挑夫相遇争道的情景，突然领悟到，在写字时，遇到两个笔画紧凑时也应有相拒相让的安排。张旭还从公孙大娘舞剑中获得灵感，侠女的身姿光影，使他“草书长进”。公孙大娘舞剑时的突然旋转，使张旭意识到笔锋的旋转也应急转若此；公孙大娘的放步长挥，使他感受到字中一撇的力量。正如中国著名书法家沈尹默所说：“字的造型虽然是在纸上，而它的神情意趣，却与纸墨以外的自然环境中的一切动态有自然契合的妙用。”

3. 意境风格之美

艺术的内在美，包含情调、风度、品格等内涵，在书法中则表现为作品形式、造型方式和文字意义所共同构成的整体艺术氛围。它更偏重于作者主观精神的表现，是更高层次的书法审美特征。书法爱好者在谈到书法艺术的魅力时，无不承认书法活动具有宁神息虑的特殊功能。这是因为书法家通过笔画结构和布局，将书法家的思想感情通过笔墨表现在纸上，带给欣赏者一种特殊的感受。出色的书法作品能体现出或奔腾的气势，或坚韧的骨力，或端丽的神貌，或清远的意趣。神采、气韵、意境都是无形之物，它需要通过有形的用笔、结构与章法加以表现。神采是书法艺术的灵魂，古人评论书法，早有“神采为上，形质次之”的说法，但同时又指出“规矩既失，神则无存”。神采美只有通过形质美才能表现出来。

不同的书法家其笔墨性情各不相同，形成了不同的个性书风，即使是同一书法家的不同作品，也有各自的性情。因为人的情感具有丰富性，所以书法家的笔墨性情也是千变万化、奥妙无穷的。古人云："喜怒哀乐，各有分数。喜则气和而字舒，怒则气粗而字险，哀则气郁而字敛，乐则气平而字丽。情有轻重，则字之敛舒险丽亦有浅深，变化无穷。"可见，书法家的感情倾向和性格特点，诸如温雅、端厚、亲切、娟秀等，都会在书法作品中体现出来。人们常说"字如其人"，不是以字相面，而是道出了书法与感情的关系。优秀的书法家在创作时，不是冷冰冰的机械写就，而是激情酝酿后的一涌而发，用心血铸成千古名篇。

知识拓展

颜真卿《祭侄文稿》

二、绘画艺术

在旅游生活中，人们经常接触到绘画。饭店入住、餐厅用餐、车站候车、景点游览、休闲购物等场景中，绘画作为常见的装饰艺术被广泛运用。在游览一些名胜古迹或博物馆时，绘画艺术甚至是主要的观赏对象。敦煌壁画、故宫博物院的藏画、巴黎卢浮宫的珍藏，都作为绘画艺术的代表享誉世界，令人为之倾倒，对旅游者有着极大的吸引力，丰富了旅游生活的内容。

绘画是用色彩和线条在平面上描绘形象的美术形式。绘画是一切画种和品类及其所有样式、形式的统称，广义的绘画还包括图案装饰纹样和建筑设计图等。绘画借助可被利用的物质材料和相应的制作方法来创造艺术形象，具体来说是运用笔、刷、刀、手指等各种绘画工具和挥洒、涂抹、拓印、腐蚀等各种手段，将颜料、墨汁、油墨及其他有色物质描绘和移植到纸张、纺织物、木板、皮革、墙壁或岩石等平面上，以线条、色彩、明暗等造型因素，通过构图形成画面或图像等视觉形象。绘画作为艺术的一种形式，是通过造型手段来体现的，它既反映客观事物又表达主观情感、认识、理念、思维和想象。

知识拓展

爱课程．绘画的种类．学习强国 App，2021-01-12.

（一）中国画的发展历程

中国画就是中华民族的绘画，它有着悠久的历史和优良的传统。中国绘画艺术，在世界绘画领域中不仅自成体系，而且具有极其重要的地位。

中国画的历史十分悠久。早在新石器时代，原始制陶人就在彩陶上进行纹绘创作了。春秋战国时代（前770年—前221年）我国绘画已经具有了一定的水平，可以在帛上画彩色画。湖南长沙楚墓和马王堆汉墓中先后发现了战国时期的帛画（我国古代画在丝织物上的图画）就是实证。

到了汉代，经济的繁荣使人物画首先发展起来。随着佛教的传入，印度佛教绘画也传入中国。

三国、两晋及南北朝时期，佛教艺术在我国广泛传播，出现了大量佛教题材的壁画，其中最著名的是敦煌的石窟壁画。这时期文人画也发展起来，出现了一批杰出的画家和绘画理论家，例如东晋的顾恺之，南朝的宗炳、谢赫等。

隋唐时期，我国文化艺术出现了全面繁荣的局面。唐代，山水画、花鸟画开始作为独立的画科发展起来，尤其是山水画形成了各种不同的风格和流派。例如，以李思训为代表的“青绿山水”，以王维为代表的“水墨山水”，以王洽为代表的“泼墨山水”。李思训画山水精工细描，是工笔山水；吴道子却大笔挥洒，是写意山水。

五代时期，山水画以荆浩、关仝、董源、巨然为代表。花鸟画以黄筌和徐熙为代表。

宋代是山水画和花鸟画蓬勃发展的时期。北宋著名山水画家有李成、范宽和郭熙，南宋有马远、夏圭、李唐和刘松年（马、夏、李、刘合称“南宋四家”）。北宋著名花鸟画家有赵昌、崔白、易元吉、赵佶，南宋有李迪、林椿、赵孟坚。宋代文人画强调神似和意趣，以苏轼、米氏父子（米芾、米友仁）为代表。宋代还出现了“界画”（画亭台楼阁时用界尺画线）。宋代风俗画最负盛名的画家是张择端，他创作长卷风俗画《清明上河图》是我国古代绘画史上的杰作。

知识拓展

浙江大学. 每日中华名画 | [宋] 王希孟《千里江山图》. 学习强国 App，2020-09-18.

元代水墨山水画有很大的发展，最早以赵孟頫为代表，后来又出现了黄公望、王蒙、倪瓒、吴镇，称为“元四家”。

明清两代派别较多。明代前期画坛实力最雄厚的流派是“浙派”，主要代表人物有戴进、吴伟、张路、蒋嵩、谢时臣、蓝瑛等人。明中叶时“吴门派”日益壮大，主要代表人物有沈周、文徵明、唐寅、伊英，被称为“吴门四家”或“明四家”。吴门派的画家大多是文徵明的子侄和学生，著名的有文彭、文伯仁、文嘉、陆治等人。这些画家基本上都是苏州人，苏州别称吴门，因此称“吴门派”。

清朝的主要画派有“四王”（王时敏、王鉴、王原祁和王翚）或叫“四王吴恽”（四王再加上吴历和恽寿平）；“扬州八怪”，即乾隆年间活跃于扬州地区的八个画家，分别是：金农、郑燮、黄慎、李鱓、李方膺、汪士慎、罗聘、高翔。清朝杰出的画家还有很多，如朱耷（八大山人）、石涛、袁江、华嵒（新罗山人）、高凤翰、赵之谦、任伯年等。

近代和现代也有很多杰出画家，如吴昌硕、陈师曾（陈衡恪）、齐白石、黄宾虹、高剑父、徐悲鸿、潘天寿、丰子恺、傅抱石等。

知识拓展

中国十大传世名画

中国十大传世名画指的是：东晋顾恺之的《洛神赋图》、唐代阎立本的《步辇图》、唐代张萱和周昉的《唐宫仕女图》、唐代韩滉的《五牛图》、五代十国时期顾闳中的《韩熙载夜宴图》、北宋王希孟的《千里江山图》、北宋张择端的《清明上河图》、元代黄公望的《富春山居图》、明代仇英的《汉宫春晓图》、清代郎世宁的《百骏图》。

（二）中国画的类型与特征

中国画的内容和形式丰富多样，按照不同的标准有多种分类方法。

1. 按审美情趣的不同划分

按审美情趣的不同，中国画可分为文人画、宫廷画和民间画。文人画是中国画的主流，它重精神，不重形式，体现野逸之美；宫廷画通常由宫廷专职画家创作，风格工致，多讲究法度、注重形式，体现富贵之美；民间画是劳动人民自己创作并用以表现自己审美思想的绘画，淳朴自然，乡土气息浓郁，体现生活之美。

2. 按创作题材的不同划分

按创作题材的不同，中国画可分为山水画、人物画、花鸟画、动物画。其中，山水画居中国画之首，追求营造深远的意境、淋漓尽致地描绘大自然之美；人物画多用于政治、宗教、肖像等题材，宣教意味较浓；花鸟画善于以小见大，表现自然情趣；动物画注重写实与写意相结合，强调形神兼备。

3. 按表现手法的不同划分

按表现手法的不同，中国画可分为工笔画、写意画、半工半写（兼工带写）画等。工笔画以工致的线条勾定轮廓，然后染成重彩或淡彩，用笔工整细致，敷色层层渲染，细节明澈入微，其中不染色的叫白描。写意画是中国画的主流，通过简练概括的笔墨，着重描绘物象的意态神韵来表达意境。特别放纵的称大写意，不太放纵的称小写意。介于工笔和写意之间者叫作半工半写，或兼工带写。

4. 按绘画材料的不同划分

中国画按绘画材料的不同可分为帛画、纸画、屏障画、扇面画、特殊工艺画等。传统意义上的中国画多是帛画或纸画，特殊工艺画如铁画、贝壳画、烙画，还有近年兴起的羽毛画、蛋壳画、蝴蝶画、麦秸画等，虽然不是中国画的主流，但由于工艺装饰性强，在中国工艺美术中也占有一定地位。

5. 按特定用途的不同划分

中国画按特定用途的不同可分为壁画、卷轴画和年画。壁画即在墙壁上所作之画，现存的有寺观壁画、石窟壁画、墓葬壁画等；卷轴画则比较常见，源于早期的帛画，纸产生后才盛行，它泛指用纸、绢画成后，经装裱而成的中国画，在宫廷、寺院、民间等均大量使用，是主流形式；年画则是民间用来装饰环境的，著名的有苏州桃花坞木版年画、天津杨柳青木版年画等。

（三）中国画的美学特性

1. 形神兼备

“形”指的是客观事物的外在形象。一幅成功的画作，最引人注目的是“形美”，即构图的生动与和谐、富有节奏和韵律的线条及色彩的最佳组合。绘画艺术可以通过透视、色彩、光影、比例等手段，造成视觉上的立体感和逼真效果，因而它在描绘人物姿态、动作、形貌、神情等方面，以及在刻画自然景物、生活场景的细节等方面，都有独特的艺术表现力。这一特点决定了绘画必然重视对象的外形，并以表现对象的外形为自己的特长。但是，这并不是说绘画艺术只局限于逼真地再现外形，它要求“以形写神”，体现出内在的精神气质和艺术家的思想感情。

所谓“神”，是指客观物象的精神实质。中国画主张以形写神，以神达意，得其意则可忘其形。例如泰山之雄伟、漓江之秀丽、梅花之孤傲、牡丹之富贵、竹子之高风亮节、松树之苍劲挺拔，这些都是“神”，它们显然比这些物象的外形重要得多。无神之形等于只有躯体而没有灵魂。文人画梅，主张画出凌霜傲雪之姿、孤芳自赏之趣，而不是拘泥于梅花的外形，这就是写神。这种“神”表达了文人的清高和不屈之意，而一旦得到了这个“意”，就算达到了目的，至于梅花究竟是什么样的外形，这已是无关紧要的事了，所以叫“得意忘形”。这些艺术思想大都来自老子、庄子的哲学思想，是中国艺术精神的精华所在。

中国画以浸润了人的主观精神为根本特征。状物是为了写心，写景是为了抒情。花鸟画趣中有情，山水画境中有意。中国画的主观精神突出，感情因素明显。艺术家完全按照个人的眼光来运用笔墨线条，或浓或淡，或直或曲。中国之所以山水画、花鸟画兴盛，而人物画次之，就是因为山水画和花鸟画更容易寄托艺术家的主观情思，借以抒发文人士大夫飘逸、旷达、超然、淡泊的思想感情。

中国绘画艺术具有较强的表现性。首先，绘画艺术的表现性要求体现对象内在的精神气质。中国画提倡“以形写神”“形神兼备”，提倡“传神”“神似”，都是要求处理好形似与神似的关系，强调在创作中把握对象的精神特征，表现对象的性格气质，乃至于从人物的传神延伸到花鸟鱼虫的传神。其次，绘画艺术的表现性还体现在它应当传达艺术家的思想感情和审美理想。山水画中的一山一水都是画家的自我表现，都体现出画家的思想和情趣；花鸟画中的梅兰竹菊，也成了中国古代画家性格和理想的化身。最后，绘画艺术的表现性又体现在艺术家自觉地运用形式美的法则去进行艺术创造。绘画艺术虽属再现艺术，但它并不是完全照搬生活或模仿生活，而是有赖于画家的创造性劳动。在画家的笔下，线条、色彩和构图之中融入了他们自身独特的爱好和个性，观赏者可以从中感受到画家的审美追求、创作特色，甚至于可以判断其艺术风格和所属的艺术流派。可以说，一幅画无论从艺术语言还是从艺术形式来说，都是画家创造性劳动的结果，都凝聚着画家深沉的情感和对生活独特的理解。

2. 意在笔先

意境是中国绘画的一个重要的美学范畴。什么是意境呢？宗白华先生认为：“意境是‘情’与‘景’（意象）的结晶品。”意，作为画家思想感情的表现，是主观的东西；境，作为画家对客观对象的描绘刻画，是客观的东西。主客观结合，便产生了意境。中国画在处理主客观的关系，即人与自然的关系时，始终以人为主导，借自然形象来表现人格思想，借境来显意，即“意在笔先”。可见，意境是指作者的思想感情与所创造的画面形象所表现的环境、场景的有机融合。在中国古代的画家中，郭熙认为，意境鲜明的优秀山水画能使观赏者感受到“画之景外意”并“如真在此山中”，有着动人的情感魅力。苏轼则指出诗画意境有共同的规律。对诗情画意的意境追求成为自宋代以来中国绘画特别是山水画的主流。意境不仅仅是画面形象直观展现出来的东西，那种一半留在画面上，还有一半留给画面外的观赏者去想象的意境，正是中国绘画最为微妙的特征。

3. 格调高雅

中国画的笔墨技法规律叫作“格”，由技法的运用所形成的情趣韵致叫作“调”，二者相结合则称为“格调”。所谓格调，就是绘画作品中所体现出的一种情趣、情调，即所显示的精神境界，这主要是由作者的思想品格等因素形成的，是作者内在心性、人格在画面上的体现。中国画以意境的追求为宗旨，但意境的塑造必须依赖意象启发联想、引起共鸣才能实现。而意象是画家对客观物象独特的形象表达，它必须依赖用笔、用墨、设色、造型、构图、章法等形式技法的形象表达，否则便成为一句空话，也便不存在中国画了。用笔、用墨、设色、造型、构图、章法等形式技法的高低便形成了格调，人们通常所说的一幅画格调高，主要就是指形式技巧运用娴熟而又不落俗套、不显匠气。

艺术作品没有格调，作画俗气、小气，这并非是光靠技巧就可以解决的问题。作画需要有技巧与志趣两方面的修养。章法、构图等技巧问题可以靠功力去解决，而志趣方面则要通过“行万里路，读万卷书”，去培养画家的气质、胸襟、情感、趣味，使画家品格高雅，这样才能创作出气韵生动、意境深厚的高格调的作品来。

4. 诗书画印相辅相成

中国画往往以画为主，同时在一幅作品中加上诗文、书法以及印章等艺术形式，这是中国画极为突出的一个特点。它的形成过程很漫长，首先是提倡“画中有诗”，也就是追求画像诗一样富有抒情意味并且带有诗的韵律，也像诗那样善于创造美妙的意境而做到“画外有意”“意趣无穷”，给观赏者以极大的回味与想象的余地。同时，这又是表达作者的个性、体现与众不同的风格的一种很好的方式。这样经过几百年的发展和完善，中国画逐渐发展成为以画为主体，诗、书、画、印相辅相成的一门综合艺术。

知识拓展

爱课程. 中国画的特点. 学习强国 App，2021-01-12.

三、雕塑艺术

雕塑是造型艺术中比较突出的品类，题材风格各异的雕塑，凝结着岁月的沧桑，给旅游生活平添无限风韵，令人浮想联翩、流连忘返。

雕塑是指用可刻、可塑的材料塑造成或刻画出占有一定空间的可视可触的直观造型形象，来反映生活、表现艺术审美感受和审美理想的造型艺术。它的基本制作方法是“雕”和“塑”，即“减”和“加”。“雕”就是“减”，即以凿、刻、削的方式将材料不必要的部分去除，从而得到主体的形象，这是一个去料的过程；“塑”就是“加”，即用可塑的材料堆积、揉捏、浇铸而使其成为立体的形象。此外，雕塑的技艺和手法还有刻、镂、凿、琢、铸等。

（一）中国雕塑艺术的发展历程

雕塑是通过形体传达精神的艺术。中国雕塑有着悠久的历史，在漫长的发展过程中逐渐形成了随物赋形、尊重自然、崇尚自然的雕塑美学理念，同时创作出了无数的雕塑瑰宝。

中国古代的雕塑艺术起源于原始社会的石器和陶器制作。当时的雕塑艺术，带有较浓厚的实用色彩，具有原始艺术的古朴之气。商周之际出现了以庙堂礼器为主的青铜器雕塑。其特征为造型稳重，风格恢宏、博大、庄严、隆重，而且建筑、器皿和雕塑相结合，是“纪念碑”式的作品。同时，它还是民族兴衰的记录和象征，体现出淳朴、古拙和凝重的风格。

战国时期，出现了一些造型上方下圆、外方内圆的雕塑作品，这些作品不仅在形体上具有审美的属性，而且渗透了阴阳互生、动静相和、刚柔相济的哲学观念，以及人们对宇宙万物的理解和感悟。同时，以方为主的雕刻特色，显得更为严峻、稳重和开阔。

秦汉时期，雕塑艺术取得了前所未有的成就。当时出现了大量用于陪葬的陶质和木质的人物及动物俑像，展现出强烈的本民族雕塑艺术的特色。以秦始皇陵兵马俑为代表，这一时期形成了写实与写意相结合的美学特征，在中国雕塑艺术史上起着承上启下的作用。汉代石雕运斤成风，凑刀成趣，随石赋形，大气磅礴，体现了恣肆奔放、天马行空、自由多变的艺术风格，即所谓的“大汉雄风”，堪称中华民族的瑰宝。这种对天然巨石的领悟和运用、对自然之美的理解和尊重，以及即兴式的用刀胆魄，在其他民族的雕塑艺术中未曾见过。

两汉之际佛教传入中国。东汉至十六国时期的佛教造像成为这一时期雕塑的主流。其间南朝的佛教艺术形成了独特而有影响力的风格，其形象上的“秀骨清像”和服饰上的“褒衣博带”随着南北文化的交流，逐渐成为南北朝佛教造像的一个共性特征。另外，在印度艺术和中国艺术的融合中，保留了中国艺术中更加人性化、更富于人情味、更温厚含蓄、更写意的特点。南北交融的艺术成果，既有南方的秀丽灵动，又有北方少数民族的刚健清新，骨气刚硬而姿容秀美，成为一股扑面新风。

唐代是中国雕塑艺术发展的高峰时期。可以毫不夸张地说，雕塑艺术之花北魏“含苞”，隋代“待放”，唐代“盛开”。唐代佛像雕塑在本民族深厚的艺术传统和人文思想的基础上，吸收了印度古典艺术的精华，形成了雍容壮阔、庄严深沉、规模宏大、气度恢宏、雕饰精美、妙相庄严的艺术风格。唐代的彩色陶俑以生动的造型和绚烂的色彩，从多个侧面反映出唐代豪华富丽的社会生活图景。

宋代的造像以彩塑和木雕为主，人物情感和神态的表现尤为细腻真实。其风格更为民族化、世俗化，在写实的技巧上更加成熟。这一时期的雕塑和环境有机结合，艺术视野与创作风格亦有明显特色。

元、明、清时期，佛教雕塑技术上的高度成熟也带来了其造型上的陈陈相因，缺乏生气。与此同时，中国的工艺雕塑取得了令人瞩目的成就，体现了市民意识的觉醒。

知识拓展

江西学习平台．中国传统雕塑概述．学习强国 App，2020-05-20.

（二）雕塑的类型

雕塑的分类方法很多，根据不同的标准可以把雕塑分为若干不同的种类。

按其所用材料的不同，可以把雕塑分为石雕、铜雕、木雕、牙雕、泥塑等。

按其表现形式的不同，可以把雕塑分为圆雕、浮雕和透雕等。所谓圆雕，就是可供四面观赏、触摸的立体雕塑。它一般没有背景，主要通过自身的形体形成一定的艺术形象，多安放在公共场所的中间以供人们欣赏，如《大卫》《艰苦岁月》等。只有一面能欣赏的雕塑叫浮雕，它是在平面上刻画出凸起的艺术形象，可以表现人物活动的背景和较复杂的情节，多用于建筑物的平面装饰，如《胜利渡长江，解放全中国》《马赛曲》等。如果把浮雕的背景镂空，可供两面欣赏则叫透雕。

按其所起作用的不同，可以把雕塑分为纪念性雕塑、架上雕塑和园林雕塑。纪念性雕塑用于纪念，如北京天安门广场人民英雄纪念碑上的浮雕等；架上雕塑是用来陈列和展览的；园林雕塑是用来装饰和美化公共环境的。

按其制作手法的不同，可以把雕塑分为写实和写意两大类。写实的作品更接近生活原型，真实具体，肖像雕刻多具备这个特点。写意的作品与生活原型距离较大，但也未完全脱离原型。如秦始皇陵陪葬坑内出土的兵马俑，就属于写实性作品。兵马俑面貌酷似真人，制作精致，连人物的发式及其纹路、铠甲的纽扣和绊带等细节都交代得一清二楚。而汉代击鼓说唱俑，则是典型的写意作品，头大身短，比例夸张，人物赤足裸露上身，左腋夹手鼓，右手握鼓棒前伸，屈左腿，抬右腿，方面大耳，满额皱纹，大鼻硕口，作呼喊状，眉飞色舞，一副说书说到精彩处喜形于色的神态，活灵活现。

知识拓展

1. 陕西学习平台．中华文明精神标识：秦兵马俑．学习强国 App，2021-09-24.
2. 央视纪录片《如果国宝会说话》之“击鼓说唱陶俑：唱响我人生”。

（三）旅游生活中的中国雕塑艺术

梁思成曾指出：“艺术之始，雕塑为先。”人类早期创造工具的活动中就孕育着雕塑的萌芽，雕塑的起源是一个与现实生活紧密联系的历史过程，也是一个逐步由非艺术向艺术转变的过程。中国悠久的历史、博大精深的文化孕育了灿烂的雕塑艺术。随着时代的变迁、历史的沉淀，许多雕塑艺术品身上原来的封建和宗教色彩逐渐淡去，特有的东方艺术之美凸显出来，成为人们旅游生活中喜闻乐见、易于理解和接受的一种重要的艺术景观。

旅游生活中的雕塑景观主要有以下几种形式：

首先是与中国宗教发展一脉相承的石窟艺术和寺庙雕像。中国古代有不少统治者都大建寺庙、凿造像，利用直观的造型艺术来宣传统治者的思想与教义。我国具有代表性的石窟有甘肃敦煌的莫高窟、山西大同的云冈石窟、河南洛阳的龙门石窟、甘肃天水的麦积山石窟等。保存在寺庙中的佛、菩萨、罗汉像，不乏艺术精品，如苏州戒幢律寺（西园寺）、北京碧云寺、昆明筇竹寺、武汉归元禅寺、成都宝光寺的罗汉像。

其次是散见于帝王将相陵墓内的石雕、砖雕、陶雕、木刻、木俑，以及大量的“明器”上所展现的装饰雕刻艺术。如汉代霍去病墓有一件《马踏匈奴》石刻，以一匹奔马踏倒匈奴人的造型，象征性地表现霍去病征服匈奴的丰功伟绩。被称为“世界第八大奇迹”的秦始皇陵兵马俑，形象生动如真人，武俑装束多样，形态、发式和表情各异。兵马俑以气势恢宏的大型陶塑群展现了中国古代雕塑艺术的辉煌成就。西汉中山靖王刘胜之妻墓中出土的鎏金铜器《长信宫灯》是一件铜铸宫女掌灯圆雕，不仅造型精巧、美观，而且有透光效应，兼具装饰性和实用性。

再次是集中于全国各类博物馆中的历代雕塑作品。如商周时期的青铜雕塑四羊方尊、大禾人面纹方鼎、虎尊等。明清时期小巧玲珑、精致剔透的雕塑品大量涌现，如木雕、玉雕、牛角雕、象牙雕、根雕、梳雕、米雕，还有各种陶器、瓷器、琉璃雕塑等。

最后是中国民间雕塑，包括石雕、砖雕、木雕、竹雕、角雕、根雕、陶雕、瓷雕、泥塑、面塑等。这些雕塑在文化内涵、手法、形式上都丰富多彩，具有浓郁的市民气息，体现出很强的地方性、民族性特征。

中国雕塑艺术以其古老的文化、恢宏的气魄、精湛的技艺、艺术的美感，成为旅游生活中一种宝贵的文化资源。

（四）中国雕塑艺术的美学特性

雕塑是在三维空间中塑造立体艺术形象，是一种视觉艺术。它用料坚固，传世恒久，与观赏者处于同一空间，具有很强的直观性，极易为广大民众所接受。同一座雕塑在各种不同的角度和光线下，会形成一幅幅绝不雷同的画面，构成一种独到的意境，产生强烈的艺术感染力。同时，因为雕塑是在三维空间中建构的实体，所以人们还可以用触觉去感知，这就使得雕塑与触觉相联系的质感和重量感也都具有审美的意义。

1. 材质之美

雕塑使用的材料，从石料、陶土、青铜、木料、黄金、钢铁到铝合金、塑料、玻璃、不锈钢等，范围广泛。材料本身的硬度、韧性和弹性会直接影响雕塑的造型，使雕塑的形状千姿百态、各具特色。

雕塑艺术的选材是很有讲究的，不同的材料有不同的质感，有的粗糙、有的光滑，有的坚硬、有的柔软。不同的材料本身的美感也不同，如青铜等金属材料给人阳刚、古朴之感，花岗岩给人坚毅之感，而大理石则给人细腻丰滑之感。同一雕塑作品，用不同的材料制作，也会产生不同的艺术效果与审美体验。如紫砂陶中未被熔化的石英砂和云母，在光线照射下形成亚光质地，使紫砂陶呈现出柔和而温润的色泽。因此，材料本身所具有的与作品意蕴相一致的审美价值，能够有效地提升作品的艺术效果。

2. 色彩之美

色彩之美一直是雕塑审美价值的重要组成部分。早在古希腊罗马时期，英雄和神祇的雕像就有不同的色彩附着。我国秦始皇陵兵马俑、敦煌莫高窟彩塑，都根据描绘对象肌肤、衣着的色彩进行了复制性的描绘。现代的金属雕塑，通过表面处理，更可以呈现出缤纷的颜色。

雕塑材料本身也具有自然的色彩，如大理石的白色、花岗岩的青灰色、青铜的暗绿色、不锈钢的银白色等。用于木雕的木材颜色也很丰富，古朴的乌木、典雅的黄杨木、深沉的枣木等都显现出不同的色泽。材料经过加工后，又会呈现出新的色彩。

3. 律动之美

雕塑是物象的艺术凝固，但同时又有着内在的生命力，体现出一种生命律动之美。这种美不仅仅表现为雕塑作品对自然、生命活动的种种再现或抽象表现，更表现为作品所蕴藏的生命活力、体现的气质与精神。优秀的雕塑作品，人们可以感觉到它们生命的气息，感受到它们洋溢的激情、飞扬的气韵和活灵活现的动感。如南京和镇江丹阳的六朝陵墓前常见的石天禄、石辟邪和石麒麟，体积巨大，但大量使用了极富装饰效果的浮雕线条表现鬣毛羽翅，使神兽变得飘逸灵动起来。又如唐代乾陵的石狮，那傲视一切的雄姿，仿佛在这巨大的空间内，已容不下第二件雕塑，这是由石狮的建筑感和精神内涵所带来的感觉。观赏者完全可以从事物的固有特征出发，凭借想象与联想去认识和欣赏它们，领略其艺术魅力。

4. 造型之美

作为一种造型艺术，雕塑作品的形状富于变化，形式多样。雕塑大师米开朗琪罗认为，雕塑所具有的最大魅力就是表现运动。因此，他的雕塑奔放、流畅，具有波浪形的轮廓线。中国的汉俑造像以扁平为特色，唐代追求圆熟。不同时代的雕塑都有不同时代造型之美的追求和展现。

雕塑的造型方式使其具有很强的体积感和建筑感。雕塑的气势在一定程度上与雕塑本身的体积和重量相关，不少雕塑名作尺寸巨大，规模宏伟，体现了博大的精神和恢宏的气势。

5. 空间之美

雕塑是占有三度空间的主体艺术，它不同于绘画，雕塑之美体现在它的每一个面以及立体的各个侧面彼此连接而形成的整体美上。它在环境中的主要功能是创造审美的空间感觉。雕塑创作者善于利用和强调体积的组合变化，通过体积内部的搭配、组合、协调，创造出节奏感、韵律感，从而使无生命的石头、砖头、金属等获得“真实的生命”，成为灵气飞动的艺术品。雕塑是与观赏者处于同一空间的形体较大的造型艺术，除了强调局部与整体之间的关系外，还强调形象与形象、形象与环境之间的统一。南京的明孝陵，把陵前的雕塑与周围环境很好地结合在一起。石象路、翁仲路，顺应山势而建；路两旁石雕的尺寸与体积都放得很大，巍然屹立于陵前。当你走在石象路、翁仲路上，在两侧庞大雕塑的俯视下，自然会感受到自身的渺小，进而感受到整个陵区的神圣、庄严。

6. 象征之美

从某种程度上说，所有艺术都是抽象的。优秀的雕塑作品都不是单纯地为塑像而塑像。一模一样不是雕塑艺术追求的目标。雕塑艺术给人以形体的美感，但更重要的是赋予形象以性格和精神内涵，这样雕塑作品才具有艺术生命力。成功的雕塑艺术品能使人从中得到启发，产生美好的想象与联想，使观赏者获得最大限度的视觉和精神满足。

中国古代雕塑艺术继承了“托物言志”“寓意于物”的美学风格与传统。如反复出现在中国雕塑艺术中的庄严威猛的狮子、麒麟、辟邪、天禄等石兽，不仅仅是为了表现这些神兽的形态与步姿，更是为了表现人的某种意念，烘托一定的意境和气氛。前面提到的汉代击鼓说唱俑，单看其人物比例关系是不标准的，但却通过伸头、耸肩、眉开眼笑这些活灵活现的表情和手舞足蹈的动作，将他有声有色的表演刻画得惟妙惟肖。从他诙谐、忘我的神态中，观赏者似乎能够听到他爽朗的笑声，想象出他所说唱的内容，甚至仿佛看到了他面前兴致勃勃的观众。

雕塑作为一种艺术门类，它在对人类社会生活理想的、集中的、典型化的反映中，体现了人的自由创造精神，传达着人的审美意识。优秀的雕塑更是技巧和思想感情的结合，古代许多优秀的雕塑作品之所以至今仍具有强烈的吸引力和感染力，并不在于古人的技艺如何高明，而是创作者能够利用现有的材料和手段，真挚地表达他们的心灵和思想，表现人的情感，通过人性与情感的表达，达到震撼人心的效果。

四、碑刻艺术

（一）碑刻艺术的含义

古人歌功颂德、祭祖追先或作诗纪胜，都要有所记载，以求垂之长久，于是人们或镂鼎彝，或书竹纸，或镌碑碣。但是竹木易磨灭，纸帛易破损，青铜器虽牢固，但质地易锈蚀且镂刻不便，而最妥善长久的保存方法便是铭之于石，碑刻由此产生，它也成为今人了解古代政治、经济、军事、社会、历史、人物、书法艺术的宝贵资料。这些镌刻于崖壁、石碑之上的碑刻作品，也为山川增色、为景观添彩，成为旅游生活中的重要观赏内容。

碑刻在产生之初只是石刻文字的一种，后来人们将碑刻的含义加以引申、扩展，将所有刻有文字的石刻统称为碑刻。碑有广义、狭义之分，广义的碑是指镌有述德、铭功、纪事等文字的刻石，例如碑碣、摩崖、造像记与墓志等；狭义的碑是指东汉以后，立于纪念地、建筑或墓前，刻有文辞的长方形石板。从旅游美学欣赏的角度而言，碑指其广义。

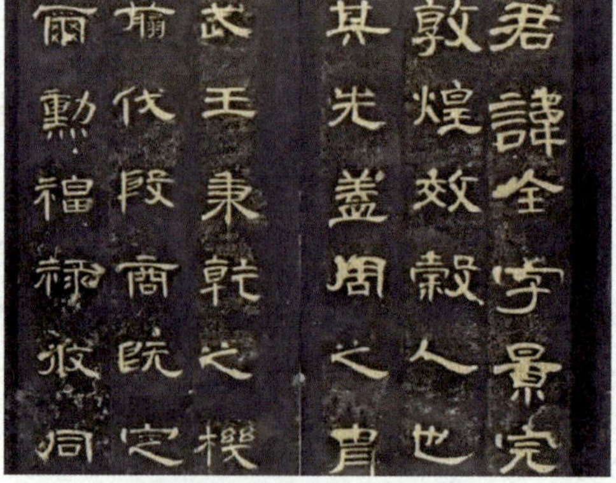

（东汉）曹全碑拓片（局部）

（二）碑刻艺术的美学特性

1. 石材质感之美

碑刻以石为材，耐损力强，不怕风吹雨打、阳光暴晒，便于长期保存，在我国各地比比皆是。其内容丰富、形式多样，各种碑刻都表现出共同的材质之美，即质朴、敦厚、古拙、深沉。从形制来看，摩崖类碑刻由于其依据天然形势，碑体或正或倾、碑文或凹或凸、字体或大或小，都与崖壁体量、形状、气势等自然状况相辅相成，因此与人为而制、规整划一的立地之碑相比，更具有潇洒宏大、浑然天成的自然美的特点。

2. 文辞含蓄之美

碑刻多出自历代文人墨客或统治者，他们或文采过人、书法精深，或睿智通达、修养高深，其文辞往往高度概括、精确传神，寥寥数语之中或蕴含了上下千年的历史变迁，呈现了世间悲欢离合之情，或表达了对人生事业、品德修养的理想追求，优美含蓄。

3. 环境和谐之美

碑刻虽然形式多样，但其环境无非两种，即自然山水之间和人文建筑之中，其位置、形态、字体、高低、宽窄、厚薄以及气势、韵味等方面都要与自然和人文环境相融相通，实现统一、和谐。例如泰山大观峰绝壁如削、石刻层叠，其中唐玄宗的《纪泰山铭》体伟幅巨，浑然天成。“五岳”、黄山、武夷山等名山上都有许多摩崖碑碣，它们大多形制高大，雄伟壮观。

4. 书法艺术之美

碑刻以文字的形式附着于各种石质材料之上，是美化后的文字，是书法艺术的呈现。书法的合法度、具筋骨、善变化、贵和谐以及律动、神韵之美等特征，在碑刻中体现得淋漓尽致。例如刻于泰山斗母宫东北处山谷溪床之上的石刻《泰山经石峪金刚经》，字体介于隶、楷之间，用笔圆润可人，结构舒博壮健；字存近千，洋洋洒洒，浑如天书曝页，气势磅礴，是现存摩崖石刻中规模空前的巨制。始建于宋元祐年间的西安碑林是我国自汉至清历代名碑荟萃之地，共展出碑石 1 000 多块，既是一座碑刻艺术宝库，也是一座书法艺术宝库。类似的还有孔庙碑林、镇江焦山碑林、泰山岱庙碑林、历代帝王陵园里的碑刻等。这些碑刻以书法艺术为主，集诗、书、画、印之大成，集历代大书画家之作品于一园，真、草、篆、隶，颜、柳、欧、赵，体例俱全。

旅游景观中的碑刻作品，其审美价值是多重的，既可以渲染环境，也可以调动游客的审美情趣，加深游客的审美体验，使游客的旅游生活更加丰富多彩。

五、摄影艺术

摄影是一种静态的再现艺术，它是通过真实、优美的造型再现现实，反映生活。它不像音乐、舞蹈、绘画等艺术门类那样，在远古时代就开始了自身的历史，而是随着物理学、光学、化学的进步，随着科学技术的发展而出现的，至今不到200年的历史。法国人尼埃普斯在1826年用自制的相机摄制出世界上第一张照片，也是最早的照片，此后，随着科学技术的迅速发展，摄影技术也日新月异地发展起来。如今人们掌握了更先进的技术手段，摄影艺术呈现出蓬勃发展的局面。可以说，没有近代科学技术，就没有摄影的诞生；没有科学技术的发展，也就没有摄影艺术的大发展。

摄影艺术家根据自己的艺术构思，运用摄影技巧，经过后期加工处理，创作出富有感染力的、典型的艺术作品。摄影与绘画有许多共同之处，但它更以形象逼真见长，并通过再现表现艺术家的思想感情和审美理想。摄影艺术所表现的对象，如新闻、人物、风景、事件等必须都是真实的，纪实性是摄影艺术的一个特点。

摄影艺术通过画面构图、光线的明暗和对比、影调等手段构造艺术形象，还可以通过调整拍摄的距离、方向、角度、速度来组织、安排画面以及各部分景物的位置及关系，以取得令人满意的效果。作为美的存在方式，摄影是静态的，不受时间因素的影响；作为语言材料，它的存在又是动态的，对具体作品来说，稍纵即逝，不可复制。因此，摄影艺术又被称为“瞬间艺术”，这是摄影的又一特点。对于摄影作品，还可以通过一些特殊加工，使其具有绘画般的感染力与表现力。

第三节　酒店中的造型艺术

旅游者外出旅行，难免要下榻于酒店、宾馆、客栈或民宿。置身异地他乡，人们对所居住的环境会格外敏感，会把周围的环境视为旅游生活的有机组成部分，会自觉或不自觉地依据个人的审美趣味，或从以往的旅游审美经验出发，或受新奇感的驱使，对自己的居住环境与就餐环境进行一番品评：品评其中的陈设布置、装饰风格、美学情调和地方色彩等。

此外，旅游者还会走出居所，对居住地的外部环境和城乡的社会环境进行相应的审视和判断，也就是说，他们会从生活美学的观点出发，对四周建筑的外形、城镇乡村的景观以及社会风尚和生活方式等进行多方面的评价。

酒店中造型艺术的运用，主要体现在装饰艺术的美学化、艺术品陈设的个性化和地方性上。

中国传统图形艺术源远流长，是数千年来众多能工巧匠创作过程的智慧结晶，它们大多具有深远的意境、厚重的底蕴、极高的观赏价值，表达了人们对美好生活的向往。中国传统图案很丰富，如回文、云纹、象纹、飞天、忍冬纹、宝相花、折枝花、莲花、牡丹花等，这些装饰图案是经过数千年文化的浸润和考验才传到如今的，是我国古代文化的艺术精华。中国人自古喜爱吉祥图案，如祥禽瑞兽、福禄寿喜图案等，其主题大多表现丰足、喜庆、幸福、平安、多子、长寿、升官发财等。图案拙中藏巧、朴中显美，其特有的装饰风格和民间语言，能够给人们带来精神上的愉悦。这些传统吉祥图案及纹样经逐步挖掘、变化和改造，可用于酒店地毯、布草、窗帘、员工服装、企业形象标志等的设计中。中国画中的一些重要元素，如龙、凤、麒麟、鹤、鱼、鸳鸯等动物图案和松、竹、梅、兰、菊、荷等植物图案，具有独特的魅力和旺盛的生命力，成为酒店装饰的重要元素。

中国的书法和绘画具有很高的审美价值，同时也是很好的装饰品。书法作为室内设计中的一种典型中式元素越来越受到人们的认可与欢迎，它的美学价值越来越为人们所认识。用书法、绘画、古玩为酒店装饰、点缀空间，能提升酒店文化品位，吸引回头客。在酒店的公共区域，书法、绘画、古玩、陶瓷工艺品是常见的陈设。此外，玉雕、石雕、木雕、瓷器也可以表现酒店的个性和地方色彩。在酒店客房的装饰中，可以根据酒店总体装饰风格，配以绘画、书法或摄影作品。在酒店餐厅的空间设计上，可以根据风味餐饮的特点，结合地方风土人情，配以当地的绘画、摄影、雕塑、陶瓷、传统工艺美术品等，使旅游者切身感受到当地的民风民俗。

例如，亚朵酒店根据“阅读”和“人文摄影”两大文化主题精心设计顾客的旅游生活体验，吸引着热爱读书和摄影的消费群体。体现“属地文化”的摄影作品展示在亚朵的每一个角落，每家亚朵酒店里都有其专属的属地摄影，摄影内容涵盖社会、自然、文化等，顾客在每一个城市的亚朵，都能通过摄影作品了解当地的自然和人文特色。西安唐乐宫餐厅的装饰风格沿袭了唐代的“筵席”形式，室内空间以金、红、白为主调，其间点缀宝相花、折枝花、团花、卷草等装饰纹样，墙面上悬挂着唐代风格的宫廷仕女图，这些金碧辉煌、雄浑壮丽的装饰元素，可以带领人们领略“开元盛世”的风采。

案例与专题

笔走龙蛇——中国书法的根性、书性、美性、个性

妙手丹青——如何读懂中国山水画

鬼斧神工——中国古代雕塑的八大风格特质

本章知识要点

造型艺术是人们把握现实、表达思想感情的特殊方式。优秀的造型艺术作品具有极高的美学价值，能陶冶情操、美化心灵、增长知识、提升境界，是旅游生活中文化景观的重要组成部分。本章对书法、绘画、雕塑、碑刻、摄影等造型艺术的类别、发展历程和美学特性等进行了简要阐述，并探讨了造型艺术在酒店中的运用方式。

思考与讨论

1. 谈谈造型艺术的美学特性。
2. 举例说明中国书法的美学特性。
3. 中国画的美学特性有哪些？你是如何理解的？
4. 举例说明中国古代雕塑艺术的造型之美。
5. 对比雕塑艺术和绘画艺术的异同点。
6. 小组分工查找中国十大传世名画的介绍资料，并在班级内进行分享。
7. 为什么摄影艺术被称为“瞬间艺术”？
8. 参观一家酒店，了解造型艺术在这家酒店是如何运用的，体会它们的作用。

推荐阅读材料

1. 央视纪录片《世界遗产中国录》之中国书法（上、下）。
2. 央视纪录片《中国书法五千年》。
3. 启功，秦永龙. 书法常识. 北京：中华书局，2017.
4. 杨琪. 中国美术鉴赏十六讲. 北京：中华书局，2008.
5. 范文东. 中国书画十五讲. 北京：清华大学出版社，2019.
6.《中国大百科全书：普及版》编委会. 中国雕塑艺术. 北京：中国大百科全书出版社，2014.
7. 田野，钱萍，刘悦，等. 图说中国雕塑艺术. 北京：中国书籍出版社，2018.
8. 王烨. 中国古代碑刻. 北京：中国商业出版社，2015.
9. 彭晓，吴轩. 摄影艺术解读与欣赏. 重庆：西南师范大学出版社，2014.

陆

第六章

采风问俗：旅游生活中的民俗风情

本章导语

民俗是根植于民间又传承于民间的，与人类生活关系极为密切的传统文化现象。民俗文化作为透视社会的“广角镜”，以鲜明的地域特征和丰富多彩的外在形式成为旅游生活的重要内容。随着旅游的发展日益趋向于人们相互间的跨文化交流与对话，民俗文化也日益显示出重要的美学价值。

知识目标

了解民俗的概念；

熟悉民俗的美学特性；

掌握民俗审美的主要范畴和内容；

理解民俗的美学价值；

学会欣赏民俗风情并在酒店产品设计中加以运用。

素质目标

通过对民俗文化的了解，弘扬各民族的优秀文化，培养民族团结意识和爱国主义精神，增强文化自信。

重要术语

民俗　传统民居　服饰美学　民间演艺　民俗节庆　民俗技艺

第一节 民俗概述

一、民俗的概念

民俗即民族的风俗习惯，是指一个民族在物质文化、精神文化和家庭婚姻等社会生活各方面的传统，是各族人民历代相沿、积久形成的风尚和习俗。民俗是广大民众所创造、享用和传承的生活文化，是传统文化的基础和重要组成部分。民俗作为民众习得、传承和积累文化创造成果的一种重要方式，具体反映在各民族的服饰、饮食、居住、生产、婚丧嫁娶、文娱活动、岁时节日、道德礼仪和文字等方面。民俗风情，就是民俗的风光和情调。民俗风情美基本上属于社会美的范畴，是极为普遍和重要的旅游审美对象。

民俗文化是民间文化的一种，是指民俗事象和民俗活动范围内所反映的文化现象，包括信仰民俗、行为民俗、语言民俗以及日常生活、衣食住行中所表现的多种文化内涵和文化价值。民俗文化具有民族性和地域性，其复杂多样的类型和形式无不表现出鲜明的民族传统与地域特征。

中国地域辽阔，民族众多，各民族、各地区在历史发展中形成了具有鲜明特色的民俗。我国 56 个民族在居住、服饰、生产、交通、婚姻、节日、礼仪、饮食等方面的风俗都各不相同。这些各具特色的风俗习惯从多方面反映了中华民俗和中华文化的博大精深，其中很多也成为我国宝贵的非物质文化遗产。

二、民俗的类型

民俗的范围极广、种类繁多，从存在形式上看，大体可以划分为心理的、行为的和语言的民俗三种类型。

（一）心理的民俗

心理的民俗是以信仰为核心，包括各种禁忌在内的反映在心理上的习俗，它更多地表现为心理活动和信念上的传承。

（二）行为的民俗

行为的民俗是心理民俗的反映，但它更多地表现在仪式、祭礼、婚仪、祈福、驱祟以及岁时节日庆典、纪念、游艺等活动上。它通过各种有形的传承活动表现无形的心理上的民俗事象。行为的民俗也叫作有形的民俗。

（三）语言的民俗

语言的民俗是指以语言为手段表现人们的思想、愿望与要求的传承性艺术，包括原始神话、各种叙事体的传说故事、笑话、韵文体的史话、歌谣、谜语、谚语以及说唱、戏剧等；此外还有一些口诀、韵语、称谓语、名称概念、行话及游戏语等语言形式。

三、民俗形成的原因及特征

（一）民俗形成的原因

1. 经济因素

经济基础决定上层建筑。民俗作为一种文化现象，它的产生首先受经济基础即社会生产力水平的制约。

2. 政治因素

进入阶级社会以后，民俗又受到政治因素影响，剥削阶级为了达到统治目的，一方面利用落后的民俗愚弄人民，另一方面用强制手段改变原有的民俗，以维持自己的统治。

3. 宗教因素

民俗的产生还受宗教因素的影响，在现实生活中，有许多民俗都是由原来的宗教仪式演变而来的。

4. 地理因素

民俗受地理环境影响很深，自古就有“十里不同风，百里不同俗”的说法。自然条件的差异导致了人们生产方式和生活方式不同。例如，我国北方人和南方人在居住、饮食、服饰、婚姻、丧葬、交通等方面均有很大的差异。

（二）民俗的特征

1. 集体性

民俗是在长期的社会实践中形成的，并为广大人民群众所接受，它是集体智慧的结晶，体现了一个民族的整体意识。

2. 稳定性

民俗一旦形成就会相对固定下来，成为人们日常生活的一部分。例如，端午节的有些习俗在先秦和两汉时期就已基本定型，一直沿袭至今。民俗具有很强的稳定性，它约束着人们的行动和意识，经久不衰，世代相传。

3. 传承性

经济发达的民族，其民俗不但在本民族内传承，还不断向周边其他民族传播。例如，我国的春节、端午、中秋等传统节日几乎影响了东亚和东南亚的所有邻国。而经济欠发达的民族，其民俗往往只能在小范围内传承。

4. 发展性

民俗随社会的发展而发展。有些民俗随着其经济基础的消失、生活方式的改变而自然消亡，而有些民俗在传承的过程中其实质和内容都会发生改变。例如，端午节的习俗传承至今，其最初送瘟神的本意早已改变。

5. 地域性

俗话说“一方水土养一方人”，民俗受地理环境影响很大。例如，远古时期，北方民族为了躲避风寒而发明了穴居，南方民族为了应对炎热潮湿的气候而发明了通风的干栏式建筑。可见自然环境差异是造成民俗差异的主要原因之一。

第二节　民俗的美学特性

一、民俗审美的有序性

民众的生活离不开民俗生活秩序的约束，它是有条理的、有层次的。民俗生活是从无序走向有序、从分散趋于整饬的过程。民俗之美是秩序之美、整饬之美，有序性与整饬性是民俗审美的基本特性。

“有序”，是指具有按规律连接起来的元素。民俗本身就是一个有机联系的系统。乌丙安先生在其《民俗学原理》中指出，“民俗链”由整个民俗的最基本的“要素”即民俗素联结并按一定的规律排列组合而成。民间艺术中能融入传统风俗的部分，即民俗艺术，作为依存于民俗生活的艺术形态，其本身就属于艺术的范畴，而艺术作品中的符号系统是由艺术家或创作者依据一定的审美标准而创造的有序结构，这种系统的有序性，自然就带来了审美的有序性，其宗旨在于对相应思想主题或审美信息的传递。

当民俗以其自身的特点和方式显示出一定的审美价值时，就成为“民俗风情”。

民俗风情是重要的审美领域，因为它包含着人生、历史的图景，有老百姓的酸甜苦辣、喜怒哀乐。民俗的有序性与民俗作为审美对象而呈现出的有序性特质是密切关联的。

二、民俗审美的整饬性

与民俗审美的有序性相辅相成的是民俗审美的整饬性这一特质。整饬，指整齐、完备、有条理。在中国传统的思维体系中，有机整体思维是一个突出的重要特征。这种思维方式把天、地、人乃至万物都看成是一个不可分割、相互影响、有机联系的整体。

从对立中求统一，从统一中把握对立。民俗是人类社会生活的一种反映形式，其本身也无异于一个复杂的系统。每一种民俗活动和民俗事象也都是一个个有机的整体，其中均蕴含着丰富的文化传统。基于民俗系统自身的要求，整饬性也是其内在规定性之一。

具体而言，民俗系统的整饬性主要体现在两个方面：一是内容上的整体和谐。民俗系统不论大小，都有其内在的结构和逻辑。民俗的主体是人，人把自己的主观意愿、心意信仰、理想追求等融入民俗活动中，形成了丰富多彩的民俗事象。二是形式上的整齐规范。整齐，或称整一、齐一，是构成事物形式美的最简单的要素，在人类的物质生产和社会生活中都有广泛的应用。民俗作为一种生活方式，一种活世态的“生活相”，其本身就是人类群居生活的产物。民俗也是一种行为规范，这一“规范”不是个人的，而是群体协调统一的结果，是整一的，为特定族群所共同遵守，它能给人以有机整体的生命感。

三、民俗审美的浪漫性

从人的精神世界或是人的精神张力来看，在“现实性”的前提下，“浪漫性”的精神需求同样是不可或缺的。浪漫，即富有诗意、充满幻想之意。浪漫性，是指从人类主体精神出发，力图摆脱客体对主体的限制，实现对主体现实的和历史的超越。民俗活动、民俗事象一般都具有功利主义的根本主题，通过教化、规范、维系和调节等几种社会功能的发挥来实现其客观的现实效用。在满足功利目的的同时，对生命、生殖的希冀，对平安、财富的祈求，对生命之美的享受等是我国传统民俗文化的基本心理，其中也寄托了人类美好浪漫的情怀。

总之，民俗中所表现出的浪漫主义，是广大民众基于日常生活中鲜活的人生体验而自由创造的产物。人们以奇妙的幻想、大胆的夸张和离奇的情节，表现感性生命的丰富和表达“乐生”的需求，展示了中国民俗文化中绚丽的色彩，其浪漫性成为民俗审美的基本特性之一。

四、民俗审美的愉悦性

民俗审美的愉悦性是指民俗中大量存在的审美因素能够让人心情愉悦。从美学视野上看，美感最基本的特征就在于它的愉悦性。当人们饶有兴致地去欣赏某种自然美或是某件艺术品时，往往能沉浸到一种非同寻常的审美体验之中，从而体会到某种特殊的快乐。这种“特殊的快乐”是经情感的陶冶、心灵的塑造而产生的审美愉悦。审美愉悦与味觉、嗅觉、触觉等低级感官有一定关联，但又不是仅停留于低级感官的满足这一层次，而是更多地来自视觉和听觉。

在民俗活动中，最能体现“愉悦性”的当属民间的各种节庆、游艺、竞技等娱乐活动。这些民俗活动，娱乐性、群众性与竞技性是其基本特质。中国传统节庆民俗活动中的愉悦狂欢自不必说，游艺和竞技民俗活动也是广大民众在生产劳作之余愉悦身心的最佳形式，它一般以娱乐为主要目的，在民间广泛流行。游艺和竞技民俗不是凭空产生的，它是人类自古以来在生存的土地上繁衍生息并逐步认识自然、改造自然和修养身心的结果。人们在参与游艺和竞技活动时，也把自己的主观精神和价值取向融入其中。

五、民俗审美的神秘性

民间传承着大量的古老习俗，其中有不少长期笼罩着神秘色彩，如民间信仰、崇拜、祭祀等。“神秘”即神妙深奥、高深莫测。当某一事象不可思议、不可言说、难以把握时，人们便认为它具有神秘性。

从美学视野上看，审美对象中所蕴含的神秘感使其充盈着超现实的象征意蕴，产生模糊、朦胧而又神奇的美感，引发人的探究心理。自然、社会以及艺术形象中那些具有神秘性的对象使人们从对未知自然的恐惧中复归安详，在对美好生活的祈祷中获得生机。在对超凡力量的崇拜和信仰中，不论是信仰本身带来的心理抚慰，还是各种仪式中的艺术活动，都能使人们浸润在身心和谐的审美体验之中。

六、民俗审美的超越性

在现实性的民俗生活中往往蕴含着超越性的精神追求。突破现实的局限，实现天人之间的沟通，这种天人贯通之美、远逸超越之美，正是民俗审美超越性的内在特质。

一是超越古今。在人类发展的历史长河中，民俗文化是一种动态的累积产物，其超越时空的传承以及传承中的变异，具有贯通古今的特征。在民俗生活和民俗文化中，蕴含着民众的生存智慧和生命情感。

二是超越生死。人们在生存实践中观察到越来越多的生死现象，就不可避免地要思索生命存在与延续的问题。对生命现象的观察、感悟，对生死问题的执着思考，就成为人类精神从"人猿相揖别"的最初发展阶段开始一直延续下来的重要主题，成为从古至今社会风俗中的基本内容之一。

三是超越个体。个体，是指个别、个人或个人独立的人格。一般而言，个体是与集体、群体相对而言的概念。民俗是一种群体智慧的结晶，即使是由个人"创造"或倡导的某一民俗事象，也必须经过集体的不断补充、加工、充实和完善，才能成为集体的心态、语言和行为模式。

此外，民俗审美的超越性还体现为对现实、对日常生活的超越。不断超越，是人类文明发展的必然趋向。超越现实，超越日常生活，让衣、食、住、行、用等与民俗生活密切相关的事物不断趋向美好、完善，这是人性和生活发展的必然要求，对现实和日常生活的超越也是民俗审美的一种基本倾向。

民俗的审美来自现实生活中的民俗生活体验，但又不停留于这一浮于表面的体验，只有超越原有的生命活动，才能获得审美体验；人类本性中所具有的超越倾向，使人的感性生活不断丰富、理性生活不断完善，审美创造也趋向于更高的境界，这是民俗审美超越性的内在依据。

第三节　传统民居

一、传统民居简介

传统民居是指人类在自身发展过程中所创造并遗留下来，集所在区域人们的生活、文化、习俗、艺术于一体，记录和表达了长期的发展过程，体现了不同地区历史真实性的建筑，是我国传统文化中一种外在的物化形式。我国古人经过不断的探索与实践，创造出了具有各地特色的民居类型，如四合院、蒙古包、土楼以及窑洞等。

传统民居的历史、文化等价值已逐渐得到了人们的认可，有很多被列为全国重点文物保护单位。在生活节奏日益紧张的今天，这些有着古朴生活气息的传统民居和古村落备受人们的青睐，成为一种独特的文化旅游资源，有着广阔的旅游市场。

传统民居最重要的价值是其使用价值，它们目前大多仍处于使用状态，与人们的生活密切联系而充满了生活气息。民居的美不仅在于其特有的造型与周围景观的和谐，以及建筑本身及其装饰所体现出来的人文内涵，更在于其古朴的生活气息。游客所要欣赏的就是民居的“古”、历史的“深”以及生活的“真”。中国传统民居文化是一种开放性的文化产物，在新时代的发展背景下，传统民居随着旅游业的兴起正被越来越多的人所熟知和欣赏。

二、传统民居的类型

传统民居在发展过程中经过不断的演化形成了各具特色的建筑美学风格，在一定程度上揭示了不同民族在不同时代和不同环境中生存、发展的规律，也反映了当时一定地域内物质文化、制度文化和意识文化的发展状况。其中比较典型的传统民居类型有四合院、窑洞、徽派民居和土楼等。

（一）四合院

四合院是我国的一种标志性传统建筑，至今已有 3 000 多年的历史，以北京四合院为代表。北京四合院与北京的宫殿、胡同和街巷同时兴起，多年来一直保留着统一的样式。所谓四合，“四”指东、西、南、北四个方向，“合”即四面房屋围在一起，形成一个“口”字形的结构。其格局为一个院子四面建有房屋，通常由正房、东西厢房和倒座房组成，从四面将庭院合围在中间。

（二）窑洞

在我国的陕甘宁地区，窑洞是最为常见的传统民居建筑。该地区的黄土高原地质独特，因为地表上覆盖了一层厚重的黄土，当地又缺乏建筑性材料，所以人们因地制宜地创造了窑洞这种环保的民居形式。其主要建筑材料是黄土以及砖石，窑洞的内部呈喇叭形状，洞口有木结构的门。窑洞建筑冬暖夏凉、绿色环保，值得人们到该地区进行旅游体验，感受当地的民俗风情。

（三）徽派民居

徽派民居是古徽州的标志性建筑，古徽州主要是指安徽南部，也包括江西北部部分地区，自宋代以后一直是中国的文化重地。徽派建筑完整保存下来的非常多，以民居型建筑最具有代表性，曲径回廊、层楼叠院，建筑风格清新典雅。马头墙是徽派传统民居的墙顶，最为壮观。徽派建筑是徽文化的重要组成部分，而马头墙更是徽派建筑的标志。

（四）土楼

土楼建筑规模庞大，不仅是我国的标志性传统民居建筑，在世界上也是独一无二的居住形式。最具代表性的是福建省的土楼。我国的中原地区经历了多次战乱，已经伤痕累累，人们为了抵御侵袭不断向南方迁移，修筑了这种能够供上千人共同居住的封闭式的民居建筑。当时的人们就地取材，采用捣筑的方式建造墙壁，内部采用木材进行支撑。土楼最著名的是圆楼，像从地下深处长出的蘑菇，非常壮观，但是保存至今最多的土楼形式是方形的。土楼的内部好似一个独立的社会，能够划分出不同功能的区域，能居住，能娱乐。土楼防火、防震、冬暖夏凉，适合居住，是文化建筑中的一颗璀璨明珠，更是建筑史上的一大奇迹。

除了以上四种典型的民居类型，还有一些传统民居也具有鲜明的审美特色。如鄂温克族和鄂伦春族的住宅“撮罗子”，蒙古族、哈萨克族、柯尔克孜族、塔吉克族等民族的蒙古包（毡房），侗族、苗族的吊脚楼、半边楼以及鼓楼、风雨桥，傣族的干栏式竹楼，乌镇、周庄的水乡民居……这些建筑类型丰富，建筑技艺精湛，极富特色，具有很高的美学价值。

三、传统民居的美学特性

（一）传统民居的自然美

传统民居一般都与山野、竹林、清溪等自然环境因素融为一体，正所谓“天然去雕饰”，与自然环境的巧妙结合、对地方气候的适应及地方材料的运用等反映出由于地域、气候、民族风俗甚至人的性格爱好等的差异而形成的鲜明特色，并使各类民居保持着自己的稳定性和延续性。例如，皖南村落就是将村落整体控制在自然环境的“大势”之中，巧妙地使村落或随坡就势，或依山傍水，掩映在自然山水的环抱之中，从而造就了众多环境优美又各具特色的村落形态。地处云贵高原的大理周城白族民居，坐落在苍山洱海之间的坡地上，为了争取更多的日照和减少风灾的影响并尽量少占平地，白族人民在学习汉族民居院落式布局的基础上，因地制宜，创造出了著名的民居类型“三坊一照壁”。此外还有北方平原地区的四合院、湘西土家族民居、傣族的竹楼及江南水网地带的枕河人家等，都以其与自然环境的完美结合散发出强烈的乡土气息，给人以新奇生动之感。

（二）传统民居的形式美

中国传统民居的形式美，是中华民族智慧与自然哲学的结晶，巧妙地在统一和谐与多样变化间取得完美平衡。其美学魅力根植于与自然的和谐共生，以及对地域文化的深刻体现。统一性主要体现为建筑布局的对称美，如四合院以中轴线为中心的对称分布，象征着宇宙的秩序与家庭的和睦。多样性体现为各地民居风格各异，从徽派建筑的马头墙到福建土楼的环形聚居，从北方的四合院到西南的吊脚楼，每一处民居都是地方历史、气候、生活方式的独特反映，展现了中华民族文化的丰富多彩与博大精深。这种统一而不失变化的美学理念，使得中国传统民居成为世界建筑艺术宝库中的瑰宝，承载着深厚的文化意蕴和美学价值。

（三）传统民居的浪漫美

用现代的眼光看待传统民居时应注意，传统民居在许多实用功能上已经落后了，应从整体上去审视和把握其特征，以超功利的姿态审视传统民居内在的气韵和空间意境，避免局限于技术条件和功能层面。普通民居或以单体建筑形式出现，或以群体组合形式出现；或依山傍水、高低错落，或孑然独处、简约空旷。丰富的空间序列、和谐的空间意境、优美的环境氛围总是给人以强烈而鲜明的艺术感受。由于民居中包含着人们的情感和审美理想，因此历来无论是普通百姓，还是诗人、艺术家皆钟爱这份意韵情趣，并不断对其进行艺术加工，使之具有诗情画意一般的浪漫美。

所谓“风景如画”，是说景物像画一样美，说明经过一定的艺术加工和提炼，加入主体的志趣爱好，民居之美可以得到充分展示和升华。刘禹锡的“朱雀桥边野草花，乌衣巷口夕阳斜”、杜牧的“千里莺啼绿映红，水村山郭酒旗风”等描写的都是普通山村中的寻常民居，在现实中仍能找到与这些诗句对应的情景，例如江浙地区的周庄、乌镇及南浔等地依然保持着“小桥流水人家”的水乡景色。

知识拓展

“天下第一村”——张谷英村

第四节　服饰之美

一、服饰的概念

服饰是一种重要的文化现象。服饰既具有器物文化性质，是人类物质劳动的成果，又具有精神文化性质，寄寓着一个民族的政治、伦理、道德、信仰等意识形态方面的内涵。中国有着悠久灿烂的服饰文化，各民族的服饰更是绚丽多姿，苗族、瑶族、侗族各不相同的“花衣”与百褶裙，傣族妇女的筒裙，藏族的藏袍，维吾尔族的“袷袢”和连衣裙，满族的旗袍等，这些各具风姿的服饰文化景观，构成了中国服饰文化史，影响着中国人的现实生活。荀子曰：“人境，观其风俗，其百姓朴，其声乐不流污，其服不挑，甚畏有司而顺，古之民也。”这说明服饰是评判民风民俗的一项重要标准。

服饰是民俗文化中的重要组成部分。它作为一种物质文化，蕴含着地域风貌、社会特点、民俗特征等丰富的审美内容。现如今，服饰民俗也是民俗旅游中一道亮丽的风景线，它以其鲜明的实用性、审美性、文化性、历史性抓住了人们的注意力，成为一种重要的旅游资源。

二、服饰美学的成因

服饰美学伴随着人类社会的发生发展，逐步走到了今天，其成因可以归结为以下三种情况。

首先，人类对服饰的审美产生于装饰行为。在原始社会，人类使用自然材料如树叶、动物毛皮来遮蔽身体，主要是出于实用性的需求，为保护自己免受恶劣天气的影响或在狩猎中起隐蔽作用。随着对周围环境认识的加深，人类开始注意到自然界的美丽实物，如色彩鲜艳的花朵、动物身上独特的纹理等，这些自然之美激发了人类对美的追求和模仿，促使他们在服饰上添加装饰，如彩绘、镶嵌、配饰等，以此来美化自身、表达个性或突出社会地位。

其次，服饰的审美产生于游戏活动。人为了生存需要即以功利为目的而进行的活动，是工作和劳动；为了排遣剩余精力而进行的活动，则是游戏。审美是没有功利目的的，它与游戏一样只是为了求得自由和快乐，审美体验便来自所谓的“游戏冲动”。人类在最基本的生活需要得到满足以后，就会把精力消耗在游戏活动中，也就会有更多的剩余精力用于对服饰的关注，由此产生了越来越丰富多彩、千变万化的服饰审美形式。

最后，服饰的审美来源于劳动过程。这是一种历史唯物主义的基本表述。历史唯物主义认为，生产实践活动是人类的基本活动，是对客观世界的主要把握方式。人类首先要满足自身的物质需要，因此这种生产实践活动主导了其他一切活动，包括审美活动。服饰的审美同原始民族的舞蹈、绘画、装饰、文字等一样，起源于劳动实践，劳动启示了审美对象的形式、审美创作技巧和审美感受。

三、服饰的美学特性

（一）地域性

这种地域性包括地理状况、气候条件、自然资源、生产方式、社会生活、植物分布等，它们均能影响服饰的结构、原料、样式和色彩。我国地域辽阔，服饰显示出北方和南方、山区和草原的巨大差别，表现出不同的风格和特点。北方严寒多风雪，森林草原广阔，人们多靠狩猎、畜牧为生，其服饰的主要特点是厚、长、暖；南方温热多雨，山地夷陵相间，生活在这里的人们多从事农耕，其衣裙特点则是短、窄、轻、薄。生活在高原草场并从事畜牧业的蒙古族、藏族、哈萨克族、柯尔克孜族、塔吉克族、裕固族等少数民族居民，服饰多取材于牲畜皮毛，用羊皮缝制的衣、裤、大氅多为光板，有的在衣领、袖口、衣襟、下摆镶以色布或细毛皮。藏族和柯尔克孜族人用珍贵裘皮镶边的长袍和裙子显得雍容厚实。哈萨克族人的“库普”是用驼毛絮里的大衣，十分轻暖。

（二）民族性与多样性

服饰民俗受到民族地域、民族经济生活、民族社会结构、民族心理等多方面的影响，表现出明显的民族性特征。我国民族种类繁多，分布广泛，民族服饰多姿多彩，服饰文化内涵丰富，有取之不尽的服饰资源。如苗族按照服饰颜色可分为红苗、黑苗、白苗、青苗、花苗等。因此，不但不同的民族具有不同的服饰，而且同一民族内也因支系的不同而有不同的服饰，使得我国的传统服饰显得格外丰富。

（三）时代性

社会的发展、时代的变迁，必定会给服饰提供更多、更新的质料和样式。风俗本身就是时代的产物，不同的时代，人们有不同的心理和不同的审美标准，服饰风俗也会随之发生变化。例如，自周秦汉唐以来的肥衣大袖的汉服早就变成了历史的遗迹，清代的长袍马褂也成了博物馆里的文物。

（四）实用性与艺术性

服饰的首要职责在于满足人们御寒保暖、抵御酷暑及保护身体免受伤害的实际需求，这与服饰民俗的实用性特质紧密相连。以东北人的穿戴为例，羊皮大衣与厚棉裤虽然彰显了一种粗犷的生活韵味和辛勤劳动的美学价值，但它们的存在更是为了适应寒冷气候下户外劳作的要求。然而，服饰不仅是实用的载体，也是艺术表达的媒介，蕴含着丰富的民族审美特色。这种艺术性与实用性并重的特点，深深根植于各民族独特的文化土壤之中，受到语言、文化传统、文字、风俗习惯、伦理观念以及生产生活方式的综合塑造。例如，朝鲜族历来尊崇纯洁无瑕的白色，因而在其服饰设计中白色成为美的象征；而汉族因传统上对红色的偏爱，所以在许多喜庆场合的服装中红色占据主导地位。由此可见，服饰的实用与艺术，共同编织了各民族丰富多彩的文化图谱，是民族文化精神与生活智慧的双重展现。

（五）阶级性

服饰是“无声的语言”，在古代中国，它能表达一个人的地位、身份，人们可根据官员所着官服判断出他是文官还是武官、属于哪一品级。如清朝，皇帝以下文武百官，均以九个等级来划分，即九品。文官的服饰全以鸟为图案，一品至九品分别为：仙鹤、锦鸡、孔雀、云雁、白鹇、鹭鸶、鸂鶒、鹌鹑、练雀。武官的服饰则以兽为图案，一品至六品分别为麒麟、狮、豹、虎、熊、彪，七品、八品为犀牛，九品为海马。

（六）性别与年龄特征

性别特征在服饰上的表现是显而易见的，男女由于体形及所从事的劳动不同，其服饰存在着明显的性别差异。以少数民族服装为例，传统女装总保留着浓郁的民族和地域特色，不大容易受外界影响而改变。而男子装束较易变化，且趋于简便。比如苗族、藏族、瑶族、傣族、黎族等，其传统女装千姿百态，而传统男装则不过几种而已。有些少数民族的服饰也有鲜明的年龄特征，如白彝，青年男女服装色泽鲜艳，喜用对比强烈的颜色，纹样繁多；中年妇女的纹样较之青年妇女为少，颜色多为天蓝、绿、紫、青等色，素雅庄重；老年服装则更素净，惯用青、蓝等颜色，一般不做花。朝鲜族的年轻姑娘梳单辫，只穿刚过膝的褶裙；已婚妇女梳髻或留短发，穿长及脚跟的长裙或缠裙。

知识拓展

苗族服饰赏析

第五节　民间演艺

一、民间演艺的概念

民间演艺是民俗文化的重要组成部分，在各种民俗传承中，演艺民俗是最富有活力的一部分。演艺民俗包括文艺民俗和民间技艺民俗两个方面。具体而言，文艺民俗包括民间口头文学、民间美术、民间音乐、民间舞蹈、民间游艺、民间工艺等。民间技艺民俗包括竞技、游艺、体育、工艺等方面的内容，如民间举办的龙舟比赛、龙灯、曲艺表演、杂技表演等。

演艺民俗的主要产品形式是艺术表演，是人们在生产生活的过程中自创的一种民间艺术表演，热闹、喜庆和具备一定的观赏价值是演艺民俗的主要特征，兼有一定的竞技性、娱乐性、艺术性。随着改革开放的深入，我国旅游演艺市场发展迅速，已有许多地方把演艺民俗纳入文化旅游产业发展规划中。

随着生活水平的提高和对文化生活需求的加大，人们对中国民俗的关注重新升温，尤其是民俗中的演艺民俗以其活跃、喜庆、热闹等特性备受人们的喜爱和青睐，已成为旅游美学中不可或缺的一部分。

二、民间演艺的主要类型和美学特性

（一）民间音乐

1. 民间音乐的概念

中国传统音乐在漫长的发展过程中，因不同文化阶层的参与，形成了民间音乐、文人音乐、宫廷音乐、宗教音乐等四种主要类型。由于不同的阶层有着截然不同的生活习惯、文化背景、品位情趣，因此中国传统音乐也形成了多样的音乐文化和审美追求。其中，民间音乐以它庞大的作品数量及广泛的覆盖面、优美动听的旋律、鲜明浓郁的特点、真切质朴的情感、蓬勃旺盛的生机，在我国传统音乐中占有绝对优势地位。可以说民间音乐是其他各类传统音乐的基础，无论是宫廷音乐、文人音乐还是宗教音乐，都从民间音乐中汲取了大量的养分，并与之保持着密切的联系。

所谓民间音乐，是指长期流行于中华民族聚居地区，有着本民族优秀文化底蕴和体现民族特色的传统音乐艺术。严格来讲，民间音乐的概念应归属于民族音乐范畴。民族音乐是从古至今中华民族聚居地区一切音乐的总称，它包括群众的集体创作与文人的专业创作。而民间音乐主要是指广大人民群众创造出来的、在民间广泛流传的音乐。在民间音乐中还有很多亟待我们去发现和传承的更具民族性、更有价值的音乐。

2. 民间音乐的美学特性

民间音乐的创造者是劳动人民，它具有劳动人民的本色。民间音乐的美学特性，从形态上看，因其民族、地域、时代等方面的不同而呈现出不同风格之美；从内容上看，它体现了各民族、地域、时代的原生性文化特征，有着质朴率真之美。

（1）多样性。

中华文化源远流长，具有多姿多彩、气象万千的审美特征与情趣，所谓“骏马秋风冀北，杏花春雨江南”体现的就是审美形态的不同。音乐也是这样，而民间音乐体现得最为明显，具体表现在以下几个方面：

1）地域性。辽阔的中华大地滋育出了语言、旋律、节奏各具特色的民间音乐。同是一首《绣荷包》，在江浙是委婉、流畅、细腻的，在山东则是爽朗、粗犷的，而在云南则是娇嗔、乖巧的。不同地域的气质在歌中表现得淋漓尽致。

2）民族性。我国 56 个民族，每个民族都有自己的音乐语言。以民歌为例，蒙古族的长调、壮族的欢、苗族的飞歌等交汇成一首气势磅礴而又特色鲜明的大合唱。

3）时代性。民间文化繁荣的时代也就是文化繁荣的时代，从春秋战国到魏晋南北朝、隋唐、宋元、明清，每个时代传承下来的民间音乐都有着独具特色的审美风格。民间音乐的形成离不开时代精神的滋养，就如唐诗、宋词、元曲一样，哪怕是到了今天，时代变迁，我们也依然能感受到它们与所产生的那个时代的血脉相连。

（2）原生性。

民间音乐产生于百姓的劳动生活之中，所以如今我们在民间音乐中还依稀可以看到一些原生态的劳动生活情景。如边舞边唱的《采茶谣》中还保留着原有的采茶动作；《川江船夫号子》中还能听见船夫们与惊涛骇浪搏斗时喊出的“嗨”声；《跑旱船》的道具中也依然保留着船家们的重要劳动工具——船。这些源于劳动生活的细节，映衬出民间音乐与众不同的原生态之美。

闻一多先生在《歌与诗》中说，“歌”的本质是抒情的，“诗”的本质是记事的，而民间音乐则把这二者巧妙地结合起来，无论是民歌、戏曲还是歌舞、曲艺，往往都是既有故事性，又有极强的抒情性，如《蓝花花》《天仙配》《凤阳花鼓》《丑末寅初》等举不胜举，这些都与其他几类音乐的美学特性形成了鲜明的对比。

长期流传于民间的音乐，在形式上和内容上并不符合宫廷音乐“中和之音”的要求，也无文人音乐的雅逸之美，更无宗教音乐的超世意境，但它更多一份蓬勃的生机，从而源源不断地为中国传统音乐输送着新鲜的血液。

从祖先在劳动中偶尔碰撞出的一个节奏，或是涂山氏之女的一声“候人兮猗”，或是先民们出于好奇而模仿自然界的一个声响到现在，民间音乐都以其多样性和原生性的美感，丰富和扩展着人们的审美感受，提高了人们的审美水平，成为推动传统音乐审美和艺术发展的巨大动力。

（二）民间戏剧

1. 民间戏剧的概念

民间戏剧是民间文学、音乐、舞蹈、美术、杂技等多种艺术因素的有机结合。它熔唱、做、念、舞于一炉，以歌舞演故事是其基本特征。民间戏剧是多源的艺术，民间歌舞、说唱和滑稽表演是其主要来源。各种艺术因素的聚合和向戏剧的转化，是在中国特殊的民间生活环境中完成的。

民间戏剧是一种综合性的艺术形式，同时它也是一种行为艺术，通过演员夸张和程式化的肢体动作、表情、对白和舞蹈来讲述故事，具有强烈的娱乐性。民间戏剧的一大特点是演员的非专业性，没有固定的剧本，也没有专业的剧本创作者，大多为即兴表演，传承方式多为口耳相传，极少使用文字。

2. 民间戏剧的类型

（1）傀儡戏（木偶戏）。

傀儡戏源自古代丧葬习俗中的俑人，最初的傀儡戏与丧葬习俗密切相关，后来才发展成为一种民间戏剧形式。

（2）皮影戏。

皮影戏是国家级非物质文化遗产，它是一种用兽皮或纸板剪制形象并借灯光照射所剪形象来表演故事的戏曲形式。其流行范围极为广泛，因各地所演的声腔不同而形成了多种多样的皮影戏。

（3）面具戏。

面具戏以藏族的藏戏、壮族的师公戏、土家族的傩戏为代表，大多产生于宗教性节日习俗，具有比较浓郁的宗教色彩。

（4）其他民间小戏。

包括花灯戏、花鼓戏、采茶戏、秧歌戏等。

3. 民间戏剧的美学特性

（1）假定性。

民间戏剧突出强调假定性，利用节奏、韵律、姿态对生活动作进行加工、抽象、美化之后，通过符号化、象征化、装饰化的表意手段在舞台上创造出带有强烈形式美感的情境，从而传达特定的情感体验。

（2）写意性。

民间戏剧表现生活不是写实的而是写意的，它不是对生活的模仿和照搬，而是对生活进行加工、抽象和美化。如马鞭抽打就表示驰骋千里，船桨摇摆就表示船行万里，几对兵丁就表示千军万马。

（3）程式性。

程式通常是夸张、放大并经过抽象、美化了的生活动作，它更加突出和集中，更加具备节奏感、韵律感和美感，因而更具表现力和舞台戏剧性。

（三）民间杂技

1. 民间杂技的概念

杂技是我国传统的民间艺术形式之一，有着3 000多年的发展历史，它扎根于灿烂的中华文明，有着深厚的文化底蕴，雅俗共赏，深受国内外观众的喜爱。我国传统杂技具有独特的精神风貌和审美趣味，它凭借肢体语言展示人的力量之美或人的形体之美，塑造直观具体的艺术形象，将客观物体抽象化、道具化，表现人与物的对抗，最终实现人与物的统一，传递出一种田园牧歌式的和谐。如抖空竹、转碟、顶碗、蹬板凳等都是对中国几千年农耕文明生产生活用具和生活情景的演绎，通过对生产生活用具的熟练掌握实现人与物的统一，刚柔并济、动静相宜，显示出农耕文明自给自足的内敛与和谐。

随着社会的进步，民间杂技从撂地表演到走上剧场舞台、从单一的技巧展示到如今多样化的表演形式，不断地借鉴、汲取其他艺术门类所长，让现代杂技逐渐发展为以技巧为核心、利用各种艺术手段、融合多种艺术风格的综合性艺术表演形式。

险、难、奇、谐是杂技审美的基本要素，杂技表演从道具动作的铺垫开始，就要向险的峰巅推进，如椅子顶，一个又一个椅子，以奇难的角度，斜飞般堆叠上去。但在险中却要求稳，动中又要求静，处处显示演员履险若平、冷静精确的技巧和千锤百炼的硬功夫。只有产生这种艺术效果，才算实现了杂技表演的美学追求。

2. 民间杂技的美学特性

（1）民族性。

民族性是一切艺术的生命与灵魂，也是一切艺术最为重要的美学特性。鲁迅先生曾说过："有地方色彩的，倒容易成为世界的，即为别国所注意。打出世界上去，即于中国之活动有利。"他所说的"地方色彩"，指的也是民族特色，因为地域文化是民族文化的重要组成部分，地方色彩愈鲜明，民族色彩就愈强烈。中国的杂技艺术鲜明的民族性是其重要的美学特性之一。我国民间杂技艺术历史十分悠久，新中国成立以后，党和国家也十分重视杂技艺术，建立起许多杂技艺术表演团体，它们经常出访世界各国，并在许多重大的国际杂技比赛中屡创佳绩、屡获殊荣。鲜明的民族风格，是它能走出国门，受到世界人民喜爱的重要原因。

（2）丰富性。

丰富性是民间杂技艺术另一大美学特性。杂技是在特定的环境中，运用各种道具，以高难和惊险的技巧为主要手段表演的人体技艺。杂技的内容丰富，形式多样，种类繁多。狭义的杂技包括蹬技、手技、顶技、踩技、车技、柔术（软功）、爬竿、走索（硬钢丝、软钢丝、绳索等）等；广义的杂技，除狭义的杂技项目以外，还包括口技、魔术、驯兽、滑稽表演等。按照表演环境与条件的不同还可以将杂技划分为舞台杂技、高空杂技、水上杂技、冰上杂技等。

（3）技巧性。

技巧性也是杂技艺术重要的美学特性之一。杂技是一种人体技巧艺术，所谓“技巧”，指的是较高的技能。杂技的技巧性，主要表现在两个方面：一是高难动作技巧，包括走钢丝、柔术（软功）、顶技、蹬技、手技等。如先后打破并创造5项走钢丝吉尼斯世界纪录的阿迪力·吾休尔，他被选定为中国民间文化遗产抢救工程形象大使，在为抢救民间文化遗产而组织的大型公益活动“极限之旅——探险天坑”中成功走过高666米、长661米的钢丝，在国内外引起轰动。二是惊险动作技巧，例如柯受良飞车跨黄河，是惊险万分的动作技巧，震惊了全世界。

知识拓展

“天山雄鹰”阿迪力“飞渡”黄河

第六节　民俗节庆

一、民俗节庆的概念

民俗节庆的起源可追溯到原始社会，当时生产力水平低下、巫术观念盛行，人们崇尚神灵、崇拜自然，相信世间万物由神灵掌管。因此，人们会在特定的时间暂时停下日常的劳作，以一种独特的行为方式祈求神灵的庇佑，寄托于所谓的神力，希望能与自然万物和谐共处。古人相信祥瑞吉兆、凶相恶兆，所以他们通过观察各种自然现象与天象周期的变化进行占卜，预测未来的事情。此外，节庆也源于古代季节气候，简单地说是由年、月、日与气候变化相结合排定的节气时令。我国先民很早就开始在耕作实践中运用天象、气象、物象来决定农时、农事，指导生产与安排生活，并发明和制定了历法。一年四季、十二个月、二十四节气、七十二候、三百六十天（约）构成了岁时节令的计算基础，以后发展起来的民俗传统节日与节庆，便在这种岁时节令中占据了突出位置。

民俗节庆并不是由单一因素组成的，而是由多种要素相互融合构成的。原始信仰、神话传说、古代历法都是孕育民俗节庆的源泉与沃土，人们对当下与未来生活的美好愿景则是民俗节庆发展的内在动因。

如今，旅游已逐渐融入人们的日常生活中，而民俗节庆旅游也已成为大众旅游不可缺少的一部分。民俗节庆之所以能与旅游融为一体，主要是因为两者的内在要素具有关联性，旅游的六要素“吃、住、行、游、购、娱”与民俗节庆的文化内涵和表现形式相契合。例如，王维在《九月九日忆山东兄弟》一诗中写道：“遥知兄弟登高处，遍插茱萸少一人。”这从侧面反映出在古代重阳节这天，人们会结伴出游、登高远眺、看景赏菊。现如今，民俗节庆旅游发展势头迅猛。例如，南京秦淮灯会、洛阳牡丹文化节、潍坊国际风筝会、自贡国际恐龙灯会等，这些不仅是成功的民俗节庆品牌，还创造了具有自身特色的民俗节庆产业链，不仅受到当地人民的喜爱，也获得了外地游客的青睐。这说明民俗节庆旅游是保障民俗活动顺利开展的关键要素，是打造民俗节庆旅游品牌的基石之一。

二、民俗节庆的功能

民俗节庆的功能互补多元，涉及文化、政治、经济和社会等多个领域。随着历史的发展，以及节庆形式的日益多样化、内容的日益多彩化，民俗节庆活动具有了不可低估的现实作用。

（一）激发民族自豪感

中华民族生生不息的历史表明，传统节庆文化有形与无形的内容都是几千年来在人们的精心培育下渐渐形成的。例如元宵观灯、清明戴柳、中秋赏月、重阳登高、年节守岁、鞭炮迎春等丰富多彩的娱乐活动，以及汤圆、月饼、粽子、年糕、饺子、馄饨、菊花酒等各具特色的节日食品，显然不是人们灵机一动或随遇而安的机械反映，也不是人们对自然物的简单模仿，而是人们认识和改造自然的必然结果，是“天人合一”观念的升华，是历代先人创造点化的直接与间接产物，能够大大激发中华民族当代传人的自豪感和自信心。

（二）增强民族认同感

民族认同感不是人类与生俱来的，而传统的民俗节庆活动可以通过渲染浓郁的民族文化氛围，潜移默化地使人产生一种积极的民族情感。这种共有的情感心理，实际上正是一种以文化认同为内容的民族认同，正所谓“海上生明月，天涯共此时”。此外，民俗节庆所负载的浓重文化色彩和丰富精神内涵，也是民族发展与文化进步的源头活水。

（三）提升民族文化素质

民俗节庆文化是重要的人文素质教育资源，通过民俗节庆活动这一独特灵活的途径，开展全方位、多侧面的人文素质教育，可以促进一个人的世界观、人生观、道德观、审美情趣的全面发展，并且全面地传达出人们心中的乐观和自信。通过相沿几千载的中华传统节庆文化，还能培养人们尊重历史、追念先人的历史意识。

三、民俗节庆的美学特性

节庆的非强制性说明节庆与人的本性密切相关。这个本性根源于人类特有的生命意识，根源于人对生命的自我发现和实现的强烈愿望，这种生命的自我实现必然带来精神生命的愉悦感即审美感受。

（一）愉悦性

人们在节日问候中经常会说到“万事如意”“节日快乐”，可见在对节庆的审美体验中总是包含着对愉悦性的感受和预期。也就是说，节庆审美作为一种体验，最重要的不是对现成的、实存的节庆要素的感受，而是在过节后有保留或回味的感受，这种“过节前”与“过节后”之间鲜明的区别感就是审美愉悦感。

（二）狂欢性

有人觉得狂欢就是大吃大喝，其实不然。虽然节庆中总伴随着宴饮，过去宴饮体现了对日常拮据状态的超越，但是这种超越并不是精神性的，因此不能说在宴饮中我们获得了一种审美愉悦感，宴饮带给我们的其实是欲望满足之后的快感。快感与美感最大的差别是快感具有不可传达的私人性质，而美感则具有可传达性和共享性的特征。因此，节庆中的狂欢主要体现为对现存社会秩序的解构所带来的精神满足感。

（三）神圣性

神圣经验完全不同于日常经验，置身于神圣世界之中，自然就会产生崇敬、圣洁、超凡等审美感受。而人类之所以需要神圣，是因为神圣总是和秩序密切相关。中华文明经历了漫长的社会变迁，其核心价值依然坚强地维系着。1912 年元旦，孙中山就任中华民国临时大总统，随即宣布废除旧历而改用公历，把公历一月一日定为新年。但民间根本不为所动，仍然在当年的 2 月 18 日（壬子年正月初一）过传统新年。节庆不能强制施行或废除，其根本原因就在于节庆中包含着一个民族、一种文化的核心价值，而且这一核心价值是经受了漫长的历史检验的。清明节、端午节和中秋节等节庆时令最终成为中国人的法定节日，就是因为这些节日中包含着中华文化的核心价值，这些核心价值因为其神圣性根本无法消解，也不应该消解，中国人正是在这些节庆的神圣性中建构起了自己独特的精神家园。

知识拓展

多姿多彩的各民族节庆赏析

第七节　民俗技艺

一、民俗技艺的概念

民俗技艺是指采用天然材料制作，具有鲜明的民族风格与地方特色的工艺品种和技艺，一般具有百年以上历史以及完整的工艺流程。民俗技艺是历史和文化的载体，具体包括雕塑、印染、刺绣、编织、陶器、服饰、首饰以及绢花、木版年画、风筝、剪纸、木偶、皮影、绒制工艺品、灯彩、面具、彩扎狮头、铜鼓乐器、民间玩具等。

民俗工艺品的制作特点是以手工为主，这与大机器时代的工业化生产形成了鲜明对比。手工的特点是不确定性、偶发性、灵感性，如果艺人有意为之，差异还会更大。因此，每件手工作品都是独一无二的，绝不会复制或再现。当然，手工制作也具有效率低、质量不稳定、随意性强等弊端。在 19 世纪到 20 世纪的很长一段时间里，中国的手工业（其中也包括民间艺术）遭遇了大工业产品的全面冲击，许多民间艺术的创作者都在摸索如何利用机器生产来增强民间艺术的竞争力，试图借助机器自动化流程，将一些简单的、重复性的工作安排在流水线上完成，仅关键部位的加工依然由经验丰富的艺人手工完成。

中国民俗技艺在很大程度上是由艺人掌握的手艺，主要是通过家族、师徒、行业协会传播。由于过去一门手艺往往决定着一个人甚至一个家族的生活前景，因此在有限的市场需求下，掌握手工艺的艺人自然将继承者限制在一个较小的范围内，“教会徒弟，饿死师傅”这句俗语的产生正是这种思想的体现。这种思想也限制了民间艺人相互交流技艺的动力和热情，因此在民间艺术的发展中，各门艺术的工艺特点多呈现出垂直的、代际传承发展的特点，缺乏横向的交流。这种方式有利有弊，从技艺发展的角度说，这使得民间艺术的发展历程中缺乏新鲜的刺激和突变；但从保留传统的角度说，这种方式也使得许多民间艺术形式保留了自己初始的特点，形成了中国民间工艺形式上的多元化和个性化特征。

二、民俗技艺的特点

（一）就地取材

制作民俗工艺品首选的材料一般都是当地所拥有的自然资源。如广西大化瑶族自治县贡川生产的传统纱纸就是以当地的一种纱树（也叫构树）的树皮作为原料进行制造的。凉山彝族漆器的胎骨完全是就地取材，当地人猎获的动物的皮角，是皮胎、角胎的来源；广阔的原始森林，是木胎、竹胎的来源。这些原材料都取自大自然，不会给人的生存环境造成污染，体现了人与自然和谐共存的生态美。

（二）固定的工艺流程

民俗技艺经过长期的发展，代代相传至今，其制作流程是较为固定的。一般情况下，在艺人们看来，工艺制作流程的每一个步骤和顺序都是神圣不可变动的，这也是保证手艺不走样并获得成功的先决条件。如广西钦州坭兴陶的制作流程包括取土、碎土、制备坯料、拉胚成型、修坯、阴干、检验毛坯、装饰、烧制、验收产品、磨光等，每一步都是有讲究的，顺序也不能随意变更。

（三）单一的保护方式

民俗技艺的保护方式是很单一的，主要有“传内不传外”的家传式，以及“口传心授”的师徒式，至于学得怎么样就要看个人的领悟能力了。从事手工业制作的艺人要想达到一定的水平都是靠多年的练习，从中积累丰富的经验，他们一般不善于表达和描述制作工艺的流程，徒弟们一般都是边看边学，有样学样，久而自通。

（四）较强的实用功能

民俗技艺与人们的生活息息相关，是人们在生产劳动中的创作，因此具有较强的实用性，也正因为这一特性，很多民俗技艺才能够保留至今。例如彝族漆器是彝族人日常生活所必需的物品，具有实用与审美的双重特性。许多漆器都有置底，这是为了放置稳当和便于移动；有的酒器附耳设柄，也是为了提携方便；餐具的造型也是依用途不一而各异的。

（五）地域的差异性

同一工艺种类因地域的不同而在取材和操作流程上也会有所不同。这从一个侧面反映了不同民族、不同地区生活方式和文化的差异。以云南白族造纸工艺与傣族造纸工艺为例，白族和傣族的造纸工艺在某些基础步骤上相似，但原料选择、具体工艺流程及蕴含的文化内涵则均有各自的特色。不同时代、不同地区的传统工艺带有不同的时代特色和地区特征，这样的多样性正是传统工艺的魅力所在。

三、民俗技艺的美学特性

（一）原生性

民俗技艺起源于劳动和生活，是人们在日常生活实践中不断积累和创作的艺术形式，因而它所反映的题材与人们的生活、生产、风俗习惯有着密切联系。在创作题材上，艺人们往往根据人的审美感受，采用象征、寓意的手法，对自然生活中最富有表现价值的部分进行创作。比如古代，人们常常怀揣生活美好、诸事遂心、婚姻美满、子孙满堂和财产丰富的愿望，以此为创作源泉，艺人们创作了印有“天官赐福”“一帆风顺”“车马平安”的木版年画，刻有“鸳鸯双喜”的木雕糕点模子，刻有“麒麟送子”的银锁项链，绣有“麻姑献寿”的刺绣挂屏，印有“佛手柑”“桃”“石榴”“葫芦万代”等自然物寓意多子多孙的蓝花布等。在日常生活中创造美，是中国民俗技艺传承中的重要美学价值观。

（二）写意性

中国传统艺术以写意为主，追求情景交融、虚实相生的优美意境，手工艺也不例外。艺人们在造型上往往注重意象，既不是对对象进行简单客观的描摹，也不是对主观意念进行随意拼合，而是主、客观世界相统一，在自然美、生活美和艺术美三方面达到高度和谐，凸显了中国传统的造物文化观和审美意境。以剪纸为例，民间艺人往往对自然形式进行艺术加工，通过形式表象的感官渲染和符号寓意传达的生动融合，使剪纸在生活中不但具有客观实用价值，而且以物寓情，利用传神、写意的手法形成了生动优美的意境，体现出较高的艺术价值。

（三）技巧性

巧是工匠一词的基本内涵。我国民俗技艺展现出高度的技巧性，它们通常以天然材料为基，通过代代相传的手工方式精心制作而成。这些技艺不仅要求艺人具备高超的手眼协调能力，还涉及复杂的工艺流程，如水密隔舱福船的精密构造、宣纸制作过程中细致的火候掌控以及糖画绘制的迅速准确。它们不仅融合了艺术美感与实用性，还体现了艺人们对材质特性的深刻理解和创作中的灵巧变化。每项技艺都是对传统智慧的致敬，是民族文化活态传承的生动展现。

（四）生态性

《周礼·考工记》中说“审曲面势，以饬五材，以辨民器，谓之百工”，手工艺讲究的就是取材应时，因材施艺，材美工巧。民俗技艺重视工艺材料的自然品质，主张运用天然、环保的材料，备料方式顺应大自然，工法多为手工或半自动化机械式。更重要的是，传统民艺和工艺的淳朴、谦逊、平和、感性、顺应自然，呼应了中国哲学中对人与人、人与自然的和谐的追求。人必须服从自然规律，回归自然之境。中国传统工艺设计在造型或装饰上提倡尊重材料的规定性，充分表现材料自身的特质。

知识拓展

永不凋谢的冬奥之花

第八节　酒店产品中的民俗体现

酒店作为“会说话的建筑”，应该重视地域民俗文化与历史文脉的传承与延续，这对传统文化的保护和弘扬有着重要的意义。

在酒店相关产品的设计上，主要可以从两个方面来体现民俗文化的美学特性。一是合理把握时代脉搏，用传统的材料与现代的工艺来完美诠释地域文化特色，即在传统的酒店设计基础之上，吸收当地文化特征与要素，使得酒店更具备民俗文化价值，拥有区别于其他传统酒店的自身特色。二是酒店应与周边的自然环境、人文艺术相协调、相适应。

一、打造地域特色

在酒店空间设计上要关注本地区的民族特色和风格以及一些典型的民俗印记，凸显地域特色的元素能提升酒店的辨识度。随着旅游市场的不断细分，酒店的品位和个性也成为吸引游客的一个重要因素，这也是地域特色酒店能够兴起的原因之一。因此在设计时，不仅要满足基础的酒店功能需要，美观大方、个性十足也是需要重点考虑的因素。由经济全球化导致的文化全球化也影响到了酒店设计领域，太多相似的设计使得酒店出现了模式化和样板化的趋势，失去了酒店设计本身的灵性。酒店设计应该充分考虑地域特色，在提供基础服务之外还要具备展示本土文化的功能。不同的自然条件、民俗习惯以及地理特征都应在酒店的空间设计中得以体现，只有富有个性的酒店才能给人们留下深刻印象。

二、运用民族特色

独特的民族元素是文化特征中最重要的设计灵感来源。每个民族都有自己独特的民族习惯和民族审美。酒店设计要灵活运用民族特色来突出地域风情。例如，不同的民族喜好不同的色彩，如汉族喜好喜庆热烈的红色，蒙古族偏爱蓝色、黄色等比较奔放跳跃的色彩，白族则偏好清新淡雅的白色和绿色，这与地理环境以及民俗习惯等都有关系。在酒店的空间色彩设计中，要想营造出富有地域特色的空间，就要与当地的民族风格紧密联系起来，描绘出具有独特个性和地域文化风格的民族色彩。

三、增加民俗文化元素

民俗特色反映在各民族的民居建筑、服饰、文娱活动、饮食、节庆、技艺等多方面。如果能将这些元素融入或点缀在酒店设计中，就能更加突出民俗特色，酒店也就更加具备民俗文化氛围，更能激发游客对于酒店的情感认同。例如，在公共区域设计中借鉴当地传统民居的庭院设计，在服务人员的制服设计中体现当地民族服饰的颜色、纹样或款式，在康乐活动的设计上吸收当地特色游艺活动，在餐饮中融入当地特色小吃或时令佳肴，在营销宣传上参与或筹办当地民俗节事活动，在文创产品设计中采用当地传统技术工艺等。民俗特色酒店设计需要设计者熟悉当地民俗风情，并且拥有传承民俗文化的愿望和能力，让酒店成为传承本土民俗特色的一个载体。在经济迅速发展的今天，作为设计者，更要重视设计中传统文化的回归，不断挖掘传统文化中被忽略的元素，用自身的专业素养发现传统文化中的精髓并且将其运用到设计中去。凭借提炼出的民俗特色元素，打造特色鲜明的民俗文化酒店，才能让游客收获非凡的体验。

整体而言，酒店在设计中融入民俗特色不仅是为了满足游客对于酒店的基本需求，更是为了使酒店成为传承地域民俗文化的一种载体并最终成为民俗文化的一部分，与其他建筑一起成为民俗风情的见证，让游客在休息的同时能够得到文化熏陶和美的感受。

知识拓展

大理喜洲行者上居酒店的民俗应用

案例与专题

体验乡愁——特色民宿简介

华服之美——中国酒店服饰欣赏

歌之咏之——中国旅游演艺现状

匠心之美——中国旅游工艺品欣赏

本章知识要点

本章介绍了民俗的概念、类型、形成原因和特征，民俗的美学特性，以及民俗文化中所包含的主要审美元素，包括传统民居、服饰、民间演艺、民俗节庆、民俗技艺等方面，并着重阐述了各民俗元素的美学特性及酒店产品中的民俗体现。

思考与讨论

1. 请概述民俗的美学特性。
2. 请简述传统民居的主要类型。
3. 请在我国少数民族服饰中找到你感兴趣的一种类型，并说明其特点。
4. 请在我国民俗节庆中找到你感兴趣的一种类型，并阐述它的起源。
5. 请查找一项非物质文化遗产民俗技艺，并简单介绍。
6. 请利用你所感兴趣的民俗文化元素为某酒店设计一款产品，并就设计灵感和理念进行简单介绍。

推荐阅读材料

1. 陈勤建. 中国民俗学. 上海：上海人民出版社，2017.
2. 王臣. 岁时书：古诗词里的中国节日. 北京：化学工业出版社，2019.
3. 林德汤. 民俗胜地. 北京：北京出版社，2020.
4. 杜学德. 民间演艺. 石家庄：河北人民出版社，2009.

柒

第七章

美食意趣：旅游生活中的饮食文化

本章导语

饮食文化是中华传统文化中的瑰宝，是旅游生活中不可或缺的重要组成部分，也是美学发展中不可或缺的一环。饮食文化旅游是由饮食文化带动的旅游，它将饮食文化与旅游活动相结合，以品尝美食、了解中国饮食文化为主要内容。加强对饮食文化美学特性、食物的美学意蕴、茶酒的美学意蕴等知识的了解，是提升美学鉴赏能力的重要途径；了解饮食文化流变及当今酒店企业在饮食文化传播、传承及创新方面的努力，有利于提升美学素养和增强职业认同感。

知识目标

了解中国饮食文化的原则和特征；

理解饮食文化的美学特性；

理解食物、茶酒的美学意蕴；

拓展学习中国饮食文化、茶文化及酒文化的相关知识。

素质目标

通过对中华传统饮食文化的学习，了解酒店企业在传承传统文化中的重要作用，强化对中华传统文化的认同和职业认同，增强文化自信。

重要术语

饮食文化　茶文化　酒文化

第一节 饮食文化概述

一、饮食文化的含义

随着人类社会的进步，饮食的社交属性逐渐凸显出来，“饮食”的含义早已突破了吃喝的范畴，更多的是一种人的自然属性和社会属性的共同体现。就其自然属性而言，饮食本身是人类生存的一种本性活动，是人为了生存而必须进行的行为。但在原料的获取与生产阶段、饮食的制作阶段、饮食食用阶段以及饮食禁忌、传统形成阶段，与饮食有关的一切都打上了深刻的文化印记。饮食与文化自然而然地发展出了密切的联系，一个民族的饮食规律能够反映出该民族的文化本质，而民族文化则承载和映射了该民族的饮食习惯。

饮食文化是指人们在饮食生产和消费过程中产生和发展起来的文化现象。饮食文化的含义有狭义和广义之分。狭义的饮食文化是指人们在长期的饮食消费过程中创造和积累的物质财富和精神财富的总和，是关于人们吃什么、怎么吃、为什么吃的学问，涉及饮食品种、饮食器具、饮食习俗及饮食服务等。广义的饮食文化则包括食物原料开发利用、食品制作和饮食消费过程中的技术、科学、艺术，以及以饮食为基础的习俗、传统、思想和哲学，是人们饮食生产和饮食生活的方式、过程、功能等组合而成的全部饮食事项的总和。

二、中国饮食文化的原则和特征

饮食文化包括物质文化、行为文化、制度文化与精神观念文化四个层面。饮食文化是在饮食的生产、食用和消费中自然产生和发展起来的。饮食文化广泛渗透于生活的各个领域。

由于世界各国和各民族文化本身具有差异性和独特性，因此各个国家和民族的饮食文化间也存在许多表象差异和深层差异。中国悠久而深远的历史文化，塑造了中华民族特有的、延续发展的饮食文化和内涵丰富的饮食思想，这种深厚的思想渊源，表现为中国饮食文化的四大原则以及四大特征。

（一）中国饮食文化的原则

1. 食医合一

食医作为极具中国特色的一种医疗形式早在远古时代就已产生。食医指古人从中医的角度来研究烹饪和饮食，结合中国传统哲学中的阴阳、五行以及传统医学中的性味归经等学说，以药食同源的理念为基础，通过饮食为人们治疗疾病、调理身体。

中医很早就认识到食物不仅能提供营养，还能治疗疾病。从现有文献中考证，我国的饮食疗法研究，早在先秦时代就已经具备了很完善的理论体系和实践案例。据《周礼・天官》记载，周朝时就已把宫廷医生按医疗性质分为多种类型。但食医在宋代以后就基本消失，或者融合到其他医种之中了。食医的一些理论如“五味相调”“性味相胜”“以类补类”“所宜所忌”等已被现代医学逐步接纳和运用。从“医食同源”的实践和理论中派生出了中国饮食思想的重要原则——食医合一，获取营养和医治疾病由此成为饮食最重要的两种功能。

2. 饮食养生

饮食养生源于医食同源的认识和食医合一的思想与实践，是旨在通过特定的饮食调理达到身体健康及长寿目的的理论和实践。中国古代的医学家很早就开始对饮食养生进行探索与实践了。东晋人葛洪提倡道家养生理论——“养生以不伤为本”，在饮食方面应当“不欲极饥而食，食不过饱”。唐代著名医药学家孟诜是与孙思邈齐名的唐代四大名医之一，其著作《食疗本草》是世界上现存最早的食养专著。他提倡的饮食养生法则与现代营养学的原理相一致，对我国和世界医学的发展做出了巨大贡献，被誉为世界饮食养生学的鼻祖。元明之际著名养生家贾铭不仅写出了专门论述饮食宜忌的专著《饮食须知》，而且身体力行，寿命逾百岁。近代医学家张锡纯在《医学衷中参西录》中也指出了饮食与养生的关系。他认为，饮食与养生都是围绕人的身体健康展开的，饮食不足或不当都会导致身体健康问题；饮食适宜有利于减少疾病的发生，达到健康长寿的目的。

3. 本味主张

“民以食为天，食以味为先，味以本为好。”注重原料的天然味性、讲求食物的自然之味是中华民族饮食文化很早就明确并不断丰富和发展的一个原则。从古至今，“味”的含义是在不断发展变化的。“味”的早期含义为滋味、美味，“滋”具有“美”的意思。触觉与味觉共同构成了“味”的内涵，也就是说“味”的早期含义中包含着味觉和触觉两个方面的感觉。中国古人认为性源于味，故对食物原料的天然味性极其重视。“本味”一词，首见于《吕氏春秋》的篇名，全书共160篇，“本味”就是其中一篇，它是我国第一篇对调味进行系统论述的文章。对本味论阐述最完善的是清代美食家袁枚，他从根本上发展并完善了本味论。袁枚非常重视食物的“本味”，指出“凡物各有先天，如人各有资禀”，“一物有一物之味，不可混而同之”。他希望制成的菜肴都能“使一物各献一性，一碗各成一味”。

4. 孔孟食道

所谓“孔孟食道”，即春秋战国时期孔子和孟子的饮食观点。孔、孟两人的思想具有明显的师承关系和高度的一致性，其追求的饮食风格是以养生为宗旨的简单和去奢华。

孔子的饮食思想和原则集中地体现在“食不厌精，脍不厌细”这八个字上。孔子生活的时代，无论是食物、烹调工具和方法，还是饮食习惯和风格都是比较简陋和粗糙的。孔子食道中的八字主张引申为日常生活中的一般原则，即食物原料的选择、加工、制作都要严肃认真并重视卫生，充分利用食物的天然物性，发挥技艺水平，使物性美的利用和食物加工技巧的发挥都达到最佳状态。孟子的饮食观念继承了孔子的理论与思想，他认为进食是否遵循礼仪是关乎食德的重大原则问题。孔孟食道是中国古代饮食文化中的伟大思想，是先秦以后两千余年中华民族传统饮食思想的主导与主体，也是现代中国人饮食生活实践的重要影响因素。

（二）中国饮食文化的主要特征

1. 历史延续性

中国饮食文化有着悠久而辉煌的历史。它起源于人类早期的觅食行为，历经石器时代的孕育和萌芽，到夏商周时期初步形成，秦汉到唐宋时期蓬勃发展，至明清时期成熟定型，最终进入近现代繁荣创新时期。每个时期，中国的饮食不论是在物质上还是在精神上，尤其是在饮食器具、原料、烹饪技法、产品、著述等方面都有自己的独特之处，并对世界饮食文化产生了巨大影响。中华文明具有历史延续性，作为中华文明的重要组成部分，中国饮食文化也同样具备该特征，是存在于现实中的最能反映中华文明历史延续性的一种文化。

2. 多类型交融性

中华民族的形成经历了从逐渐融合到巩固强化的过程，在这个过程中，生活在不同地理环境、社会环境中的人们的饮食文化也逐渐融合，形成了交融性显著的饮食文化。在有着广袤草原和草甸的中国东北和西北以及西南的部分区域，人们逐水草而居，诞生了游牧文明；临海而居的东部沿海及台湾地区，人们以海洋渔产为生，形成了海洋文明；广阔的内陆则是典型的农耕文明。中国饮食文化就是在这三种文明的相互交融、相互作用下形成的，呈现出类型众多、包容性强的特征。

3. 工艺多样性

中国饮食文化的繁荣与其复杂的烹饪工艺技术有着密不可分的关系。中国地大物博，生活在不同环境中的人们获取的饮食原料差异巨大，山珍、水产、谷物、肉奶等在不同的环境下，也具有了独特的属性。人们因地制宜，根据不同的物产创造出不同的烹饪工艺，并且在长期的饮食生产和生活中不断追求着烹饪技术的精益求精和复杂多样。例如东坡肉就有黄州、杭州、湖州、徐州、密州、眉州、儋州等多种做法，光是烧的技法就有红烧、白烧、干烧等。有些烹饪工艺技术是地方所特有的，如江西的瓦罐煨汤，鲁菜的扒，粤菜的焗等。随着快餐的快速发展和官府、宫廷等贵族饮食概念的淡化，尤其是烹饪工业化和标准化的发展，中国饮食文化的复杂工艺技术特征也逐渐弱化，容易操作、节约时间、规模化成为快节奏生活中各方对饮食烹调的基本要求。不过，随着人们个性化需求的增加、饮食非物质文化遗产的复兴、美食旅游的发展，一些面临失传的复杂的烹饪工艺技术得到了保护和新生，中国饮食文化中的复杂工艺技术特征依然突出。

4. 模糊性与科学性交织

在中餐饮食的制作过程中，主料、辅料、调料等用量的控制更多来自烹饪者的经验，尤其是火候的控制更是如此。人们在食用和消费过程中对菜肴的评价也没有固定的客观标准，而是以主观喜好和偏见为标准，这就形成了中国饮食文化中的模糊性特色。这不仅体现在饮食生产与消费上，还体现在饮食与其他领域的边界区分上。这一特征一方面是受阴阳五行等朴素哲学观念的影响，另一方面是因为饮食生产和审美的确需要时间的历练。直至今天，尽管食品科学的发展已经可以让饮食生产实现严格量化和程序化，但中国人在饮食生产中依然延续着模糊性这一理念。这不仅是因为传统的固化作用，而且是因为模糊性中其实有着一定的科学性。人们在饮食生产制作中依靠长期经验对原料和调料进行细微的调节，使中国饮食文化呈现出模糊性与科学性交织的特征。

第二节　饮食文化的美学特性

一、饮食美学的概念界定

“国以民为本，民以食为天。”人类不能没有食物，食物是人类的物质生活基础，而在这人类最为根本的生活基础之中也蕴含着人的审美意识和哲学思考。

饮食的美为人们的生活增添了色彩、情趣，它体现了人们对生活美的追求与享受。饮食的美是所有人都能体验和感知到的，但又常常为人所忽视。实际上，美早就孕育在饮食之中。东汉的许慎在《说文解字》中对“美”字的解释就是：“甘也。从羊，从大。羊在六畜主给膳也。”由此引申出了“羊大为美”的说法。美是从食物中提炼出来的感官愉悦，所以味之美可以说是所有美的基本。此后，关于饮食之美的词汇不断出现，如“美酒”“美食”“鲜美”“甜美”等，可见，人类的审美意识与饮食密切相关。

饮食活动涉及食品生产、流通、消费的全过程中发生的经济、管理、技术、科学、艺术、观念、习俗、礼仪等方面的各个环节。在这个过程中，美食作为一种审美产品，它不仅是审美的精神创造物，而且是物质的饮食消费品。一方面，各种美食要在一个庞大的社会文化体制下进行生产，在不同的餐饮文化背景下，不同的饮食美创造者会按照自己对饮食生活的理解、认识和体验，自由制作某种食品，并赋予其具体的社会价值和文化意义；另一方面，通过品尝美食，食客按照自己的审美情趣对餐饮产品及其饮食美学进行理解、把握，实现对美食的“观念再创作”，最终完成饮食审美活动。与此同时，欣赏者和消费者也通过对实际饮食审美对象的选择，表达了其对饮食美的需求趋向，为饮食美创造者的创新指明了方向。因此，饮食审美活动是在“饮食美的消费过程中产生新的饮食审美需要，驱动饮食审美生产的发展”中形成的一个动态循环、螺旋上升的发展机体。

饮食美学是以美学原理为指导，将美学与烹饪学、服务学、心理学、社会学、管理学以及艺术理论具体结合和有机统一，专门研究饮食领域的美及其审美规律的新兴交叉学科。饮食美学的审美规律涵盖了审美过程中客体的形态美、主体的审美过程及在此基础上形成的范畴美以及饮食制作过程中饮食美创造者的生存状态美。

二、饮食美学的本质

一个完整的饮食审美活动单元过程可以简述为人们通过其自由自觉的餐饮生产劳动将其本质力量物化到食品中，即人们按照自己的意志改变食物的状态，如食物的色、香、味、形等。食物是表现人餐饮生产劳动动态过程的载体。对食物的观照、欣赏，实质上是人们在自由的、有意识的餐饮生产实践中，将自己的理想目的向现实方面转化的过程，体现了人们创造的能动性，也是人们力量、智慧和才能的实现，从而产生了无限的喜悦，获得了精神上的满足，进一步获得了勇于创造、突破的热情和力量，并由此产生了美和美感。

三、饮食的美学特性

饮食美学是人类饮食生活审美活动的必然产物，是人类创造实践中的一个独特领域。饮食生活之所以能够进入美学领域，是因为它在本质上具备审美的要素，是一种独特的以视觉、听觉、味觉、嗅觉、触觉为中心展开的审美。因此，饮食审美无论从它的审美规律还是从它的审美性质来看，与传统的视听审美相比都有着本质区别。

（一）直觉性

直觉性是指饮食审美者在饮食美学的欣赏过程中，直观地对饮食审美对象进行赏评，这是一种融理性于感性之中的认识方式。如对于一道菜肴，饮食审美者不需要了解菜肴的营养和原料等信息，就能从它的颜色、香味、口感中获得美的感受。饮食美感的直觉性是一种既离不开感觉、直觉等感性内容，又区别于感性认识的理性思维。其根本原因在于饮食审美对象不仅有生动可感的具象，还有对应于饮食美感中的理性因素的内在本质和一定的生活内容。它们不是概念和逻辑推理，不是直接外露的，而是潜藏、沉淀在对美的感性形象的品评和体验之中。饮食美感之所以有这样的“融理性于感性”的直觉性，其深层次的原因在于它来源于人类长时期从机体需要出发，食用某类食物而逐步形成的对该类食物的审美评价。长此以往，人的饮食感受形成了适合人类生存和发展的饮食审美系统，并与人的思维功能的逻辑系统相辅相成，组成了思维功能的审美感性系统。此系统使人们在动态的饮食审美过程中，只需获取直观感受的信息，就能得出跨越理性判断的审美评价。

（二）功能性

功能性是指饮食审美活动所具有的社会功能目的，它来源于饮食审美对象的实用性和所表现的社会生活内容。饮食活动既有生理功能，又有心理功能，能同时给饮食审美者以维持生命的营养和美的感知。随着时代的进步，饮食活动在保证实用功能的基础上，会不断增强表现力和艺术感染力，促进精神功能的实现以充实饮食审美对象的美感内涵。伴随饮食审美实践的长期发展，人们饮食需求的层次越来越高，不断从纯粹的生理需求向心理需求上升，使得饮食活动的实用功能性成为饮食美感的潜在内容。

（三）综合性

综合性是指在饮食审美活动中需要凭借多种审美感官在整体上对饮食进行审美评价。每道菜肴都有其独特的味、香、色、形、器等方面的美感，对应于人们在味觉、嗅觉、视觉、触觉等方面的感官活动。这是饮食美感的基础构成要素，要获得更深层次的感受，还需要在此基础上形成一系列高级审美心理过程，如想象、理解，以提升饮食美感。因此，饮食美感是由各种美的形式、因素综合而成的，它指向人的饮食审美的五官机能，指向感性和理性相一致的精神感受，从而形成多层次、多侧面的饮食审美感受，有助于饮食审美者从整体上把握饮食的美。比如就餐地点的环境美，就是非由食物直接激发的美感。温馨的灯光、典雅的家具、精致的观赏品、动听的音乐、独具匠心的设计以及科学的菜点安排与服务节奏，能有效提升饮食审美的综合效应，给就餐者的情绪带来积极影响。此时各种感觉所引起的生理、心理活动和周围的情景互相融合，形成饮食审美的最佳境界。

（四）差异性

差异性是指不同的人对同一个饮食审美对象所产生的审美感受是不同的。造成饮食审美个体差异的主要原因是不同的审美者在饮食审美的过程中，其感觉会受到自身的生活习惯和偏好等因素影响，从而对饮食审美对象产生不同的审美评价。个人的饮食习惯、饮食态度、饮食文化、生活环境、经历、兴趣、修养、个性、气质、潜能等因素，均会对其饮食审美标准产生影响。此外，同一饮食主体的饮食审美标准也会伴随时间和空间的改变而发生变化。随着社会经济的发展和文化观念等方面的变化，无论个人还是民族、地区，其饮食审美标准都处在变动之中，不会永远固定不变，而是始终带有开放的特点。从全人类视角而言，人类饮食习惯的改变大体上呈现出以下趋向：从崇尚浓厚到喜爱清淡，从偏爱肉食到喜欢素食，从繁复到简单、注重方便，从注重美味到讲究营养等。饮食主体的心境、所处环境以及生理状况的不同也会影响其饮食审美能力和饮食审美效果。饮食美感的产生是饮食主体的生理感觉和心理活动协同配合的结果，任何一个环节的变化，都会给饮食审美带来影响。

四、饮食美学的特征

（一）实用性与审美性统一

从定义来看，饮食美学属于实用美学的领域。它研究的对象有别于传统哲学、美学所研究的抽象、理想的客体，是人们每天为了生存而体验的客观食物，且其审美过程是具体而实际的，是根据单纯的生理经验进行理论上的升华与美学思考，分析内在的本质与规律，提升审美经验。所以，饮食美学是实用性与审美性相结合的科学。

（二）交叉性和综合性统一

饮食美学是味觉、视觉、嗅觉、触觉、听觉的相互渗透，是哲学、美学、心理学、社会学的相互交叉，是烹饪工艺学、烹饪原料学、饮食文化学、营养学与美学的相互融合，也能够体现出立体造型艺术与平面造型艺术的相互作用。所以，饮食美学是与自然科学、社会科学及艺术科学综合而形成的交叉学科。

（三）功能美与形式美统一

饮食美作为人类物质生活领域的美，具有功能美与形式美交融统一的内涵和本质特征，而且由内而外地呈现出来。“内”即为食物本身的营养、卫生与社交审美功能的实用性；“外”即为食物呈现形式的审美性。饮食的功能美孕育于饮食美学的内在实用性，因此，饮食的实用性是作为功能美的内核而存在的。饮食的形式美是功能美不可或缺的表达方式。饮食的功能美与形式美统一得越好，饮食形式美越能体现出其实用功能，就越能作为饮食审美对象而被饮食审美者感知、接受和欣赏。

（四）静态观赏与动态参与统一

虽然对饮食审美对象形式美的欣赏可以像艺术审美过程一样在知觉静观中完成，但对饮食审美对象功能美的深层体验则需要知觉与动觉的配合、感知与食用的统一。因为饮食美欣赏者必须通过食用的手段才能完成其视觉、听觉、味觉、嗅觉、触觉综合的审美过程，形成完整的饮食审美体验。食用的动态性将饮食美提升到“审美”的境界。正是因为这种动态参与性，饮食存在的价值和必要性才大大增加。也正是因为这种人人都能享受的食用价值，饮食美才令人既乐于创造，又喜于接受，从而产生了广泛而深刻的社会效应。

（五）易逝性与永久性统一

由于食用这一根本功能属性，饮食美不能像其他艺术品那样具有永久的审美价值。饮食美随着欣赏者的动态性欣赏——“食用”而物理消亡，这种特征即为饮食美的易逝性。但与此同时，从美感的心理要素来说，饮食活动的综合感官审美经验却能通过“即时欣赏”和“追思回味”在饮食活动中得到升华，引起人的丰富想象，诱发人的强烈兴趣，使人产生深刻的印象，并长久地保留在人们的记忆中，从而体现出饮食美的永久性。

（六）现实性与发展性统一

饮食美既是从千千万万食品具体的、生动的形象中提炼出的抽象逻辑性概念，又是随着社会进步、科技进步以及由此推动的价值观念、审美观念的发展而变化的发展性概念。新技术、新材料、新工艺、新需求不断出现，会带来食品功能与形式的开拓，发展出饮食美的新形态。因此，饮食美的具体内涵会随着人类饮食生活实践活动的不断拓展、不断深化而呈现出与时俱进的特征。如在物质匮乏的年代，饮食美的内涵是以饮食功能美为重心，兼顾以清洁卫生为标准的“简朴”饮食形式美；而到了物质充裕、精神发展的时期，饮食美的内涵则发展为以饮食功能美为基础，以全方位、多角度的饮食形式美为载体，追求饮食功能美与形式美的完美统一。因此，饮食美不是一个固定的、僵死不变的式样，而是典型的与时代现实性、时代发展性相结合的产物。

五、饮食美学的功用

任何一门科学的兴起和发展都是因为它具有实用价值。在中国饮食美学实践发展的过程中，曾出现过一味追求饮食的形式美，造成对食物的浪费和过分加工等现象，充分引起了餐饮界的注意和反思。餐饮工作者将美学规律自觉运用于饮食生产过程和社会生活中，使人的饮食美创造和饮食美欣赏达到实用性和艺术性的统一，而这正是饮食美学的功用之所在。

（一）弘扬中国饮食文化

中国饮食文化是中华民族灿烂文化的一部分，是我国民族文化的宝贵财产。中华民族在寻求自身发展的历史长河中，以卓绝的智慧创造了世界闻名的物质与精神文化，其中就包括体现人类顽强生存力的饮食文化。在中国饮食文化中，蕴含着中华民族的审美趣味、审美心理和审美意识。因此，研究饮食美学，既是对我国饮食文化成就、经验的理论概括，也是对我国传统民族文化的弘扬、继承和发展，有助于增强中华民族的自信心与自尊心，提升民族自豪感。

知识拓展

中国味道征服世界

（二）促进饮食产业发展

饮食美学通过指导餐饮生产实践，提高餐饮企业产品综合价值，满足人们物质与精神上的双重需求。餐饮企业在餐饮产品的生产过程中，注重将食物内在功能价值和外在美学价值有机结合，使饮食美学与生产科学相互结合、相互渗透，有利于餐饮业的进步与发展。饮食美学一方面能促使人们将积淀在头脑中的审美意识、艺术规律调动出来去创造饮食美；另一方面要求餐饮企业充分运用先进科技作为餐饮产品生产的物质手段，在保证食品营养、卫生等基础功能的同时，追求饮食活动全过程的审美化。饮食美学使饮食不仅仅作为一种满足人的生存需要的物质而存在，还能基于其物质外壳下蕴藏的丰富的美的内涵，成为一种陶冶人的性情、愉悦人的精神的审美活动。

（三）普及民众审美教育

饮食美学是对民众进行审美教育的一种有效手段。饮食美学凭借其频繁性、普遍性、基础性，以美的形象感知为手段，以美感心理运动为中介，潜移默化地熏陶和提升人们的审美能力，培养人们的感受力、想象力、理解力，启悟人们的人生价值观，塑造人们的人格境界，最终使人们成为真正全面而自由发展的人。

总之，饮食美学融科学、美学于一体，构建了人类饮食生活的科学思维和美学思维交叉融合的新思维方式，并以此更好地解释饮食美学的基本问题和饮食文化领域许多复杂的审美现象。

第三节　食物的美学意蕴

一、食物美学的概念与内涵

美，是一切艺术对人的吸引力的不竭源泉，食物美学也不例外，它不仅能给人带来美好的味觉体验，也能将视觉、嗅觉等方面的美好感受传递给饮食者。烹饪艺术集造型、色彩、滋味及实用性于一身，借鉴画家、雕刻家的艺术技巧，通过刀工、调味、烹制、拼盘及雕刻等手段，将菜点的实用性与审美价值融于一体，并予以发扬、传承。

中国传统美学强调真、善、美一致的原则，这一原则始终贯穿于烹饪艺术的构思和制作中。饮食美由一定的审美要素构成，这些要素具有多种不同的类型和档次，继而产生了相应的美感效应。饮食美由“饮食真”“饮食善”及生动可感的形象构成。真实是艺术的生命。美学理论认为，“真”是客体对象的认识价值，在烹饪方面体现为食物原料之真和烹饪工艺之真。食物原料之真主要体现在食物原料的形状、色泽、气味、味道、质地及营养成分等自然属性及烹饪过程中的选料规律和变化规律上。刀工技艺、配菜方法以及火候控制都体现出烹饪工艺之真，具体来说就是在原料准备过程中遵循刀工处理技法的一系列规律；在配菜过程中依循将食物原料相互搭配成菜、成席的营养规律及相关规律，同时遵循一系列提升食品感官状态的要素搭配的形式美规律，比如均齐与渐次、对称与均衡、比例与匀称、对比与调和、节奏与韵律、多样与统一，利用各种食物原料的天然色泽、适宜的形状进行合理搭配，形成和谐统一的菜肴；在餐饮生产过程中遵循掌控火候的相关规律，有利于菜肴色泽、香气的形成及品质的提高。味道的调和有利于原料提香、增香、去除异味并形成复合味。“善”就是对人体有利有益，有营养，讲卫生，既讲求对健康有帮助，又讲究经济实惠。食物之善包括三个元素——营养保健、个人享受及社会交往，旨在使人通过饮食达到自我、本我及他我的和谐统一。食物美学是在虚实之间，通过构思和一系列艺术表现手段，唤起人们的审美情感。食品与饮食过程会通过色、形、声等物质载体表现出来，形成相应的静态和动态形象。静态层面的“色彩动人、造型生动、香气宜人、卫生营养、味道美好、质感极佳”和“优雅适宜的就餐环境、协调美观的食器搭配”以及动态层面饮食活动所呈现出的“和谐的节奏感、雅致的情绪”综合构成了食物美学的感知形象。

二、食物美学意蕴的构成

中国饮食文化审美观念中蕴含着“天人合一”的思想，以此构建食物的物质形态和精神形态，最终体现为食物的美学意蕴。具体而言，食物的美学意蕴主要体现在以下十个方面：质感美、味道美、触感美、香气美、色泽美、形态美、器皿美、环境美、秩序美和趣味美。

（一）质感美

“质感美”是指食品良好的营养与卫生状态所呈现出来的功能之美和品质之美，它要求食品原料和成品营养丰富、质地精良，并且这一标准贯穿于饮食活动全过程，传统的“养助益充”“食疗养生”等营养理论所言即是如此。《黄帝内经·素问》中记载的古人“五谷为养，五果为助，五畜为益，五菜为充”的配膳思路，体现了食物多样化及膳食平衡的搭配原则。

（二）味道美

味道美是指美食直接作用于人的味觉而带给人的美妙感受。食以味为主，味道美是食物美的主导因素。它要求通过新鲜食材的合理搭配，使各种味道在有机配合过程中，符合美学规律，体现出适口、合时的特点。

（三）触感美

“触感美”是指在进食过程中食品的物质组织结构性能作用于口腔所带给人的口感享受。中国烹饪中有许多经久不衰的准则，如多用鲜活、鲜嫩的原料；酥烂脱骨而不失其形、滑酥爽脆而不失其味的火功等。这些都是提升食物“触感美”的长期经验总结。

（四）香气美

“香气美”是指食品以香气刺激人的鼻腔上部嗅觉细胞所带给人的嗅觉享受。香气，来自饮食中的挥发性物质，它会带来嗅觉上的愉悦感，诱发食欲的产生。袁枚曾说过：“嘉肴到目、到鼻，色臭便有不同……其芬芳之气，亦扑鼻而来，不必齿决之，舌尝之，而后知其妙也。”“香气美”既可以分为天然香和烹饪香，也可以分为浓香、清香、芳香、醇香、异香、鲜香、甘香、幽香、干香等。

（五）色泽美

“色泽美”即食品外观色泽的美感，它能给人以直观的第一印象。色泽美由食品原料的色泽与调味品的增色等构成，它会影响人的心情和情绪。赏心悦目的配色会使人形成美好愉悦的第一印象，是构成饮食形式美的首要因素。食品色彩的不同搭配会给就餐者带来不同的就餐体验与审美享受。调和色、对比色及同类色的运用，以及色彩冷与暖、明与暗的点缀搭配，能够产生生动、悦目的效果。

（六）形态美

“形态美”是指食品在其主、辅料成熟后的外表状态、造型、图案和内在结构等方面所呈现出的视觉美。形态美是中国饮食历来关注的焦点，在饮食美中具有特殊魅力。饮食的形态美往往体现为自然形态、有规律的组合形态（几何形态）以及象形形态，现代饮食的形态美，往往体现为一种恰到好处的自然之美、和谐之美。

（七）器皿美

“器皿美”是指食品与其盛装之器的搭配方面所呈现出的美感。器皿在饮食活动中具有举足轻重的地位，中国饮食器皿的发展，经过原始陶器阶段、青铜器阶段、漆器阶段，发展到瓷器时代达到鼎盛。饮食器皿种类繁多、造型多样、千姿百态，并且中国饮食讲究“因食施器”——不同的食物配以不同的器具，既方便实用，又相互映衬、相得益彰。

（八）环境美

“环境美”是指就餐环境布置格局所呈现出的美感。优美的餐厅环境、别致的台面设计，会给就餐者的情绪带来积极影响，给人以美的享受。在自然环境和优美风光的配合下，美景与美食相辅相成，风光美和饮食美会充分调动人的审美器官，使人们的审美情绪与感受达到更高层次。

（九）秩序美

“秩序美”是指一桌菜肴或筵席在原料、温度、色泽、味型、浓淡等方面的合理搭配，以及上菜的科学顺序、宴饮设计和饮食过程的和谐与节奏化程序所呈现出的美。袁枚在其《随园食单》中曾记述：“上菜之法：盐者宜先，淡者宜后；浓者宜先，薄者宜后；……且天下原有五味，不可以咸之一味概之。”饮食的秩序有味序、质序、触序、香序、色序、形序及器序等，通过“序”的科学组合，充分体现“秩序美”，可以使整个宴饮过程或进食过程和谐、有节奏。

（十）趣味美

“趣味美”是指饮食活动中愉快的情趣和高雅的格调所呈现出的美。在饮食中辅以适当的文娱活动，对于增进气氛、调动情绪大有裨益。趣味美是饮食美的最高表现，是其他饮食审美形式的升华与统一。例如，在筵席过程中播放适宜的音乐佐餐，与就餐气氛相融合，能使就餐者产生共鸣，给人带来美好的就餐体验。

三、中餐的美学意蕴

民以食为天，世界上任何一个国家和民族都有自己传统的饮食文明。每个地区都有其与众不同的饮食习惯和味觉倾向，并将这些独特的习惯发展成了一种习俗、一种文化。中国，作为一个拥有悠久文明历史的国度，这里有令人向往的山珍海味，有令人回味的美味佳肴，来自五湖四海的食材和调味品触动着亿万人的神经和味蕾。

在中国饮食文化长期的发展进程中，饮食活动自始至终都充满了美学内容、遵循着美的规律：从先秦时期的“强调美善统一”，两汉时期的“形成综合性食美”，唐宋时期的“善均五味，追求意趣”，以及明清时期的“兼容并蓄”，到今天的“饮食必意趣”，中国饮食文化有其民族特质和特有的审美情趣，即不但讲究色、香、味、形等菜肴单体美感，还强调其序、境、趣等饮食活动整体美感。

中餐八大菜系各具特色，亦体现出不同的美感与意蕴。其中，鲁菜是中国覆盖面最广的地方风味菜系，具有鲜、嫩、香、脆的口味特点，调味醇正。胶东沿海地区的比目鱼，通过多种刀工的处理和使用不同的技法，可烹制为数十道美味佳肴，色、香、味、形各具特色。九转大肠、奶汤蒲菜、葱烧海参等地方名菜，体现出了鲁菜质朴浑厚的大气之美。川菜尤善用味，自古讲究“五味调和”“以味为本”，可用调料调出 20 多种味型，享有“一菜一格，百菜百味”的美誉。四川境内沃野千里，江河纵横，物产富庶，被称为“天府之国”，这里烹饪原料多且广。四川饮食讲究滋味，注重对优良调味品的种植和高质量调味品的生产酿造。与烹饪和筵席关系密切的川茶川酒，其优良品质举世公认。基于此，川菜的美学特征可以概括为粗犷中见丰富多彩，质朴中见灵动秀润。淮扬菜（苏菜体系中重要的一支）追求本味、清鲜平和，菜品风格雅丽、形质均美，素有“东南第一佳味”之美誉。淮扬菜用料广泛，江苏为鱼米之乡，物产丰饶，饮食资源丰富，江鲜、河鲜及海鲜产品出产丰富，优良佳蔬、名特产品及珍禽野味多样，这些都为淮扬菜提供了雄厚的物质基础。淮扬菜重视菜肴本味，强调“鲜”；注重调味变化，巧用淮盐，善用蕈、糟、醇酒、红曲、虾籽等调和五味，不离清鲜本色；重视火候，具有鲜、香、脆、嫩等特点；重色泽和形态，要求菜肴和谐悦目、清新多姿、色彩缤纷、浓淡适度，菜肴色泽主要取自主、辅料自然色。淮扬菜造型精巧美观、生动逼真，通过运用切配、烹调、装盘、点缀等手法，以及卷、包、酿、刻等精湛的刀工技法，使菜肴达到色、香、味、形俱佳的效果。淮扬菜整体呈现出优雅之美，以精湛绝伦之技术，依乎自然、顺乎人意，显示出精神与物质相统一之境界，可谓中国饮食文化中的“阳春白雪”。粤菜以选料广博、菜肴新颖奇异著称。粤菜烹饪博采众长，配料精巧，讲究在模仿中创新，味重清、鲜、爽、滑、嫩、脆，调味遍及酸、甜、苦、辣、咸、鲜，菜肴有香、酥、脆、肥、浓之别，“五滋六味”俱全。粤菜一方面注重质和味，力求清中求鲜、淡中求美，随季节时令而变化；另一方面又富丽堂皇、华丽奇异，具有浓重的西洋风格和时代感。

知识拓展

中国八大菜系及其特点

第四节　茶酒的美学意蕴

一、茶的美学意蕴

中国是茶的故乡，这里孕育了最古老的茶树，也造就了琳琅满目的茶叶品种。茶是从茶树上采摘的鲜叶经过加工制作而成的一种有益于人体健康的饮料，是世界上著名的三大饮料之一。“茶之为饮，发乎神农氏，闻于鲁周公。”唐代陆羽所著《茶经》对茶的起源、茶的制作、饮茶的茶具、茶的煮法、茶的饮法、茶的产地、饮茶风俗及茶的特点等进行了详细介绍，其诞生是我国茶历史上具有划时代意义的大事。宋徽宗撰写了关于茶的专论《大观茶论》，孙中山先生说“茶为文明国所既知已用之一种饮料……就茶言之，是为最合卫生、最优美之人类饮料”，这无不说明，古往今来，名人雅士对饮茶有着特别的情怀。

如今的茶文化酒店、茶文化民宿及茶文化

宴会等，无不体现出中国千百年来茶文化厚植的底蕴。人们在饮茶的过程中，不仅能够体会到品茶的真味，达到养生保健的目的，还能喝出茶的境界，体悟到人生的智慧，而奉茶或品茶的过程中，也蕴藏着无与伦比的美学意蕴。茶艺融合了茶的品质、泡茶的艺术，以及品茶的美学感受，将饮茶的静态美与动态美进行综合，表现在人、茶、水、具、境、艺等诸多方面。茶的美学意蕴，将茶的自然美与人格美兼而并之，延伸到人的情怀、修养，并在泡茶、饮茶活动中融入某种礼法教育思想，实现茶艺精神的升华。

茶艺是传递茶的美学意蕴的重要载体。茶艺中的茶，更是表达茶的美学意蕴不可或缺的重要因素。

知识拓展

十大名茶的感官体验

茶具也是茶艺的重要组成部分。茶艺中的茶具承载着泡茶、饮茶的重要使命。茶具的类型多样，不同茶具在色泽、质地、造型等方面也不尽相同。对于茶艺表演而言，简洁、自然、朴素的茶具最具天然美，如紫砂陶器、瓷器等茶具，取材于泥土，饰以色彩、纹样，茶艺无形的美学意蕴通过有形的茶具传递出来，展现出人与自然和谐统一的亲近感。

茶的美学意蕴也体现在茶艺的境界与礼仪中。龙井茶香、虎跑水溢，相得益彰，“竹露松风蕉叶雨，茶烟琴韵读书声”。茶艺之境，也体现为人之心境合一。在泡茶、饮茶过程中逐渐内化而形成的操作技艺和礼节礼仪，谓之“茶艺礼仪”。在茶艺表演中，茶叶的选择、茶量的控制、水温的调适、恰如其分的表演，成就了一场场意蕴深远的美学体验。

二、酒的美学意蕴

中国是世界上最早酿酒的国家之一，也是世界三大酒系的发源地之一。无论是古籍文献还是出土文物，均体现出中国丰富、独特的“酒文化”，传达着中国酒文化所具有的审美意蕴。屈原《九歌·东皇太一》中就有“蕙肴蒸兮兰藉，奠桂酒兮椒浆”之句。在中国上下五千年的发展历程中，“酒”承载了浓厚的世俗韵味与独特的礼仪价值，孕育了具有东方特点的酒文化。北魏贾思勰所著《齐民要术》中记录了多种曲、酒的酿造方法，对当时的酿酒工艺和经验进行了详细的介绍。唐代的李白、杜甫、白居易、杜牧及宋代的苏轼等，都有脍炙人口的关于酒的诗篇流传至今，千百年来被反复吟诵。

酒的美学意蕴主要体现为酒品与酒具之美、酒感与酒意之美，以及酒风和酒德之美。饮酒始于选定酒品，好酒还需与精美的器具相搭配，好的酒具可以为观察酒色、挂杯程度及闻香的过程增色，以酒具为载体，品评者可以对酒进行全面的感官体验——这是一种综合的美感。筵席上甘醇的美酒盛满于夜光杯之中，盛大的筵席经过酒器的渲染更加令人陶醉。香气四溢的美酒与精巧绝伦的酒具相映生辉，这是颇为惬意、令人心旷神怡的搭配。王翰诗云“葡萄美酒夜光杯”，李贺所云“琉璃钟，琥珀浓”……酒具的美感对应着不同的心理需求，体现了不同的文化层次。酒具的造型之美是中国酒文化的重要元素。早在商周陶器和甲骨文中就已见关于酒具的记载。《诗经·周南·卷耳》记录了“金罍”和“兕觥”两种材质、样式不同的大容量酒具，“酒”字原型“酉”即为酒坛的象形。先秦两汉的陶制和青铜酒具大多兼有礼器的功用，其造型的端庄高雅体现了中国审美观念中的均衡之美。高雅之士的精觥美壶、平民百姓的粗杯浅盏、隐居高士的随身葫芦、豪杰义士的巨盅海碗甚至持瓶抱坛，酒具在很大程度上成了个性情感和审美标准的象征。

酒感和酒意是“酒”之美的两个境界。酒感是对酒味的直接感受，酒意是对酒的心理体验。酒感重在从观酒、闻酒到品酒的感官体验；酒意则是饮酒过程中，细尝酒味后达到的内心触动，乃至进入人生哲理的思虑。而不同的酒，其酒感也大有不同。在中国，最具特色、最有代表性的粮食酒是白酒和黄酒。由于原料和酿造工艺的不同，白酒形成了不同的香型与风格特点。对白酒香型的鉴赏成为对酒的主要美学活动之一。清香型特点为酒气清香芬芳、醇厚绵软、甘润爽口、酒味纯净；浓香型特点为饮时芳香浓郁、甘绵适口，饮后尤香、回味悠长，可以概括为“香、甜、浓、净”；酱香型特点是香而不艳、低而不淡、香气幽雅、回味绵长，杯空香气犹存；米香型特点在于米香清柔、幽雅纯净、入口绵甜、回味怡畅；其他还有兼香型、特香型等香型。黄酒，则是以糯米、粳米、玉米和黍米等粮谷类为原料，经酒药、麸曲发酵压榨而成，因其颜色黄亮而得名，属于低度发酵的原汁酒。依据制作地、用料、酿造工艺和风味特点的不同，可将黄酒分为三种类型：一是江南糯米黄酒，色泽深黄带红，香气浓郁，味道醇厚鲜美，饮后令人神情怡畅，代表名品是浙江绍兴的加饭酒；二是福建红曲黄酒，酒味芬芳、醇和柔润，以福建老酒和龙岩沉缸酒为代表；三是黍米黄酒，酒液浓郁、清香爽口，以山东即墨黄酒最负盛名，是中国北方黄酒的主要品种。

酒意如诗意，是饮酒的最高境界。酒意体现在“美酒融合美景”的意境上，比如“醉翁之意不在酒，在乎山水之间也”；也体现在品酒者之间的情感交融上，比如白居易“晚来天欲雪，能饮一杯无?”的雪天相邀，以及《三国演义》中青梅煮酒论英雄的试探与惺惺相惜。

酒风和酒德之美是传统道德礼义之美在饮酒中的体现。在中国文化中，酒自古就与礼仪密不可分。除了敬天祭祖的仪式，日常生活中的酒礼也有具体的规矩。酒风、酒德的美感是中国传统文士人格美的体现，将其人品、性情和风度之美展现得淋漓尽致。

第五节　酒店饮食文化的传承与创新

纵观我国饮食文化的发展和变化，从古至今，食材不断丰富，烹饪技艺逐渐提升，工具日益精良。不同区域根据当地的自然环境、食材资源形成了独有的饮食体系，而酒店就是这些饮食体系具象化的终端。店面或大或小，口味或浓或淡，菜品或多或寡，都装进了生活的酸甜苦辣。时至今日，餐饮业发展已经趋于完善，人们已经不仅仅局限于在酒店内就餐，更加多元化的模式和选择呈现在消费者面前。酒店本身也随之发生变化，从之前的只提供饮食，到如今提供丰富多样的服务，酒店装修和就餐环境也在推陈出新。传统饮食的传承和新兴菜品的创新推动着我国餐饮业的发展，而餐饮业的发展在一定程度上也反映出我国经济发展的脉络和居民生活水平的提升。

纪录片《舌尖上的中国》和《风味人间》的热播，展现出国人对中华传统饮食文化回归的渴望与共鸣。而在民众日常生活中，当今酒店企业已成为传播美好生活方式的重要载体，伴随经济发展水平的提升以及人民对美好生活需求的增进，酒店企业餐饮产品在传承地方特色、弘扬历史文化方面的作用越来越重要。多年以来，酒店一方面保持着对饮食历史文化的传承，这对于解码当地文化基因功不可没；另一方面积极开展餐饮产品创新，这对于吸引顾客、保持酒店企业产品的优势有着极为重要的作用。

传承是基础，创新是发展，遵循“不忘初心、秉承匠心”的宗旨，富于创造力的厨师们，挖掘传统菜肴背后的文化内涵，从档案典籍中寻觅传统菜式和烹饪技法，以现代方式对传统菜肴进行全新演绎，将经典与创意进行融合，在融合中体现纯粹，西材中用、中菜西制，美食与美器结合，食用性和艺术性兼具，进行餐饮产品创新。他们遵循“创新不忘本，传统不守旧”原则，以古法重新演绎经典菜肴，突出食材本身的鲜味，以最传统的手法、最时尚的摆盘，延续着传统菜肴的生命力。

知识拓展

大董意境菜

传承是以原汁原味再现传统文化精髓，而创新则是在广泛学习的基础上兼容并蓄的深耕发展。回顾 2016 年 G20 杭州峰会国宴接待中的菜品，大多是杭州历史名菜，但又融入了一些新的烹调技巧，显得更有时代气息。其中，清汤松茸选取了正值采摘季的松茸，浓香润口，应了“不食不时”的中国饮食传统；东坡牛扒采用江南名菜东坡肉的做法，尊重宾客饮食习惯把猪肉替换成牛肉，味醇汁浓、香糯不腻。整席餐具以西湖山水为核心设计元素，与主背景和主桌台面融为一体、相得益彰；在器型设计上以西湖十景为原型，地域特色鲜明；在画面设计上以浙派水墨山水技法表现雷峰塔、保俶塔、苏堤等西湖景致，突出烟雨西湖的朦胧美感；适当以金边银线作为点缀，营造中国气韵。

在广东顺德，自古以来就有烹制美食的传统，其饮食文化有着极为深厚的历史文化积淀。顺德菜以清、鲜、爽、嫩、滑为特色，讲究原汁原味、清淡鲜甜。品尝真味，是顺德饮食的精髓。文化积淀深厚、内涵丰富的顺德菜肴，同时还具有形式美的特点。近年来，当地酒店企业通过文化因素的挖掘与开发，研究色、香、味、形的完美统一，将食品视为艺术品，将绘画、雕塑、乐舞乃至诗词等艺术作品的创作、创新精神运用到饮食制作过程中，创作出备受广大消费者喜欢的名馔佳肴，实现了从技术到艺术的质的飞跃。

知识拓展

特色菜肴登央视　开元酒店成厨王争霸超级厨房

近年来，浙江开展“诗画浙江·百县千碗”美食推广活动，各地酒店、餐饮企业在挖掘当地、饮食文化的基础上，以传承为基、以创新为线，推广了一大批地方美食，弘扬了地方饮食文化，给当地居民、游客带来了一场场味觉、视觉、嗅觉的绝佳体验。在浙江新昌，当地业界将“百县千碗”与“浙东唐诗之路”深度融合，深入挖掘和传承民间具有浓郁民俗特色、本土气息的农家菜肴，推出了浸染诗词之美又有新昌特色美食的“天姥唐诗宴”。天姥唐诗宴用唐诗来赋名，不用高档食材，全部就地取材，让那些曾经或者依然存在于我们生活中的美食，再次呈现在大家的眼前。如回山的茭白、沙溪的鸭、镜岭的螺蛳、长诏的鱼……不仅有诗意的菜名，且每道菜品的做法尽量跟古人的生活贴近，拉近了现代食客与唐代诗人们“舌尖上的距离”，令人有吃完一顿唐诗宴，腹有诗书气自华的感觉。

案例与专题

由滋味而趣味——中国饮食文化的流变

一盏茶一壶酒——中国茶酒文化简介

美食始于美器——酒店饮食器具审美

舌尖上的中国——中国饮食文化的传播

本章知识要点

本章对饮食文化的原则与特征、饮食文化的美学特性、食物的美学意蕴、茶酒的美学意蕴以及酒店饮食文化的传承与创新进行了介绍，从中可以领略中国饮食文化的流变、食物美学与茶酒美学的魅力，了解酒店饮食文化的传播。

思考与讨论

1. 通过本章课程内容学习，你对饮食文化的美学特性与美学意蕴有何看法？

2. 中国饮食文化博大精深，无论是食物、茶酒还是器皿，均可以升华、凝结为一定的美学符号，对其传承与创新也任重道远，对此谈谈你的想法。

3. 你对哪个地方的菜系比较感兴趣？其背后有着怎样的饮食源起与传承？

4. 古往今来，与饮食有关的诗词歌赋传递出独具中国特色的美学意蕴，在你心目中，与饮食有关的美好意境是怎样的？

5. 美食、好茶、美酒构成了我们日常生活中不可缺少的美学元素，选择你喜欢的一道菜、一款酒或茶，谈谈你对其中蕴含的美学意蕴的理解。

推荐阅读材料

1. 央视纪录片《舌尖上的中国》。
2. 纪录片《风味人间》。
3. 梁实秋. 雅舍谈吃. 天津：天津人民出版社，2018.
4. 汪曾祺. 汪曾祺散文集：人间知味. 长春：时代文艺出版社，2018.
5. 逯耀东. 寒夜客来. 北京：生活·读书·新知三联书店，2021.

捌

第八章

人间风物：旅游生活中的文脉华章

本章导语

旅游文学全方位地反映了当时当地的自然资源、人文特征和社会生活。人类旅游活动的兴起与文学创作有着紧密的联系。长期的旅游活动促进了旅游文学创作的繁荣，旅游文学也反过来促进了旅游活动的发展。可以说在旅游发展过程中旅游文学的作用是巨大的，而核心因素就是旅游文学作品中所描写的景物对于旅游者来说具有特殊的诱惑力。中国民族文化一直有崇古、尚文的传统，不管是历史古迹还是名山大川，甚至于花草鱼虫、石头字画，都有经典文学作品传世。旅游文学作品成为这些景观的代言者，用独特的形式影响着千百年来的旅游者，意义深远。也可以说，旅游文学的创作与传播过程本身就是一种对旅游资源的抽象开发过程。

知识目标

了解旅游文学的主要特征；

理解山水诗词的美学特性；

理解山水游记的美学特性；

理解楹联的美学特性；

理解并赏析戏曲的艺术性；

能够结合各种旅游文学形式进行旅游和酒店产品的开发创新。

素质目标

通过对中国旅游文学的学习与了解，体会传统文学之美，提高审美修养，传承优秀文化，增强文化自信。

重要术语

文学　旅游文学　诗词　山水游记　楹联　戏曲

第一节 旅游文学概述

文学是指以语言文字为工具，借助各种修辞以及表现手法形象化地反映客观现实的艺术，主要表现形式有诗歌、散文、戏曲、小说、楹联、民间传说、歌谣等。文化是旅游的灵魂，品位高雅的旅游文学是旅游文化的精华和骨干。在那些描绘自然人文景观的诗词游记中，有许多脍炙人口的名篇佳作，它们以其独特而不朽的艺术魅力，丰富了旅游生活的审美内涵。

一、旅游文学的含义

旅游文学是反映旅游生活的文学。它主要从旅游者的角度出发，对山川风物等自然景观以及文物古迹、民俗风情等人文景观进行描绘，表达作者在旅游过程中的所见、所闻、所思、所感，是反映旅游者的思想、情感和审美情趣的文字。

旅游文学是对旅游资源的自然美、艺术美、人文美的综合呈现，既是对地文景观、水域风光、生物生态、天文气候景观等自然旅游资源的反映，也是对遗址遗迹、建筑与设施景观、旅游商品景观、人文活动等人文旅游资源的写照，是旅游观赏过程的有机组成部分，在促进旅游业的发展中具有重要意义。

二、旅游文学的发展

旅游是人类社会发展到一定阶段的社会活动。旅游活动是旅游文学产生的基础。旅游文学是随着文学的发展和旅游生活的展开而萌芽、发展、成熟的，经历了一个漫长的孕育过程。

先秦时期是我国旅游文学的萌芽阶段，这一时期以《诗经》与《楚辞》为代表的诗歌已经记载了不少对山水的描述歌咏。《诗经》，我国第一部诗歌总集，其中反映了多种多样的旅游生活。例如对于山岳，有“山有扶苏，隰有荷华”“泰山岩岩，鲁邦所詹”“崧高维岳，骏极于天”等诗句。这种比喻和夸张的描写手法，使得这些诗句具有了相当浓厚的文学审美意味。《诗经》中的关关雎鸠、灼灼桃花、苍苍蒹葭、依依杨柳等，成为当时人们求偶、婚庆、渴望、思恋等情感的美好寄托与象征。

《诗经·郑风·溱洧》描绘了三月上巳节的游春盛况，男女青年也借机互诉衷曲，体现了旅游文学的雏形："溱与洧，方涣涣兮。士与女，方秉蕑兮。女曰观乎？士曰既且。且往观乎！洧之外，洵訏且乐。维士与女，伊其相谑，赠之以勺药。"

《论语·先进》中"莫春者，春服既成，冠者五六人，童子六七人，浴乎沂，风乎舞雩，咏而归"的描写，抒发了春日出游的畅快感受及逍遥自在的生活理想，充满诗情画意。

《论语·雍也》中还记载了孔子的"山水比德"观念："知者乐水，仁者乐山。"孔子看重山水所体现的精神气质，从中发现了山水与人的契合之点，并认为人可以从中得到启迪、陶冶性情，使人格美和自然美高度契合。"山水比德"作为对大自然的审美认识，强调道德价值、情感价值、理性价值，在中国文化史上产生了很大影响。

总体来看，先秦两汉时期，对自然景物和出游的描写还只是作品中的一个组成部分，山水主要是抒情言志的手段。在后来的发展过程中，人们的旅游活动逐渐进入文学的描述范畴，游赏的成分逐渐增加。

东汉建安十二年（207年）曹操的《观沧海》被认为是中国现存第一首完整的山水诗。到魏晋南北朝时期，旅游文学才真正产生并日臻兴盛。谢灵运是第一个全力在诗里写山水的诗人。骈文中写山水较早而成就突出的，有南朝鲍照、陶弘景等人，其文章文笔清丽，描写生动，皆可作游记观。郦道元的《水经注》虽然是地理人文科学专著，但也有许多记叙名胜风物的优美篇章。

唐代是我国旅游文学的重要发展期。柳宗元以《永州八记》为代表的一系列作品，在图画般再现自然景物的同时，把自己的情怀寄托于其中，开创了我国游记的一种传统。唐代旅游诗歌杰作层出不穷，几乎所有重要诗人都有旅游诗作传世。王维着力表现自然景色的静美；李白以变幻多姿的手法、浪漫大胆的想象与夸张，对祖国雄奇壮丽、清纯明秀的山河景色进行了描绘与歌咏；杜甫以精致的笔触描写了景物的多姿多彩，也融进了身世之慨和忧国忧民之情；张若虚的《春江花月夜》，尽情赞叹了春、江、花、月、夜的奇丽景色，将真挚感人的离别情绪与对人生哲理的追求、对宇宙奥秘的探索结合起来，从而汇成一种情、景、理交融的幽美而邈远的意境，达到了"孤篇压倒全唐"的艺术境界。唐代旅游诗歌题材广泛，风格多样，形式精美，意境深远，是我国诗歌创作的巅峰。

宋代的旅游词是旅游文学的又一座高峰。柳永描写了前人很少涉笔的都市风光、市井生活，扩大了旅游文学的视野和题材。辛弃疾既写城市的繁华，又写乡村的美好，是宋代大词人中旅游词数量较多的。开山水游玩说理一途的，有王安石《游褒禅山记》、苏轼《石钟山记》等。这些作品描写景物名胜、记叙古迹风俗，山水形象和游览经历更加突出，旅游的色彩更浓了。

元代散曲是一种独具特色的文体，尤其是小令短小精悍，灵活多变，写景、记游、怀古成为表现的主要内容。以马致远、张养浩、张可久等人为代表，其作品语言通俗，笔调清淡，充满诗情画意。如马致远《天净沙·秋思》一曲，传诵千古："枯藤老树昏鸦，小桥流水人家，古道西风瘦马。夕阳西下，断肠人在天涯。"整篇一气呵成，以几个富有秋日特征的景物点题，让读者看到了一幅绝妙的秋郊夕照图。此外，刘因、赵孟頫、虞集、萨都剌等人以各自的经历，从不同的角度，借记游咏物而抒发故国之思、黍离之悲，寄托了生活的理想。

明代中晚期是中国旅游文学的兴盛期。首先是出现了中国古代最杰出的地理专著《徐霞客游记》，该书记述了作者的考察经历，描写了地形地貌，文笔生动，风格清雅，被誉为"古今纪游第一"。其次是涌现了一大批山水小品，不拘形式、任意抒写，隽秀生动、趣味盎然，代表作家有袁宏道、张岱等。园林山水成为欣赏的对象，旅游文学面貌焕然一新。

清代旅游文学创作活跃，在着重表现自然之美上继承了明代传统，涌现出如姚鼐的《登泰山记》、方苞的《游雁荡记》、恽敬的《游庐山记》等一批佳作。以袁枚为代表的山水田园诗歌、以龚自珍为代表的杂感式游记都是清代旅游文学创作的巅峰。清代的旅游文学已经完全是自觉的旅游文学了，有许多纯粹的观赏游览之作。在清代小说进一步发展的推动之下，出现了以描述游程中见闻的小说，如刘鹗的《老残游记》等，说明清代的旅游文学较之前代又有了重要发展。

近代旅游文学发生了较大变化。内容上，海外旅游题材的作品大幅度增加，写奇异风光，更写风俗民情。代表作家诗歌方面如黄遵宪，散文方面如康有为、黎庶昌。形式上，出现了梁启超倡导的"新文体"，诗文中运用了大量俚语、韵语和新词。

到了现代，旅游文学的成就主要是游记，可分为两类。一类是沿袭近代海外游记一路，主要以政治、经济、文化、风俗为描写对象，著名作家有徐志摩、萧乾、刘海粟、瞿秋白、邹韬奋等。另一类是国内游记，主要描写名山胜水，更多地继承了我国传统山水游记的风格，著名作家有郁达夫、朱自清、钟敬文等。

三、旅游文学的特征

知识性、思想性和审美性是旅游文学的主要特征。

（一）知识性

旅游是人们获取知识的途径之一。以旅游现象、旅游生活为题材的旅游文学，能为人们提供丰富的自然科学、人文科学及社会科学知识，起到了传播知识的重要作用，体现了旅游文学作品的知识性特征。

1. 自然科学知识

自然科学以自然为研究对象，而自然也是旅游文学的重要描述对象之一，因此在旅游文学作品中包含着作者游踪所及的具体多样的自然科学知识。

《徐霞客游记》主要按日记述作者旅行观察所得，对地理、水文、地质、植物等现象均做了详细记录，是系统考察中国地貌地质的开山之作，在地理学方面有着重要价值。如《蝴蝶泉》一文中写道："泉上大树，当四月初即发，花如蛱蝶，须翅栩然，与生蝶无异。又有真蝶千万，连须钩足，自树巅倒悬而下，及于泉面，缤纷络绎，五色焕然。游人俱从此月，群而观之，过五月乃已。"文字鲜明具体地反映了大理苍山云弄峰下蝴蝶泉的奇观胜景。

宗学义在《题敦煌鸣沙山月牙泉联》中写道："沙岭晴鸣，百丈金峰开绣壤；月泉晓澈，千秋玉镜照灵岩。"此联描述了在荒漠沙丘中，由于各种气候和地理因素的影响，众多沙粒在气流中旋转，发出响声的鸣沙现象，以及月牙泉在千百年的流沙横飞中安然无恙，与鸣沙山长期共存的奇幻景色。

三峡之所以闻名中外，首功应当归于北魏的郦道元。他在《三峡》中仅用一百多字，就为读者刻画出了三峡的秀美景色，如："春冬之时，则素湍绿潭，回清倒影。绝巘多生怪柏，悬泉瀑布，飞漱其间。清荣峻茂，良多趣味。每至晴初霜旦，林寒涧肃，常有高猿长啸，属引凄异。空谷传响，哀转久绝。"整篇文章行文流畅，文字简洁，但让人对三峡的山水景观和四季风貌都有了清晰的了解。

2. 人文科学知识

人文科学是主要研究人本身或与个体精神直接相关的信仰、情感、心态、理想、道德、审美、意义、价值等的各门科学的总称。旅游文学作品中包含了丰富的文学、历史学、哲学、艺术等人文科学知识。如朱彝尊《游晋祠记》详细介绍了晋祠周围的山水地形，又有历史事件的旁征博引，记述简约而知识丰富，让读者能见晋祠概貌、长历史知识。再如郑振铎的游记《云冈》，详细介绍了云冈石窟的起始衰落和大小洞窟的艺术风格，使读者能够更加清楚地了解这一雕刻博物馆的石窟艺术，向读者传递了丰富的传统文化知识。

3. 社会科学知识

社会科学以社会为研究对象，其目标在于认识各种社会现象并尽可能找出它们之间的关联。旅游文学作品能给读者提供与观赏客体有关的种种社会科学知识与信息，包括经济学、政治学、行政学、军事学、伦理学、社会学、管理学、公共关系学、民族学、民俗学等方面的丰富内容。如赵藩的"攻心联"："能攻心则反侧自消，从古知兵非好战；不审势即宽严皆误，后来治蜀要深思。"从"攻心"和"审势"的角度，对诸葛亮用兵和施政的经验做了辩证的、实事求是的高度概括，让人们回顾诸葛亮治蜀的往事，思索治国的道理，其中即包含着社会学、政治学、管理学的内容。

（二）思想性

思想性是旅游文学作品的灵魂，是作家的世界观、政治修养、思想倾向的反映。旅游文学作品通过对自然景观和人文景观的描写，反映了作家对于现实和生活的思考、认识，体现出鲜明的爱憎。好的旅游文学应该弘扬爱国思想、提振精气神、集聚正能量。

1. 传承文化，弘扬爱国情怀

旅游文学作品通过对祖国大好河山、悠久历史的描写，体现以爱国主义为核心的民族精神，有助于激发旅游者的爱国情感，能够直接形象地给予人们爱国主义教育。在旅游文学作品中，既有吞吐日月的大海，“东临碣石，以观沧海。水何澹澹，山岛竦峙。树木丛生，百草丰茂。秋风萧瑟，洪波涌起”（曹操《观沧海》），也有雄伟壮丽的山岳，“造化钟神秀，阴阳割昏晓。荡胸生曾云，决眦入归鸟。会当凌绝顶，一览众山小”（杜甫《望岳》），透过诗词文章，祖国大好河山尽收眼底，使读者民族自豪感油然而生，深化了对祖国的真挚感情。

2. 关怀现实，担负社会责任

旅游文学作品具有强烈的现实品格、深沉的家园情怀。无论是忧国忧民的情绪、济时救世的抱负，还是对民族团结的维护等，都包含着深刻的社会内容。如杜甫在《蜀相》一诗中写道：“三顾频烦天下计，两朝开济老臣心。出师未捷身先死，长使英雄泪满襟。”此诗抒发了诗人对诸葛亮才智品德的崇敬和功业未遂的感慨，既有对历史的评说，又有现实的寓托，表达了诗人对国家命运的关切。范仲淹在《岳阳楼记》中，以自己“先天下之忧而忧，后天下之乐而乐”的济世情怀和乐观精神，超越了单纯写山水楼观的狭境，将自然界的晦明变化、风雨阴晴和“迁客骚人”的览物之情结合起来，提升了文章的境界，寄托了作者“以天下为己任”的政治抱负。

3. 积极向上，激发昂扬斗志

很多旅游文学作品表现出作者博大的胸怀、崇高的思想境界、百折不挠的奋进精神，传递出正面、积极的力量，给人带来激励和鼓舞。如王昌龄《从军行七首・其四》：“青海长云暗雪山，孤城遥望玉门关。黄沙百战穿金甲，不破楼兰终不还。”诗中有边塞古城的萧瑟暗淡在先，更有保家卫国的坚定誓言在后，衬托出战士们坚忍不拔、矢志不渝的爱国主义精神。又如刘禹锡《秋词二首・其一》：“自古逢秋悲寂寥，我言秋日胜春朝。晴空一鹤排云上，便引诗情到碧霄。”诗人一反历来悲秋的情调，以奔放的热情、生动的画面，热情赞美秋日风光的美好，唱出了一首昂扬奋发的励志之歌。还有郑燮的

《竹石》："咬定青山不放松，立根原在破岩中。千磨万击还坚劲，任尔东西南北风。"诗中着力表现了竹子扎根山石、历经磨难而又顽强执着的品质。表面写竹，其实自喻，表达作者刚正不阿、正直不屈、铁骨铮铮的品质，同时带给我们生命的感动，在曲折恶劣的环境中，竹子无畏无惧、顽强勇敢，展现出坚定乐观的精神面貌。

（三）审美性

旅游活动首先是精神审美活动，旅游过程就是追求美的过程。而文学本身就是一种给人以美感的艺术形式，所以旅游文学更是以发现美、表现美为其重要特征。美丽的山水、美好的风物、美妙的故事，都给旅游者以美的感受。旅游者用文学语言表达出来，就成为具有丰富美感的旅游文学作品。

1. 绚丽多姿的审美对象

旅游文学作品以自然人文景物及其审美欣赏活动为主要描写对象，借以表现山水的自然美，反映民俗风情的社会美，表达建筑、雕塑、书法、绘画的艺术美等。面对同样的客观对象，由于作者性格情趣的不同和经历感受的差异，其作品会体现出不同的审美格调。春日落花，既可以是陶渊明笔下"芳草鲜美，落英缤纷"的桃源美景，也可以是李煜"流水落花春去也"的离国悲戚；可以是刘眘虚"时有落花至，远随流水香"的清新田园山水，也可以是曹雪芹笔下林黛玉"一朝春尽红颜老，花落人亡两不知"的郁郁伤怀。

2. 情景交融的美学意蕴

在旅游文学创作中，情景交融是最普通、最常见的一种表现手法。刘勰的《文心雕龙》中说："物色之动，心亦摇焉。"审美主体看到不同的自然景色，会产生不同的情绪和情感活动。作者在观赏自然景物时，会"联类不穷"，也会"情以物迁"，形成丰富的联想和复杂的情感。如杜甫《登高》："风急天高猿啸哀，渚清沙白鸟飞回。无边落木萧萧下，不尽长江滚滚来。万里悲秋常作客，百年多病独登台。艰难苦恨繁霜鬓，潦倒新停浊酒杯。"前四句写景，述登高见闻，紧扣秋天的季节特色，描绘了江边空旷寂寥的景致。后四句抒情，写登高所感，抒发了作者身世飘零、年迈多病的悲哀之情。但面对相似的现实，刘禹锡的《酬乐天扬州初逢席上见赠》却给人截然不同的感受：沉舟侧畔千帆过，病树前头万木春。他与朋友相互劝慰、相互鼓励，一洗伤感低沉情调，尽显慷慨激昂气概，不仅反映了深刻的人生哲理，也具有很强的艺术感染力。

3. 丰富多样的审美体验

旅游文学作者在观赏景物、游览胜迹时，总有一种审美体验渗透其中。这种感受因景物而生，但又受时代背景及旅游者自身生活经历、艺术修养及写作个性的影响。所以面对同样的景观，无论是自然景观还是人文景观，作者往往都会受到不同的触动，从而产生不同的审美体验。

有的作者在游览山水景观、历史胜迹之时，有感而发，表达一种对于现实社会的政治关注与面向历史的深思幽怀，忧患意识与审美相结合，体现了中国古代旅游文学作品崇高、悲壮、沉郁的格调，有强烈的美感力量。宋代豪放派词人辛弃疾在《水龙吟·登建康赏心亭》里，发出“把吴钩看了，阑干拍遍，无人会、登临意”的感慨。词作以无际楚天与滚滚长江为背景，境界阔大，抒发了家国之恨和乡关之思，借历史人物表达自己以天下为己任的抱负，叹惜流年如水，壮志成灰，流下英雄热泪。“一代通儒”顾炎武《嵩山》诗云：“老柏摇新翠，幽花茁晚春。岂知巢许窟，多有济时人。”诗人通过描绘山势、山景，引述神话传说，写出了中岳嵩山古老神奇的风貌，表达了诗人在明末清初动荡的时代背景下匡时救世的志向和高洁的品格，充满了慷慨悲壮之音。

有的作者则注重从山水中体会闲适之趣，感受山水中的性灵精神，他们面对山水时往往会抒发一种与自然相融合的愉悦情感。如白居易的《冷泉亭记》，无论是春天的“草薰薰”“木欣欣”，还是夏夜的“泉渟渟”“风泠泠”，都令人再无“眼耳之尘，心舌之垢”的烦恼，乐天居士沉浸于山水之美、逍遥自适的雅士形象也跃然纸上。韦应物的《滁州西涧》也是一篇脍炙人口的写景七绝：“独怜幽草涧边生，上有黄鹂深树鸣。春潮带雨晚来急，野渡无人舟自横。”景物虽然平常，但经诗人的点染，却成了一幅意境幽深的有韵之画，也表达了作者随缘自适、怡然自得的开朗和豁达心境。

风景名胜与旅游文学作品相映生辉，是文化和旅游相互融合、相互映衬的典型表现。自然山水往往因诗词文章而彰显其灵秀，优美的文字也能使旅游者获得高雅的审美情趣。最典型的例子莫如湖北黄州赤壁了。江汉一带沿江叫赤壁的地方有好几处，哪一处是赤壁之战的赤壁，南北朝以来一直争论不休。宋以降黄州赤壁说占了上风，真正给它扬名的，不是“周郎一炬”，而是“苏子两游”。黄州赤壁本与三国古战场赤壁毫无关系，但自从大文豪苏轼谪居黄州，在此写了《赤壁赋》和《念奴娇·赤壁怀古》后，黄州赤壁名声大振，甚至超过了蒲圻赤壁，被称作“东坡赤壁”或“文赤壁”，成为旅游胜地。

知识拓展

林语堂.《苏东坡》第十六章《赤壁赋》. 喜马拉雅 App，2018-07-08.

与此相类似的还有苏州寒山寺与张继的《枫桥夜泊》、长沙岳麓山爱晚亭与杜牧的《山行》、安徽滁州醉翁亭与欧阳修的《醉翁亭记》、四川绵阳子云亭与刘禹锡的《陋室铭》、山西永济鹳雀楼与王之涣的《登鹳雀楼》、浙江绍兴沈园与陆游的《钗头凤·红酥手》等，都属景借文显。假如没有那些传诵古今的诗文，景也难以蜚声天下。

总之，旅游文学无论是在陶冶人们的情操、提供认识世界的途径方面，还是在宣传名胜景点、激发旅游热情方面，以及在促进现代旅游事业的发展方面，都具有重大的价值。

第二节　山水诗词和旅游审美

一、诗词体例

中国古典诗歌从格律上可分为古体诗和近体诗。

古体诗又称“古诗”或“古风”，是一种自由体或半自由体的诗，除了押韵之外不受任何格律的束缚，句数没有限定，不要求对仗，不讲求平仄，既可押平声韵，也可押仄声韵。

近体诗，又称今体诗、格律诗，是初唐之后形成并定格的一种诗歌体裁，包括律诗和绝句。近体诗的句数、字数都有严格的要求，讲究平仄、对仗和押韵。

律诗是近体诗的一种，用韵、平仄、对仗，都有许多讲究。由于格律严密，所以称为律诗。律诗有以下特点：以 8 句为定格，五律每句 5 字，共 40 字；七律每句 7 字，共 56 字。每首 10 句以上者，则为排律或长律。律诗中两句相配，称为一联，共四联，分别称为首联、颔联、颈联、尾联。颔联和颈联的上句叫“出句”，下句叫“对句”。中间两联除特殊情况外必须对仗，首尾两联可不对仗。同联的两句必须平仄相对，联与联之间必须平仄相粘。一般来说，诗韵必须押平声韵，且讲究一韵到底，中途不可换韵。

绝句即“绝诗”，也称“截句”“断句”，定格仅有 4 句，比律诗的字数少一半，以五言和七言为主，简称“五绝”“七绝”。绝句有古绝、律绝两类。古绝可以用仄韵。即使是押平韵的，也不受近体诗平仄规则的束缚。律绝是律诗兴起以后才有的，古绝在律诗出现以前就有了。律绝跟律诗一样，押韵限用平声韵脚，并且依照律句的平仄，讲究粘对。

词是形成于唐代的文学样式，最初称为“曲词”或“曲子词”，这是由词的入乐性质而起的。由于参差错落、长短不齐的句式特点，词又称“长短句”。又因为被视为诗的别体，词也被称为“诗余”。

词是依谱歌唱的，写词时所依据的乐谱、乐调数目繁多，每种词调都有特定的名称，称为“词牌”。词牌，就是词的格式的名称。不同的词牌在句数、每句的字数、平仄上有不同的规定。一首词一定有词牌，但是题目可以有，也可以没有。

曲终叫作阕。一阕，表示曲子到此告终。因此，乐曲一首叫作一阕，一首词的一段亦称一阕，前一段称“上阕”，后一段称“下阕”。

二、山水诗词的美学特性

诗词以富于节奏和韵律感的语言，描绘自然山水风光，汇成千古江山的历史艺术画卷，抒发了诗人的思想情怀。它濯心灵、冶性情，蕴含着宝贵的审美价值。从旅游审美的角度分析，山水诗词至少会在以下几个方面对旅游者产生积极的影响：典型形象美、诗情画意美、哲理内涵美。

（一）典型形象美

在诗词中，对相关景物形象的描写，大都具有艺术化或典型化的特征。游客不管是到江河、湖泊、三山五岳观光，还是到历史古迹、园林花圃览胜；不管是听涛观潮，还是赏月看花……都能读到、听到或者联想到一些耳熟能详、脍炙人口的诗词。在身临其境的同时，品味相关的诗词歌赋，不仅能够提高游兴，更能丰富景观的审美价值，提高审美理解水平。

譬如，旅游者去河北昌黎县登碣石山远观渤海，或者到北戴河海滨的鹰角石观看海上日出，自然会联想到曹操的《观沧海》。这首史称“碣石篇”的绝唱，据说是“魏公北征乌桓时作”。诗中对秋风阵吹和波涛摇荡的动态描写，对群山耸立和植被葱茏的静态描写，构成了一种动静结合的景观；随后对日月银河出没大海的描写，生动而形象地展现出沧海博大的胸怀和天地交融的壮观景象。面对此情此景，现代旅游者往往还会联想起毛泽东的《浪淘沙·北戴河》：“大雨落幽燕，白浪滔天，秦皇岛外打鱼船。一片汪洋都不见，知向谁边？往事越千年，魏武挥鞭，东临碣石有遗篇。萧瑟秋风今又是，换了人间。”上阕重在描写实景，下阕重在怀古喻今；前者展现的是雨中的海景或海上的雨景，后者强调的是曹操的功业与文才以及作者欣然自得的感慨。对旅游者来讲，在身历其境的同时吟咏这些佳作，一定会有新的感悟，在一定程度上可以拓展我们的审美感受和理解。

游客在饱览山水名胜时，能够很直观地感受到诗词赋予景物的典型形象美。譬如，游长江三峡，自然会联想到李白的《早发白帝城》：“朝辞白帝彩云间，千里江陵一日还。两岸猿声啼不住，轻舟已过万重山。”若春游西湖白堤，自然会联想到白居易的《钱塘湖春行》：“孤山寺北贾亭西，水面初平云脚低。几处早莺争暖树，谁家新燕啄春泥。乱花渐欲迷人眼，浅草才能没马蹄。最爱湖东行不足，绿杨阴里白沙堤。”于农历六月观赏杭州的曲院风荷，自然会联想到杨万里的《晓出净慈寺送林子方》：“毕竟西湖六月中，风光不与四时同。接天莲叶无穷碧，映日荷花别样红。”若登泰山，自然会联想到杜甫的《望岳》：“岱宗夫如何？齐鲁青未了。造化钟神秀，阴阳割昏晓。荡胸生曾云，决眦入归鸟。会当凌绝顶，一览众山小。”若泛舟漓江游桂林山水，自然会联想到韩愈的名句：“江作青罗带，山如碧玉篸。”若松下赏月，自然会联想到王维的诗句：“明月松间照，清泉石上流。”若游园观牡丹，兴许会联想到刘禹锡的绝句：“庭前芍药妖无格，池上芙蕖净少情。唯有牡丹真国色，花开时节动京城。”春雨中的成都，我们想到的是杜甫的“晓看红湿处，花重锦官城”。而春雨中的杭州，我们想到的是陆游的“小楼一夜听春雨，深巷明朝卖杏花”。即使是偶然看到一枝红花探出庭院，也会想到叶绍翁的“春色满园关不住，一枝红杏出墙来”……

总之，在所有与景物相关的诗歌中，诗人基于自己的观察和感受，以比兴、夸张、联想等艺术手法，再现和丰富了景物的典型形象美，为现代旅游者或观赏者提供了用之不竭的旅游文化资源或审美催化剂。

（二）诗情画意美

自魏晋以降，自然山水不仅是人们自由游赏的对象，而且成为文人骚客抒情感怀的凭借。事实上，中国诗人历来有“触景生情”的文化心理习惯与“托物寄情”的艺术创作传统。诚如辛弃疾所言：“我见青山多妩媚，料青山、见我应如是。情与貌，略相似。”（《贺新郎·甚矣吾衰矣》）这显然印证了王国维的说法：“一切景语皆情语。”另外，中国山水诗与山水画是彼此相通的。山水诗人一般都具有山水画家的眼力，习惯于从画家取景的视角出发来写景，从而使诗歌表现出画意，反之亦然，故有“诗中有画，画中有诗”的说法，同时也有许多以诗作画或为画题诗的实践。如唐朝柳宗元的《江雪》一诗与南宋马远的《寒江独钓图》一画便是范例。

知识拓展

东方卫视.《诗书画》集锦：二十四节气之惊蛰，爱奇艺，2020-03-12.

在名胜繁多的祖国大地上，山水诗歌所表现出的诗情画意美随处可见。譬如，到大西北的陇上旅行或到嘉峪关外的戈壁漫游，人们会从“黄河远上白云间，一片孤城万仞山。羌笛何须怨杨柳，春风不度玉门关”（王之涣）的诗句中感受到一种雄浑高迈的气势与哀怨凄然的情愫；会从“征蓬出汉塞，归雁入胡天。大漠孤烟直，长河落日圆”（王维）的诗句中领略到大漠那空阔苍凉的雄浑之美。游览八百里洞庭湖，人们会从“气蒸云梦泽，波撼岳阳城”（孟浩然）、“淡扫明湖开玉镜，丹青画出是君山”（李白）和“遥望洞庭山水翠，白银盘里一青螺”（刘禹锡）等著名诗句中领略到洞庭湖的壮阔、缥缈、空灵之美。若去扬州看二十四桥，人们自然会联想到诗人杜牧的绝唱：“青山隐隐水迢迢，秋尽江南草未凋。二十四桥明月夜，玉人何处教吹箫。”诗情画意的描写与奇妙丰富的想象恰到好处地结合在一起。若去苏州访寒山寺，人们自然会联想到诗人张继的吟唱：“月落乌啼霜满天，江枫渔火对愁眠。姑苏城外寒山寺，夜半钟声到客船。”这首诗没有一句直写乡愁，而是以一幅幅荒疏寂寥的画面，伴随着空悠回荡的钟声，委婉而深沉地表现出羁旅他乡的客愁。若在春明雨后天晴时分沿岸环游杭州西湖，以苏轼的“水光潋滟晴方好，山色空蒙雨亦奇。欲把西湖比西子，淡妆浓抹总相宜”来应对眼前柔美绮丽、欢快多变的景致，那便是另外一种欣然而乐的感受了。

（三）哲理内涵美

孔子乐山乐水，倡导“山水比德”之说，即以山水的静动特征比拟君子的仁智之德。从中国山水文化意识与天人感应思想来看，这其中蕴含着人对山水的哲学、伦理以及美学思考。魏晋之后，自然山水成为人们游乐欣赏的对象，但原先的观念则积淀和凝练在人们的山水意识和文化心理结构中。许多中国山水诗词中都表现出一定的融入情理和伦理等因素的哲理内涵。

一般来说，山水诗词表现哲理内涵的主要形态有两种，即引理出景和寓理于景。

引理出景，是指人按照自己的理解，从写景咏物的诗句中引申出富有哲理的内涵，借此委婉、含蓄地表达自己的意思。例如描写秋日江景的“无边落木萧萧下，不尽长江滚滚来”（杜甫）；描写日落景色的“夕阳无限好，只是近黄昏”（李商隐）；描写赣江景致的“青山遮不住，毕竟东流去”（辛弃疾）；描写山环水绕的农村景致的“山重水复疑无路，柳暗花明又一村”（陆游）；等等。

寓理于景，是指作者以摹景咏物为凭借，通过艺术化的、具体可感的和生动鲜活的自然景象来“明理言志”，表现自己所体悟到的道理、意趣、志向、抱负以及政治和生活态度等内容。这方面的范例很多，譬如陶渊明的《饮酒·其五》诗中写道：“山气日夕佳，飞鸟相与还。此中有真意，欲辨已忘言。”此诗可谓庄子“得意忘言”这一思想的绝妙阐释，体现了“诗意地栖居在这大地上”的可能途径。诗人在悠然自由的静观默照中，追求遗世独立的理想人格和超然物外的生活方式。相形之下，王之涣用“欲穷千里目，更上一层楼”来表示“登高壮观天地间”之意；苏轼用“不识庐山真面目，只缘身在此山中”暗喻应当“入乎其内、出乎其外”，全面地看待事物……这些看似漫不经心的吟唱，实为诗人在观赏山水景物时得到启发而借题发挥，道出个人的志趣情怀和宇宙、人生等方面的深刻哲理，用以提醒和激励自己与他人。

第三节　山水游记和旅游审美

山水游记属于散文的一种，是记述山川景胜之文。它以生动的描写，记述旅途中的见闻，展现某地的山川景物、名胜古迹、风土人情、社会风貌、政治生活等，以抒发作者的思想感情，表达一定的观点，或传播科学知识。

山水游记往往主题鲜明突出，通过对自然美、人文美的展示，增强读者对大自然的了解、对祖国大好河山的热爱，帮助读者获取丰富的知识，了解人生况味，提升精神境界。

我们的祖国地域辽阔，历史悠久，大好河山千姿百态，景致各异。因此，山水游记的审美内容也必然是丰富多彩的。但总的来看，无论何种内容的山水游记，在审美特征方面都具有某些共同之处。这些方面，也就是古代山水游记的文化内涵和审美价值所在。

一、灵动的自然山水之美

一般而言，山水游记主要记叙了作者当时所见的自然山水，因此，游记中最直接的审美对象一般都是自然山水。在《三峡》中，郦道元给我们展现出一幅“自三峡七百里中，两岸连山，略无阙处”的连绵不绝又险峻的山景图；紧接着又从四季出发，用优美的语言描绘了一年四季三峡之水不同的特点，让读者深切地感受到夏水的奔放、春冬之水的清幽、秋水的凄清，丰富而生动。在《赤壁赋》中，“苏子与客泛舟游于赤壁之下”，在这泛舟的过程中，清风、水波、月光尽收苏子眼中。作者能把自然界中的山水用精妙的语言描绘出来，必然是因为他们在欣赏山水之时只专注于山水，忘却了生活中的琐事，全神贯注地享受自然、享受美。

当然，游记并非原原本本地写实照相，而是作者对自然山水进行艺术化加工后的成果。以柳宗元的代表作《永州八记》为例，虽然全是写大自然，但不同的山水却有不一样的趣味，给人不一样的审美感受。“悠悠乎与颢气俱，而莫得其涯；洋洋乎与造物者游，而不知其所穷”的西山雄伟、壮阔；“窥之正黑，投以小石，洞然有水声，其响之激越，良久乃已”的小石城山幽静无人；“颠委势峻，荡击益暴”的钴鉧潭清幽激荡；“四面竹树环合，寂寥无人，凄神寒骨，悄怆幽邃”的小石潭寂静澄明……生动地再现了大自然的各种独特风光。

二、浓郁的人文色彩之美

早在春秋时期，孔子就提出了“知者乐水，仁者乐山”这一关于人与自然的美学命题。人们开始从伦理道德这一角度去欣赏自然山水，同时，人们也开始用自然山水象征某种精神品质，由此拉近了人和自然的关系，也深深地影响了我国山水游记的起源。

我国传统山水游记中所描述的名山胜水、文物古迹，是历史、地理、社会、宗教、哲学、艺术、政治的百科总汇。古人览物抒怀，其中往往蕴含着独到、深刻的思想内涵，能开阔我们的心胸，提升我们的精神境界。游记为我们展开了一幅幅山水画卷，使我们尽享卧游之乐。阅读姚鼐的《登泰山记》、郦道元的《三峡》、范成大的《峨眉山行纪》、王世贞的《游张公洞记》等，可以跟随作者将大好河山尽收眼底。阅读古代游记，是接受文化传统教育的极佳途径。游记中所表现的各地域不同的社会思想、文化生活、风俗习惯、山川风貌等，既是该地区旅游资源特征的真实表现，也可以成为人文旅游资源开发与建设的重要依据和参照。

三、浑然的情景交融之美

从美学意义上讲，景与情、物与我、客观与主观浑然相融的意境，是游记的重要审美特征。游记以模山范水为特征，但如果舍情言景，孤立地去堆砌一些景物，那么这些景物就只不过是一些没有生命的“死景物”，文章也就会索然无味。反之，在游记中，情若离开景，也就无所依附。情感必须通过可以知觉的对象呈现出来，化无形为有形。孤立或直露的情是缺少韵味的。

以张岱的《湖心亭看雪》为例，作者这样描写“大雪三日”“人鸟声俱绝”的西湖景致：“雾凇沆砀，天与云与山与水，上下一白。湖上影子，惟长堤一痕、湖心亭一点、与余舟一芥、舟中人两三粒而已。”文中没有一字直接言情，但作者精心选用几个“一”字，及几个表示微量的数量词，营造了一份纯美的意境，孤独者与孤独者的感通、孤独者与天地自然的感通见于言外。

在《赤壁赋》中，苏轼先用少量文字描绘了赤壁“清风徐来，水波不兴”的美景，接着就开始了整段的抒情议论，从宇宙万物的无穷，再转到个人生命的须臾，到最后通过阐述“变与不变”的关系，揭示了“盖将自其变者而观之，则天地曾不能以一瞬；自其不变者而观之，则物与我皆无尽也”的道理。整篇文章读来气势磅礴，同时又体现了哲理之美。

四、如诗如画的语言之美

文学是以语言为表现工具的艺术，优秀的作家必然有着出众的语言驾驭能力。旅游是一项审美活动，游记的语言也应以体现美为宗旨。游记语言的基本特点为形象生动、色彩丰富、节奏鲜明，表现出形象美、绘画美、音乐美。如吴均的《与朱元思书》描绘富春江两岸景色。写水色，用白描："水皆缥碧，千丈见底"；写水流，用夸张和比喻："急湍甚箭，猛浪若奔"；写山势，用拟人："负势竞上，互相轩邈"。白居易《冷泉亭记》从春、夏两季，坐、卧不同，描写了冷泉亭周围景色之宜人，强调了它对人情趣、情操的熏陶作用，点明了它"最余杭而甲灵隐"的原因。句式既有长短错落，也有对偶整饬，语言优美婉丽。

游记作家除了运用最常见的白描手法，以准确的语言描摹景物外，还往往借助比喻、夸张、拟人、顶真、对比等修辞手法，使景物形象生动，增强语言的感染力。

如袁枚在《浙西三瀑布记》中用博喻手法形容瀑布奇观："尽化为烟，为雾，为轻绡，为玉尘，为珠屑，为琉璃丝，为杨白花。"柳宗元在描写小石潭潭水的澄澈时写道"皆若空游无所依"，表面上没有描写水，却恰恰写出了水的清澈、透明，同时也表现出作者自身的闲适心境。

苏轼写承天寺之夜的月光时，说"庭下如积水空明，水中藻荇交横，盖竹柏影也"。明明写月光，可是作者却说月光照着庭院，给人一种满院子都是透明的水的感觉，这"透明的水"，恰恰传神地写出了月色的明亮。这还不够，作者接下来从透明的反面做文章，写竹柏的影子很黑，黑得像水中的藻荇一般。这一黑一白不仅形成对比，而且与前面的月光如水连贯起来，描绘出了一幅皎洁、空灵的月夜图，读者恍惚间也好像置身于透明的水中，随着微风吹动翠竹、青柏，跟着苏轼一起闲适地赏月。

陶弘景在《答谢中书书》的开篇就写道："山川之美，古来共谈。"众多流传千古的山水游记名篇也用事实证明了这点。山水游记作品本来就是作者的心灵和眼前景物猝然遇合、撞击而成的美妙、和谐的乐章，因此欣赏这些富含美的作品对人的审美情趣的提高自然具有积极的意义和作用。

第四节　名胜楹联和旅游审美

根据《现代汉语词典（第 7 版）》的解释，楹，指堂屋前部的柱子。楹联，指挂或贴在楹上的对联。所以，楹联也称对联、对子、楹帖，泛指写在纸、布上或刻在竹子、木头、柱子上的对偶语句。楹联对仗工整，平仄协调，是从我国特有的骈文律诗的对仗形式中演化出来的，是我国最具民族特征的汉语文学形式之一，是中华民族独有的传统文学艺术。

据宋代张唐英《蜀梼杌》记载，五代时期西蜀即有在门楹上题字的习俗。该书中提到，岁除日，孟昶令学士辛寅逊题桃符板于寝门，并命笔自题云："新年纳余庆，嘉节号长春。"有学者认为这应该是现存最早的春联之一。

自宋以降，楹联的发展如涓涓溪水汇成洪流，至清已成洋洋大观。有学者认为楹联是清代文学的典型代表，如南怀瑾说："中国文化，在文学的境界上有一个演变发展的程序，大体的情形，是所谓：汉文、唐诗、宋词、元曲、明小说，到了清朝，我认为是对联。"

一、楹联的修辞特点

楹联文字长短不一，类型多样，有正对、反对、流水对、集句对等。但不管何类楹联、使用何种形式，都应该具备以下特点：

（1）字数相等，断句一致。除有意空出某字的位置以达到某种效果外，上下联字数必须相同，不多不少。

（2）平仄相合，音调和谐。传统习惯是"仄起平落"，即上联末句尾字用仄声，下联末句尾字用平声。

（3）词性相对，位置相同。上下联"虚对虚，实对实"，就是名词对名词、动词对动词、形容词对形容词、数量词对数量词、副词对副词，而且相对的词必须在相同的位置上。

（4）内容相关，上下衔接。上下联的含义应该相互关联，但又不能重复。

楹联无论是咏物言志还是写景抒情，都要求作者有较高的概括力与驾驭文字的本领，以寥寥数语做到精巧凝练、文情并茂、神形兼备，给人以思想美和艺术美的感受。楹联以最精练的文字、最浓缩的感情，表达作者的心态情志，给人以美的享受。同时，楹联又与我国独特的书法艺术相结合，不仅增强了装饰性和观赏性，更提升了文化情趣和美学价值。

楹联自古以来就与旅游结缘，是旅游文化中一道亮丽的风景线。楹联遍布我国的山水名胜、亭台楼阁、城寨村落、戏台井泉、书院宗祠、庙宇寺观等。这些灿若珠玑的名胜楹联不仅切地、切人、切事，具有丰富的内涵，还能反映一定社会历史时期的风土民情等。

二、楹联的艺术手法

楹联的艺术手法十分丰富：从内容构成的逻辑关系讲，有并列、转折、递进、分总、连贯、因果、选择、假设等。从组句技巧讲，有串组、换位、重言、两兼、连珠、拆词、回文、顶针等。从修辞手法讲，有比喻、比拟、双关、夸张、借代、设问、映衬、隐切、假称等。从用字手法讲，有拆字、隐字、嵌字、同旁、同韵、叠字、飞白、拟声等。下面举例进行介绍。

（一）分总

分总，亦称“总分”，是楹联中叙述某些事物既有分述又有总述的手法。分总有先总后分、先分后总等类型。运用分总格式可使联语表意明确，凝括工练。如叶昌炽《天水麦积山石窟联》：“夏无酷暑，冬不祁寒，四季得中和景象；南倚雪山，西连星海，九州灵岳渎根源。”上下联都运用了“分总”手法，先分述再总述，上联先分列其不同季节的特点，再归纳为“中和景象”；下联先罗列不同方位地理特征，再总结为“岳渎根源”。

（二）重言

重言也称为反复，是在上下联同位处多次使用某个字或某些词语，使之重复在联中出现，以取得某种效果的手法。如佚名《青海湖拟日月山石碑联》：“日上山，月上山，山上日月明；青海湖，水海湖，湖海青水清。”此联运用重言法，上联重复“上”字，下联同样位置重复“海”字，即上下联同位各重，节奏明朗，趣味横生。在这副对联中，还用了“合字”手法。上联“日”“月”合而为“明”，下联“青”“水”并而作“清”，既表现出了当地山水特点，又使人感受到了汉字趣味横生的强大魅力。

（三）双关

双关是指利用汉字的特点，巧用汉字的字、音、义，形成言此而及彼的语言效果。双关的形式主要有谐音、借义两种。

谐音是利用汉字中同音字词较多的特点，使对联语意双关，一联多意。如“普天同庆，当庆当庆当当庆；举国若狂，且狂且狂且且狂”，此联以“当庆”“且狂”谐锣鼓之声，使人在吟诵之时，有如身临锣鼓喧天的欢乐气氛之中。借义是利用汉语中的字或词语有不同含义的特点制联，同时表示两种事物，并使其产生某种关联。如“未出土时便有节，及凌云处尚虚心”一联，表面写竹，语义双关，暗含对“有节”“虚心”的品格的推崇。

（四）夸张

夸张是指为了突出事物的某一特征，将其巧妙地夸大或缩小，以增强表达效果的手法。在对联写作中，作者经常会借助丰富的想象，运用“言过其实”的语言，以达到某种特殊的艺术效果。如廖鸿熙《桂林独秀峰联》：“撑天凌日月，插地震山河。”此联以夸张的手法表现了独秀峰的巍峨气势。

（五）借代

借代，又叫换名，它并不直接说出所要说的人或事物，而是借跟它密切相关的名称来代替它的称谓。被代替的人或事物叫本体，用来代替的人和事物叫借体。借体与本体有可换关系，借体可以代表本体。如一副中秋联：“轮影渐移花树下，镜光如挂玉楼头。”飞轮、明镜，分别以其圆、亮的特点而成为月亮的代名词，轮影代月影，镜光代月光，使整个表达有形象突出、特点鲜明、具体生动的效果。

（六）设问

设问是指故意提出问题然后再自己作答，或对提出的问题不需确定答案而不作答的方法，目的是引起别人的注意。运用设问可引起读者的注意，启发读者思考，或引起下文，提示本联主题。如窦垿《岳阳楼长联》上联开篇先发问，接着自答，发人深思：“一楼何奇？杜少陵五言绝唱，范希文两字关情，滕子京百废俱兴，吕纯阳三过必醉。”

（七）映衬

映衬又叫衬托，是指为了突出主要事物，先描写与之有关的事物，是起陪衬烘托作用的一种修辞格，分为正衬、反衬两类。如佚名《松山风雨亭联》：“松风送抱，正荡胸怀，近看镜海光波，莲峰岚影；山雨欲来，且留脚步，遥听青洲渔唱，妈阁钟声。”上联写视觉印象，下联写听觉印象，动静结合、互相衬托，使楹联产生强烈的艺术效果，诗情画意倍增。

（八）嵌字

嵌字又称嵌名，是指把人名、地名、事物名称等嵌入联中一定位置，并保持相对独立性的修辞格。楹联常用嵌字取得独有的创意效果，使意中有意、言外有言。嵌入的字要自然妥帖，不露斧凿痕迹，而且要融入句中，使文意贯通，浑然一体。如《武夷山一览台联》：“一览无余，独占地势；四时皆适，乐与天游。”此联巧妙运用嵌字格中的魁斗格，即将所需要镶嵌的字“一览”“天游”，嵌在上联的联首和下联的联尾，暗隐一览台和天游峰，妙在自然妥帖，意外有意。

（九）拆字

拆字就是把一个字拆成几个字。如“踏破磊桥三块石，分开出路两重山”一联，上联拆“磊”字，下联拆“出”字。

三、楹联的美学特性

楹联作为一种综合艺术有着自己独特的韵味和功用。它不仅有诗歌的音韵美和书法的风骨美，更蕴含着丰富的文化与哲理，能够警诫后人。楹联文化在中国传统文化中虽只占小小的一隅，但它集韵律、趣味、意境和哲理于一体，独具魅力。

（一）精妙的文学语言之美

楹联虽源于律诗中的对偶句，但它具有诗词所不具备的灵活性，是一种追求对仗和富有节奏感的特殊文字形式，完美体现了中国文字的语言艺术风采。以名胜联为例，往往需要用三言两语勾画出该名胜的特点，展现出一幅优美的风景画。如《济南大明湖小沧浪亭联》："四面荷花三面柳，一城山色半城湖。"对联语言也是汉字文化运用发展到极致的产物，不仅在形式上对仗工整、平仄协调，语言上如诗如画、有声有色，而且还衍生出一些趣巧联。如谐音对"因荷而得藕，有杏不须梅"，看似提及荷、藕、杏、梅四样植物，却暗含因何、得偶、有幸、不须媒的语意双关，道出了巧遇缘分的喜悦。又如字形对"烟锁池塘柳，桃燃锦江堤"，上联五字偏旁是"火金水土木"，下联五字偏旁是"木火金水土"，五行相生相克，意境美不胜收，可谓巧妙至极。

（二）独特的环境修饰之美

楹联是一种实用性文学，它悬挂或镌刻于某种载体之上，具有装饰环境的功用，与建筑有着相互补充的关系，而这也正是楹联产生和经久不衰的一个重要原因。例如在楹坛中占主导地位的园林名胜联，其联语多集历史、地理、景观、书法、篆刻于一体，作为一种建筑装饰和文学艺术，常常对某个景点或某种景色起到画龙点睛的作用，给人以美的享受。

不管是西湖孤山寺"不雨山长润，无云水自阴"这样短小凝练的楹联，还是清朝孙髯所撰 180 字的《昆明滇池大观楼长联》，都很精致地描情绘景、抚今追昔，抒发作者的情怀。好的楹联能做到语工、意新、境美的完美结合。如《苏州沧浪亭联》"清风明月本无价，近水远山皆有情"，《西湖平湖秋月联》"凭栏看云影波光，最好是红蓼花疏，白蘋秋老；把酒对琼楼玉宇，莫辜负天心月到，水面风来"等，状景写情，再加上书法艺术的映衬，使楹联与自然环境互为衬托、相得益彰。游人每到此处，当楹联和景致共同跃入眼帘，常常会不由地咏颂浮想，思绪驰骋于景致内外，感慨千年变幻沧桑。这也正是文化旅游之意义所在。

（三）强大的精神鞭策之力

楹联文化具有强大的精神力量，可激励他人修身励志。楹联中的励志警策联多是名人志士借联语来表达陶冶情操、修身养性、警世教诲、鞭策励志之意，具有一定的说理性和教育性。一副好的励志联往往蕴含深邃的哲理、健康的情趣、积极向上的精神，能使人从中领略人生的哲理和真谛，学到为人处世的道理。

如清朝蒲松龄的一副落第自勉联：有志者事竟成，破釜沉舟，百二秦关终属楚；苦心人天不负，卧薪尝胆，三千越甲可吞吴。此联用典精当，表达了作者坚忍不拔的意志和百折不挠的毅力，激励着无数仁人志士自强不息。再如明代学者洪应明“宠辱不惊，闲看庭前花开花落；去留无意，漫随天外云卷云舒”的那份悠然自得、淡泊洒脱的人生境界；林则徐“海纳百川，有容乃大；壁立千仞，无欲则刚”的品格修养；周恩来“与有肝胆人共事，从无字句处读书”的做人准则；等等。

第五节　中国戏曲和旅游审美

戏曲是在特定的历史条件下产生并随着历史进程的发展而发展的一种艺术形态，它与所处时代的文化有着密切的联系。戏曲的根本任务是对美的创作，它具有抒情性和自由性，在本质上是一种审美的体现。

历史上最先使用“戏曲”这个名词的是宋末元初的刘埙（1240—1319年）。他在《水云村稿·词人吴用章传》中提出了“永嘉戏曲”这一概念。他所说的“永嘉戏曲”，就是后人所说的“南戏”“戏文”。从近代王国维开始，才把“戏曲”用来作为中国传统戏剧文化的通称。

中国戏曲与诗、词、文、赋等文学体裁不同的是，它综合了舞蹈、音乐、文学等元素，将不同的艺术风格统一为整体的舞台艺术表现形式，具有丰富的表现内容和多元化的表现形式，形成了自己独特的审美形态。

在中国传统文化中，看戏是一种受众极广的艺术活动。戏曲既能为贵族文人所欣赏，又能为平民百姓所领悟。因此，中国戏曲以一种异乎寻常的品貌形态，使观赏者既能获得怡情逸兴的享乐，又能从中汲取历史文化的积淀，接受人伦道德的教化。千百年来，中国戏曲逐渐成为中国人思想观念和人生感悟的载体，它以特殊的形态，保存了诸多中国传统文化与艺术的典型特征。

一、中国戏曲的发展

中国的戏曲经历了漫长的发展过程，直到宋元之际才渐趋成熟，并于元代得到极大的发展。元代戏曲主要分为杂剧和南戏两大类，代表元代最高文学成就的是元杂剧。元杂剧以深刻的思想与精湛的艺术取得了与唐诗、宋词并称的地位，产生了一批传世佳作。究其原因，是元代科举制度一度废止，文人社会地位下降，导致大量文人无法施展政治抱负，所以他们投身到戏曲创作中来，其自身的文学素养提高了元杂剧的审美档次，使得元杂剧的创作趋于精致化和典范化。这一时期产生了关汉卿、王实甫等优秀的剧作家以及《窦娥冤》《西厢记》等具有极高文学价值和现实意义的千古绝唱。

明清时期的杂剧延续了金元北曲杂剧的艺术传统，但在此基础之上又得到了进一步的发展，在剧作家人数和作品数量方面远超元代，涌现出一大批剧作家和作品，汤显祖、李玉、洪昇、孔尚任等给中国戏曲文化留下了不可磨灭的一笔。

中华人民共和国成立后，政府部门尤其重视戏曲剧本的创作和戏曲的艺术地位。在"百花齐放，推陈出新"工作方针的指导下，传统剧目的整理、改编工作取得了可观的成果，昆曲《十五贯》、京剧《将相和》、越剧《梁山伯与祝英台》、川剧《柳荫记》、粤剧《搜书院》、豫剧《穆桂英挂帅》、黄梅戏《天仙配》以及其他一些传统剧目，在推陈出新、提高剧本和演出的质量方面，积累了丰富的经验。这些经过改编的剧目剔除了封建糟粕，得到了广大人民群众的高度赞扬。

尽管中国古典戏曲成熟于宋元时期，相对于中国传统文化的许多其他门类，是一种较为"年轻"的艺术，但是它广泛地吸收、借鉴、融合了传统文学、音乐、舞蹈、武术、杂技、曲艺、美术、服饰等艺术精华，并体现着传统中国人的哲学、宗教、伦理和审美心态或观念，表达了大众对于历史、政治和法律的理解，堪称传统文化的结晶，在整个中国传统文化中占有十分重要的地位。正是由于这个原因，形成于近代、历史不过百余年的京剧，作为中国古典戏曲的最后典型，常同有数千年历史的中医一起，被视为中国国粹的代表。

二、中国戏曲的美学特性

中国戏曲以其特有的民族性格独树一帜，在世界文化史上，与古希腊戏剧和印度梵剧并称"世界三大古老戏剧"。2001 年，中国戏曲的杰出代表昆曲被联合国教科文组织评定为首批"人类口头和非物质遗产代表作"之一，并于 2008 年被纳入《人类非物质文化遗产代表作名录》。此后，粤剧和京剧又分别于 2009 年和 2010 年入选该名录，为全人类所共同珍视。

中国戏曲作为一种独特的戏剧体系，在历史发展的进程中形成了一套完整的美学思想、戏剧观念、演变规律、艺术法则和审美特点。究其根则在于民族性，它是民族美学思想、民族心理素质、民族性格结构以及民族审美趣味的集中体现。

（一）表达的抒情性

中国戏曲具有强烈的写意和抒情性特征。中国戏曲由"戏"和"曲"二者共同构成，戏代表了叙事性的特征，曲则与诗歌相结合。戏曲的产生与诗歌的发展有着密不可分的关系。中国的古典诗歌以抒情诗为主，叙事诗较为少见，因此，中国的戏曲注重情感表达和抒情写意，是在诗性的文化特征中发展起来的。古代的戏曲作家遵循“戏”与“曲”相结合的创作原则，借叙事以抒情。例如关汉卿的《窦娥冤》，是借窦娥的冤屈来抒发他对元代社会黑暗的不满和愤恨之情。马致远的《汉宫秋》则借汉元帝与王昭君的生离死别，抒发强烈的民族意识。戏曲作家尤其注重情感的描写，“以情动人”是戏曲的重要审美特征。叙事性和抒情性是构成中国戏曲的两大基石，这二者的有机融合使得中国戏曲既区别于一般小说、诗歌，也独立于西方的戏剧。

（二）创作的自由性

中国戏曲的取材具有高度的自由性。作为千年文明古国，中国有大量的历史材料、民间故事、传奇、诗歌、神话、传记等文学材料可供作家取材创作。剧作家在创作时也往往不以史实为基础，而是加入自己的主观创造和改编，显示出戏曲创作选材的高度自由性。例如《杨家将》中潘仁美的原型潘美在历史上是个颇有作为的正面人物，但在戏中却被改编为遭人唾骂的奸佞小人。三国时期的政治家、军事家、文学家曹操经过戏曲作家的改编，也成为乱世当中的奸雄人物。剧作家之所以歪曲历史，创作脸谱化的坏人或者好人，其目的就在于借助人物形象抒发自己强烈的爱憎分明的感情，并使观众产生共鸣。

同时，戏曲演员在时空处理上也具有高度的自由性。剧作家在描写空间时，根本不用考虑舞台的限制，而是把交代背景环境的任务交给演员，演员的动作、唱词中自会提及和暗示所处的背景时空。比如，在舞台上，只要人物摇摇马鞭，说句“人行千里路，马过万重山”，观众立即就明白他走了很远的路，从一个地方来到了另一个地方，仅需一句话就可实现时间或者空间的转变。在有限的舞台上，演员可以运用高超的演技，把观众带入急流险峰、军营山寨、行舟坐轿、登楼探海等多种多样的场景中去，借助观众的想象共同完成艺术创造的任务。时空自由给舞台表演带来了无限发挥的可能和独特的艺术效果。在一个简单的舞台上，中国戏曲就可以再现五彩缤纷的场景和千姿百态的人生。

（三）表演的程式化

程式化是中国戏曲表演的主要特征。戏曲表演必须遵循一定的程序规则。一切自然形态的戏剧素材，都要按照美的原则予以提炼、概括、夸张、变形，使之成为节奏鲜明、规律严整的表达形式，即程式。演唱中的板式、曲牌、锣鼓经，念白中的韵味、声调，表演中的身段、手势、步法、功架，武打中的各种套子，以至喜怒哀乐、哭笑惊叹等感情的表现形式，无一不是生活中的语言声调、心理活动和形体动作的规律化，即程式化的表现。

角色行当制是戏曲表演程式化的重要体现之一。中国戏曲舞台上出现的人物，根据其自然属性（包括年龄、性别等）、社会属性（包括身份、职业、性格、气质等）、表演风格的庄谐、表演技术专长等，在化妆、服装、表演各方面，主要划分成“生、旦、净、末、丑”五种类型，叫作行当。其中，生扮演男性人物，根据所扮演人物年龄、身份的不同，又划分为老生、小生、武生等。以武生为例，又分长靠武生、短打武生两类。长靠武生，因装扮上扎“靠”、戴盔、穿厚底靴而得名；常扮演大将，一般使用长柄武器；表演要求功架优美、稳重沉着，具有大将风度和英雄气魄，如京剧《长坂坡》中的赵云。短打武生，常用短兵器，表演以动作的轻捷矫健、跌扑翻打的勇猛炽烈见长；舞蹈身段要求“漂、帅、脆”，干净利索，如京剧《三岔口》中的任堂惠、《十字坡》中的武松。

从表演上来说，戏曲演员所需具备的基本功夫可概括为“四功五法”。

“四功”指“唱、念、做、打”。“唱”，是唱腔技巧，它的美学规范是“字正腔圆”，要求吐字清晰，旋律优美；“念”，是朗诵技法，除要求“字正”外，因无音乐伴奏，在语调、音量、节奏等方面更为严格，所谓“千斤话白四两唱”，说尽了念白的重要性；“做”，是身段（动作）和表情技法，是对人的生活情态加以艺术概括后的程式化表现；“打”，可以理解为武术技法，是在中国传统武术基础上形成的舞蹈化武术技巧组合。“做”和“打”的美学规范是“稳、脆、率”。

“五法”指“手、眼、身、法、步”。“手”是手势，“眼”是眼神，“身”是身段，“步”是台步。“法”一般认为是“手”“眼”“身”“步”有机结合的方法。也有人认为法是“发”的讹传，即甩发功。

四功是戏曲演员表演艺术的基本形式，五法是构成“做”功的基本技巧，也是配合演员唱、念、打的辅助手段。以集古典戏曲艺术之大成的京剧为例，一是男扮女（越剧中则常见为女扮男）；二是划分生、旦、净、丑四大行当；三是有夸张性的化妆艺术——脸谱；四是“行头”（戏曲服装和道具）有基本固定的式样和规格；五是利用“程式”进行表演。

知识拓展

戏曲进校园之名师讲堂第十六期：四功五法总述. 哔哩哔哩，2019-11-22.

（四）理实的统一性

首先，中国戏曲注重情与景的统一性。李渔在《闲情偶寄》中说，戏曲“总其大纲，则不出‘情景’二字”。它讲究“触景生情”“寄情于景”，使景中有情、情中有景，情景交融；强调把叙事与抒情统一起来，使主体与客体、人与自然浑然一体，达到“物我两忘”的境界。

其次，中国戏曲追求情感与理智的统一性。戏曲一方面重在抒情写意，十分注重主体情感的抒发，追求“神似”；另一方面又继承“言志”的诗教传统，特别注重理性，主张以理节情，情感要在理智的控制下，受社会伦理的约束，不可走向极端，要适度，达到情与理的和谐统一。所以，中国戏曲缺乏本质意义上的悲剧和喜剧。中国戏曲的悲剧，其结局大多是大团圆结局；中国戏曲的喜剧，亦多为歌颂美的，深刻揭露丑的喜剧较少。戏曲的悲剧不悲、喜剧不丑，与它的审美理想密切相关。

再次，中国戏曲讲究理想与现实的和谐统一。戏曲人物是类型化的典型，是某一类人的代表。它既是现实的，又是理想的，是现实与理想的统一。如戏曲中的诸葛亮是智慧的代表，关羽是忠义的代表，曹操是奸雄的代表，包拯是清官的代表，等等。这些人物既是现实的，又寄寓着人民的愿望。人们把他们进行了理想化的加工，从而把理想与现实融为一体，实现和谐统一。

由此可见，戏曲中情与景、情感与理智、理想与现实互相交融，集中表现为主体实践与客观规律的统一，即人的目的性与自然规律性的统一，从而有序地组成均衡、稳定、和谐的内容统一体。

案例与专题

唐诗之路——浙东
唐诗之路的形成与发展

中国国粹——京剧

寻找故事——文艺
主题酒店介绍

本章知识要点

旅游文学是对旅游资源的自然、艺术、人文等多方面的综合体现，是文学创作者结合自身知识、情感、审美倾向对客观对象进行的加工创造。本章主要介绍了旅游文学在旅游生活中的主要表现形式和基本内容，以及这些文学艺术为旅游者带来的审美感受。

思考与讨论

1. 谈谈你对中国旅游文学发展变化的理解。

2. 旅游文学的主要特征有哪些？

3. 举例说明山水诗词和它的美学特性。

4. 谈谈你对山水游记美学特性的理解。

5. 楹联的修辞特点有哪些?

6. 中国戏曲的美学特性是什么?

推荐阅读材料

1. 央视纪录片《诗行天下》。

2. 宁夏电视台、山西电视台等纪录片《唐之韵》。

3. 央视纪录片《人文地图 诗词之旅》。

4. 徐超. 对联艺术. 北京:中华书局,2014.

5. 元白. 写给老师的中国戏曲史. 杭州:浙江人民美术出版社,2016.

6. 李泽厚. 美的历程. 北京:人民文学出版社,2021.

玖

第九章

寻常巷陌：旅游生活中的城乡风貌

本章导语

东山魁夷曾说："风景之美不仅仅意味着天地自然本身的优越，也体现了当地民族的文化、历史和精神。"人们在旅游生活中，欣赏城市、乡村以及建立在其之上的各种人文景观与自然景观，感受由此形成的美之神韵，不仅能拓展知识的疆域，体验旅游活动带来的愉悦，更能提升个人的道德情操，为追求美好生活明确方向。

知识目标

理解城市和乡村景观的美学形式和审美取向；

理解博物馆、展览馆的美学形式和审美取向；

了解网红打卡地的美学形式和审美取向。

素质目标

弘扬中华优秀传统文化，在旅游产品设计、形象传播和营销规划中自觉融入中国精神、中国气派，展示中华文化自信。

重要术语

景观　自然景观　人文景观　城市景观　乡村景观　网红打卡地

第一节　景观审美概述

一、景观的内涵

“景观”一词早先指陆地上的景色、景物，后来范围扩大了，指自然风光、地面形态和风景画面。到了近代，它作为科学名词被引入地理学和生态学，具有地表可见景象的综合与某个限定性区域的双重含义。景观兼具经济价值、生态价值和美学价值。从美学的意义上讲，景观是指环境中具有审美属性和价值的景色或景物。美学上所讲的景观突出了景色和景物的观赏性，并把这种观赏性归结为对象所具有的审美属性和价值。同时，景观的范畴还经历了一个从单纯指自然景观向包含自然和人文景观扩展的过程：原来景观仅仅是指自然景观，例如我国古代诗学、画论中所讲的“景”，一般是指自然山水；后来景观的概念扩展了，不仅包含自然山水，而且包含了人工创造的景色和景物。

美学意义上的景观概念总是同观赏者的情感体验和评价直接关联，因而也不是纯客观的。那是因为作为审美对象的景观是以其审美属性和价值为基本性质和特征的，而审美属性和价值是相对于审美主体而言的，不同于景观自身单纯的物质属性和构造。而且，由于景观（特别是自然景观）的欣赏在很大程度上依赖于主体的观念和原创性，所以，景观其实是一个偏向于主体的文化概念。中国古代讲“景”时，通常是同观赏者的“情”密不可分的，因为在古代文人的心目中，作为观赏对象的“景”是有灵性的，是在与观赏者的一种交融关系中被创造和呈现的。所以，古人认为对“景”的欣赏要做到“物我同一”。王夫之曾说：“情景虽有在心在物之分，而景生情，情生景，哀乐之触，荣悴之迎，互藏其宅。”

二、景观的分类

景观一般可分成两大类：自然景观和人文景观（又叫“文化景观”）。这种分类着眼于景观载体的成因：天然形成的景观是自然景观，人工建造的景观是人文景观。自然景观就其本身的特点来说，是以形式取胜的。尽管观赏者常常以移情的方式赋予自然对象许多观念性的内容，但是，自然景观的审美属性和价值首先在于其色彩、形状、体量、质地、运动以及自身的发展规律。而人文景观则是形式和内容的结合体，它不仅具有审美的形式，而且蕴含着文化、历史的内容。从一定程度上说，人文景观与艺术作品有许多共同之处，而自然景观则是与艺术作品有相当的差别的。

但是，这种分类也是相对的。事实上，诸多风景名胜都是天然与人工混合而成的。如杭州的西湖，它既有自然的属性，又有人工的烙印。四周的亭台楼阁是人工建造的，而湖边的山又是天然形成的。历史上形成的关于西湖的诸多传说、故事和文人骚客创作的诗词文章，也给西湖增添了浓郁的文化色彩。又如泰山，它本是天然形成的，但是自古以来，许多与之相关的重大文化事件使泰山成为中国的一处重要的文化名胜，它的自然景观意义或许还比不上它的文化价值了。再如九寨沟，就其山水而言，那是天然的；但是，沿着山水而筑的九个藏族寨子，早已把浓浓的藏族文化风情以及藏民们关于那些山水花木的神话传说注入自然景观之中了。不了解那些奇异的文化和神话故事，就不可能真正理解作为审美景观的九寨沟。所以，把景观分为自然和人文两类只是就其主导因素而言的，这种分类的意义在于可以更具体地分析、认识景观，而在实际的景观欣赏中有时确实是不能这样简单划分的。

三、景观审美中的美学元素

（一）生态美

生态美是注重自然力量的景观之美。大自然的力量不仅构造了地球，而且构造了地球上的一切，所谓“鬼斧神工”，就是对自然界演化、运动的神奇之处的赞叹，从地理、生物、气象等自然要素中，观赏者能创造性地发现自然景观的独特、奇异之美。

（二）组合美

组合美是一种以组合结构为基础的景观之美，即根据科学形式将多种审美要素组合在一起，形成组合美的三维体系。在现代景观美学设计中，根据组合美的理念，可以巧妙利用自然景观和人文景观的组合来形成景观体系，使观赏者获得更系统、更立体、更直观的审美观感，从而实现人与自然的和谐共生。

（三）情境美

情境美是最高境界的景观之美，它能创造一种令人沉浸其间的美好氛围，引起观赏者心理上的共鸣，激发观赏者的审美情趣，陶冶观赏者的道德情操。

第二节 城乡景观的美学形式和审美取向

一、城市景观的美学形式和审美取向

城市是人类文化创造的重要成果，也是一定时代审美文化创造的象征之一。城市有许多功能，如政治、经济、社会、文化、军事和日常生活等功能。同时，城市也是一部大书，它蕴含着丰富的意义。尤其是近年来，城市的设计和建设越来越重视人文导向，更加追求城市的文化意蕴、区域特色、生态平衡和审美个性。

从景观美学的角度讲，城市景观主要包括城市建筑及其装饰、城市公园、城市雕塑、环境艺术等物质形态，以及城市文化氛围、城市精神个性和城市生活方式等非物质形态。当然，这两个方面是结合在一起的，而且，由于城市设施的多功能性，上述各要素之间也常常是相互关联的。一个城市往往是比较大的，面面俱到的观赏既不可能，也没有必要。城市景观的美就孕育在城市的特色之中。

因此，对待城市景观，要抓住其最有特色和个性的局部景观进行欣赏。如上海这座城市，从历史角度讲，外滩、城隍庙、石库门、中共一大会址是比较有特色的；而论现代化城市景观，浦东的“东方明珠”以及风格各异的现代化楼宇群则是最有代表性的。所以，以黄浦江两岸的城市景观带作为欣赏的切入点，就能紧紧扣住上海这个国际性现代化大都市之美。

知识拓展

上海石库门

从上海的高空俯视，能看见一栋栋红色屋顶的房子整齐排列，类似于今天联排别墅的布局。其实，这是上海的老房子。新中国成立前，它们容纳了这座城市60%的人口。大门以石头做门框，木头做门扇，门框箍住门扇，因此得名“石箍门”。19世纪上海开埠后，很多宁波人移居上海，宁波方言中的“箍”与“库”发音相同，因此逐渐传作“石库门”。

石库门不仅安抚了人们的生活，也见证了历史。1921年，13位来自全国各地共产党早期组织的代表，在这里成立了中国共产党。28年后，一个崭新的中华人民共和国在东方诞生。

上海石库门

知识拓展

上海外滩

外滩，位于上海市中心黄浦区的黄浦江畔，即外黄浦滩，是中国著名的历史文化街区。外滩全长1.5千米，南起延安东路，北至苏州河上的外白渡桥，东面即黄浦江，西面是旧上海金融、外贸机构的集中地。这里矗立着许多哥特式、罗马式、巴洛克式、中西合璧式等风格各异的大楼，大多建于20世纪初，被称为“万国建筑博览群”。外滩是老上海十里洋场的真实写照，也是上海近代城市历史的起点。

上海外滩的“万国建筑博览群”

知识拓展

上海浦东陆家嘴金融商务区

与外滩隔江相对的浦东陆家嘴，有上海标志性建筑上海中心大厦（632米，中国最高建筑）、东方明珠、金茂大厦、上海环球金融中心等，成为中国改革开放的象征和上海现代化建设的缩影。

上海浦东陆家嘴金融商务区

如果说上海这座城市是以近现代城市文明取胜，那么，北京则因中国古代文明的融汇而凸显出个性来。北京城市景观的核心，就是北起钟鼓楼，向南经过景山、故宫、天安门、正阳门直至永定门这条中轴线，它连接了北京的重要历史建筑和文化地标，展现了古都北京的规划美学和历史演变。

作为一座拥有三千多年建城史和八百多年建都史的世界著名古都和第一批国家历史文化名城之一，北京具有底蕴深厚的历史文脉和丰富的文化资源。从城市景观审美视角来看，北京城市景观既集中展示了古代城市美学和发展理念，也因其历史、文化、美学、教育等多方面的意义而满足了现代人的审美需求。北京严整壮观的城市中轴线、巍峨宏伟的皇家宫殿建筑群、丰富的寺观坛庙景点、诗意的山水园林景观等既体现了深厚的历史底蕴与浓郁的传统文化氛围，也作为城市精神传统的象征长久地影响着城市居民的文化认知和审美感受。

知识拓展

紫禁城

紫禁城遵循中国古代“左祖右社，前朝后市”的营建规制，建成于明朝永乐十八年（1420年），第二年明成祖朱棣宣布迁都北京，自此紫禁城成为有明一代的皇宫。明崇祯十七年（1644年）清军入关，紫禁城又成为有清一代的皇宫。明清两代二十四帝、近五百年以此为国家中枢之地，政之所出，号令天下。紫禁城从明朝“永乐之治”肇建，到清朝“康乾盛世”定格，是我国明清两朝统一多民族国家历史的见证。

二、乡村景观的美学形式和审美取向

人们往往把景观理解为静态的对象，其实人文景观还可以是动态的。例如，一个村落，作为景观，不仅是指那些固定的建筑物或其他人造物，还包括鲜活的劳作方式、生活方式、风俗习惯，以及活动着的人群甚至是牲畜，它们与静态的建筑物一起构成了动静结合的人文景观。

从景观美学的角度看，乡村景观同样包含了物质形态和非物质形态两方面。物质形态包括民居建筑及其装饰、果园耕地、环境艺术等，非物质形态则包括乡土文化氛围、村民精神个性和乡村特有的风俗习惯等。随着人类生态意识的不断发展，人们对景观审美价值的认知也是不断发展变化的，大量以前不受关注的景观如今深受人们的喜爱。例如，随着城市现代建筑的普及，人们转而对传统民居越来越感兴趣，那渗透着民俗文化、体现了传统建筑风格和质朴之美的乡间民居，在那些整日生活在高楼大厦间的现代人眼里，是那么的温馨而有灵趣。又如，许多动植物以前并不特别引人注目，如今却深得人们的喜爱，在这方面，生态意识起着重要作用。一个显而易见的例子就是湿地植物，如芦苇、香蒲等，过去它们往往被视为沼泽地里的杂草，而现在人们已经认识到了这些湿地植物在净化水质、调节气候、保护生物多样性等方面的功用。

知识拓展

皖南名村——西递、宏村

知识拓展

下姜村——中国美丽休闲乡村

第三节　博物馆、展览馆的美学形式和审美取向

博物馆、展览馆是城市文明发展的必然产物，也是社会经济发展的必然需求。随着越来越多的历史遗存被发现和发掘，越来越多的商业展品被使用，策展事业日益繁荣。各种类型的博物馆、展览馆，无论是公益性质的还是商业性质的，作为展品的收藏场所和社会服务机构，都肩负着收藏、保护、展示、教育和研究的重要职责，更肩负着审美教育的责任。在物质需求得到满足的前提下，人们对精神文化的渴求日益强烈。人们越来越关注各种文化活动，更乐意花时间走进博物馆、展览馆等文化场所。因此，博物馆、展览馆等展览场所应该更加关注策展的美学效果。

一、呈现藏品之美

博物馆、展览馆展示的藏品都是经过精心筛选的，是具有历史价值、艺术价值和研究价值的代表性作品，所以，其展出场所应成为能让人感受到藏品之美和人类智慧结晶的殿堂。如今，让人眼花缭乱、目不暇接的堆砌式展示方式已然被摒弃。有的展览在一个展厅只放置一件文物，目的就是将所有的目光聚焦到重要文物身上，利用空间来突出文物的地位。然而，通过减少展厅单位面积内的藏品数量来达到展示效果仍然属于被动吸引观众的方式。通过展厅内的气氛营造和灯光运用来突出藏品的美感，以提升观众对藏品的关注度，才是更为主动的呈现方式。在当今展陈设施日趋完备的条件下，藏品呈现方式体现出多样化、智能化的特征，例如全息投影技术、AR（增强现实）技术和 VR（虚拟现实）技术的应用，不仅能让观众产生身临其境之感，甚至还能让观众与藏品进行虚拟互动，更加直接和主动地去获取藏品背后的历史文化信息。不论是空间环境的改变，还是展示技术的提升，其宗旨都是要将藏品承载的信息传播给观众，其本质是引起观众的共鸣，引导观众从感性关注上升到理性认知，从而让观众对藏品及其传递的信息留下深刻的记忆。这一切的自然发生完全依赖着美观、合理的

展示。因此，如何呈现藏品，让人记住其传递的信息，是博物馆、展览馆的陈列设计中最关键的问题。这也是博物馆和展览馆走向人性化的必然要求——对“物”与人的双向尊重，不但要讲究展示技术和氛围烘托，还要考虑到观众的心理视角和情感因素。

知识拓展

周洪双，李晓东，李韵．中国考古的当代故事：走进三星堆博物馆．光明日报，2022-03-18（5）.

二、体现建筑之美

博物馆、展览馆的建筑日渐成为吸引观众的一项软指标，它反映了场馆的自身定位。许多场馆在建筑设计上颇下了一番功夫。以苏州博物馆新馆为例，其亮点为：建筑造型与所处环境自然融合，空间处理独具匠心；建筑材料考究、内部构思精巧，最大限度地把自然光线引入室内；在简洁的现代主义建筑基础上充分运用中国江南古建筑的元素，既有中国建筑园林的意趣，又具备现代建筑的功能性与通透感。建筑本身成为该博物馆的一大特色与亮点，也成为苏州的地标和名片。

成都金沙遗址博物馆的建筑设计也是别出心裁，将建筑与金沙遗址出土的文物相联系，遗迹馆外观为圆形，象征出土的玉璧，陈列馆呈方形，象征出土的玉琮，设计灵感就来源于中国古人“天圆地方”的宇宙观；内部设计与结构注重功能性和服务性，每个展厅的装潢与该展厅展示的文物特点和背景相辅相成，增强了叙事性，也很好地避免了文物繁多和展线较长所引起的视觉疲劳。

现代新修博物馆、展览馆建筑越来越倾向于采用独特的造型、新颖的外观，用建筑的新、奇、美来吸引观众。虽然博物馆、展览馆中展示的都是古物，但其建筑可以是现代的、前卫的、新颖的，正如博物馆、展览馆大量运用新兴科技来展示文物一样。古老与创新、过去与现在都在博物馆、展览馆中得以体现，这样，这些场馆才具有了连接古今的意义。建筑可以说是美学的集中体现，涉及与周围环境的和谐、造型的独特和功能的完备，以及布局与内部空间的合理利用等。作为城市的一部分，建筑还肩负着美化城市景观的职责，所以，博物馆、展览馆对自身建筑的日趋重视也体现出其对建筑美学和所担负的社会审美导向责任越来越看重。博物馆、展览馆要实现自身可持续发展和良好运营，就必须摆脱过去给人的刻板印象，而体现建筑之美正是博物馆、展览馆实现重新定位的外在条件。

浙江省博物馆之江馆

知识拓展

贝聿铭与苏博. 苏州博物馆官网，2015-09-06.

第四节　网红打卡地的美学形式和审美取向

随着移动互联时代的到来，用户在社交平台上对于视觉满足产生了极大的需求。其原因在于微博、公众号等网络平台的出现使受众的阅读习惯逐渐趋于碎片化；而短视频应用如抖音的流行，更是削弱了文字的存在感，将短视频作为主要传播形式，通过视觉和听觉的刺激抓住用户，进一步强化了短、平、快的阅读模式。而图片、视频的强存在感，引发了新型旅游动因的出现。

过去用户实施旅游行为的主要动因是朋友推荐，或旅行社、电视、报纸的广告宣传等；如今还出现了受到新媒体平台中的图片或视频吸引而实施旅游行为的新型动因，该动因对当下热衷于使用社交平台的用户影响较大。他们的行为模式大致表现为：首先用户受到社交平台中的图片或视频吸引；随后在社交平台或垂直类网站上进行相关信息搜索，或者向有该地旅游经历的亲友咨询；然后决定是否展开实地旅行；在实地旅行之后，将拍摄的视频或照片在社交平台上进行分享，而这些视频或照片可能会对潜在的游客产生视觉刺激，新一批用户将依照前述逻辑实施新一轮旅游行为，由此形成闭环。

可见，视觉冲击感基本上影响着用户旅游行为的每一个阶段。也就是说，催生网红打卡地旅游方式的主要因素是移动互联网的视觉信息冲击带来的消费冲动。

由于可以带来视觉冲击的信息包括但不限于动物、植物、建筑、机械、食品、人等等，因此形成网红打卡效应的旅游吸引物可以说空前繁多。但是相关网络统计表明，能最终促成网红打卡地旅游行为的旅游吸引物都具备以下特点：

（1）具备“新、奇、特”的特点，能够激发游客的好奇心，打破或是重构游客对旅游目的地的想象，因而使游客产生旅游冲动。例如长沙的中国首家辣条博物馆、成都都江堰的全球最重大熊猫雕塑，等等。

（2）能营造沉浸式的氛围感，通过正向激发游客的视觉、嗅觉、触觉、味觉、听觉等感官体验，让人不由自主地产生美好的联想，从而产生强烈的愉悦感，比如夏日氛围感、动画氛围感、电影氛围感等。

（3）有根据特定场景营造的仪式感，有助于强化游客印象、增加记忆点、创造体验峰值。例如在某个活动中更换特定的服装，或者扮演某个特定的人物，如 cosplay（角色扮演）等。

（4）能提升游客的参与感，使游客与旅游目的地充分接触，最终获得愉悦、深刻的旅游体验。例如在酒店下午茶时间亲身体验手冲咖啡的制作和学习糕点的制作。

案例与专题

桨声灯影——城市内河游简介

等你来“刷夜”——城市夜游的打开方式

姑苏八点半——开启城市夜游的金钥匙

“画像”与“定向”——网红打卡酒店的营销方式

寻找藏着的中国——博物馆游成新晋旅游热门主题

本章知识要点

本章主要阐述了城市、乡村、博物馆、展览馆和网红打卡地的美学形式和审美取向。城乡风貌中包含的自然景观和人文景观是旅游生活中景观审美的重要组成部分，建立对这些景观的美学欣赏能力，不仅能增长知识、陶冶情操，还能美化心灵、提升境界。

思考与讨论

1. 谈谈自然景观和人文景观的差异。
2. 举例说明乡村景观的美学特征。
3. 城市景观的美学形式有哪些？你是如何理解的？
4. 举例说明你所在城市的著名人文景观。
5. 分析网红打卡地得以形成的条件。
6. 以你熟悉的博物馆为例，说明其建筑反映了什么样的审美取向。
7. 为什么好的照片和视频是网红打卡地的最佳广告？
8. 参观一家网红酒店，了解它是如何激发顾客的感官体验的，谈谈其效果如何。

推荐阅读材料

1. 赵李娜. 上海石库门生活习俗. 郑州：中州古籍出版社，2017.
2. 孙海. 街巷里的四季：成都草木寻踪. 北京：商务印书馆，2020.
3. 费孝通. 乡土重建. 上海：华东师范大学出版社，2019.
4. 张环宙，徐林强. 杭州运河旅游. 杭州：杭州出版社，2013.
5. 萧寒，绿妖，严明. 我在故宫修文物. 桂林：广西师范大学出版社，2017.
6. 杭州市旅游委员会. 此心安处：杭州精品酒店赏鉴. 北京：商务印书馆，2017.
7. 王烨. 中国古代碑刻. 北京：中国商业出版社，2015.

拾

第十章

闲适之美：旅游生活中的休闲文化

本章导语

我国孔子和老子被称为“中国早期旅游休闲思想的开山鼻祖”，并留下了两种不同的旅游休闲思想。孔子强调“心灵体验”与“积极入世”和谐发展，老子则主张顺应自然、回归自然的生活理想。不可否认，二者都是旅游休闲的积极倡导者，无论是听流水之声、看青禾绿草、思花落花开，还是采菊东篱、观书绎理、弹琴品茗，都是休闲旅游的重要形式，也是实现旅游物质享受与精神享受的重要方式。

知识目标

了解休闲艺术与哲学；

了解休闲旅游的定义；

了解插花艺术与香道艺术；

了解旅游文创产品设计与审美。

素质目标

通过对中国休闲艺术与哲学的学习了解，弘扬中华优秀文化传统，在旅游产品设计、乡村文化挖掘中自觉融入中国休闲文化、中国传统文化，展示中华文化自信。

重要术语

休闲旅游　插花　香道　旅游文创产品

第一节　休闲旅游概述

一、何谓休闲

所谓休闲之事，无论中外，古已有之。休闲不仅仅是人类重要的生活方式，而且涉及人类思想状态、人生旨趣的转变，甚至成为衡量人生境界的重要标志。随着生产力的发展和科技的进步，休闲越来越受到社会的关注。有学者预测，休闲、娱乐活动将成为下一个经济大潮，席卷世界各地，人们的休闲观念也将发生本质性变化。休闲显然已成为这个时代重要的特征之一，也是社会文化活动的重要组成部分。休闲在产生之初，就显露了它的独特魅力，休闲的必要性、多样性、哲理性也决定了现代休闲产业发展的持续性和综合性。简单地说，休闲已经超越了其单纯的时间、活动意义上的概念，而更倾向于实现人的全面发展和促进社会整体进步。

（一）休闲的艺术

从时间的角度来看，休闲是从劳作中解脱出来的自由时间，这是对休闲最初的理解。休闲是扣除用于工作、履行义务和与工作相关的职责以及从事其他形式的必要劳动的时间之后个人所拥有的那部分时间，是满足工作和生活的基本需要之后的剩余时间。

中国人历来讲究生活的艺术，注重追求生活的韵味和乐趣。不为解渴而喝茶才叫“品茗”，不为苗木花卉的正常生长而种植才称为“园艺”，不为比赛、竞技等原因而哼唱曲调、手舞足蹈等才是休闲。简言之，休闲是不需要观众的生活艺术的享受，包括物质享受和精神享受。正如清人张潮在《幽梦影》中所言：“人莫乐于闲，非无所事事之谓也。闲则能读书，闲则能游名胜，闲则能交益友，闲则能饮酒，闲则能著书。天下之乐，孰大于是？”可见，休闲所能之事，不胜枚举。

（二）休闲的哲学

我国休闲思想的产生可以追溯到先秦以前，先贤们对“休”与“闲”都有自己独特的见解。休闲既是一种生活方式，也是一种人生境界，本质上是一个关于人生的哲学命题。

孔子说过“天下有道则见，无道则隐”（《论语·泰伯》），主张怀着积极入世的精神，将自我实现的自由之境建立在人与人的交往以及对群体的社会责任感的基础之上，强调在“修身、齐家、治国、平天下”的过程中努力创造生命价值。他还提出“知者乐水，仁者乐山。知者动，仁者静。知者乐，仁者寿”(《论语·雍也》)，把“乐山乐水”、自然与精神境界合一的心灵体验作为完善自身道德修养的手段。休闲已经成为一种自我养成、修身养性的重要途径。

二、休闲旅游

随着休闲产业的迅速发展和人们旅游需求的转变，休闲旅游越来越强调人的精神享受，更注重个人自我价值的实现和人生境界的提升。

关于休闲旅游的定义，不同研究者给出了不同的解释。一些研究者认为，休闲旅游是以休闲为目的的旅游，是旅游与休闲的结合，同时也是一种重要的旅游产品。具体来说，休闲旅游是指以旅游资源为依托，以休闲为主要目的，以旅游设施为条件，以特定的文化景观和服务项目为内容，离开定居地而到异地逗留一定时间的游览、娱乐、观光和休息等活动。也有研究者认为，休闲旅游更注重旅游者的精神享受，更强调人在某一时段内所处的文化创造、文化欣赏、文化建构的存在状态，它通过人共有的行为、思想、感情，创造文化氛围，传递文化信息，构筑文化意境，从而实现个体身心和意志的全面、完整的发展。休闲旅游还特别强调人与自然的和谐一致，增强爱护与保护自然的意识。还有研究者认为，休闲旅游是人们在职业活动以外，离开居住地一定距离，以自己喜爱的相对自由的方式进行修养、度假、健身、消遣、娱乐，以达到消除身心疲劳、发展自我、充实精神等目的的一种形式简单、气氛轻松、费用适宜、重游率高的新兴旅游方式。休闲旅游是在旅游者占据了较多的闲暇时间和可自由支配的经济收入，旅游地有了一定的服务设施等条件下逐渐形成的，是旅游得以丰富、发展的产物。

（一）休闲旅游的特点

1. 修身养性

放松身心是休闲旅游的基本要求，在紧张的工作后到心仪的旅游地度假，使身心完全放松，完全有别于日常的工作节奏，这是一个身心的调整过程。

2. 目的地重复

休闲旅游具有一个显著的特点，就是游客对其认同的旅游地具有持久的兴趣和稳定的忠诚度。休闲旅游消费者对旅游地带来的熟悉感、亲切感非常在意，很关注外出度假的感觉和在家里生活的感觉之间的内在联系。

3. 停留时间长

休闲旅游与观光旅游有一个重要区别，即对目的地的指向比较集中。与观光旅游所追求的“多走多看”的价值心态不同，休闲旅游消费者往往在一个地方停留较长的时间，而且消费的目的性非常明确。

4. 层次丰富

休闲旅游消费者是在观光客群体中逐渐成熟、转变而来的，往往具有更高的文化需求，其所追求的旅游体验已经不仅仅是到森林度假区呼吸新鲜空气，或者去温泉度假区洗温泉浴，而是更加重视旅游地的文化氛围和内涵。

（二）休闲旅游产品的分类

一般来说，从休闲的功能、目的以及需求层次理论等角度，可以将休闲划分为四种类型，即文化娱乐休闲、运动康体休闲、餐饮休闲以及学习体验休闲。休闲具有经济性和非经济性的双重属性，而休闲旅游作为旅游业的重要内容，具备旅游业作为国民经济产业的经济属性。

1. 根据休闲旅游体验分类

（1）观赏休闲类产品：如观光农业园、乡村建筑小品园、乡村娱乐、乡村集贸、现代农业示范园、盆景花卉奇葩园、蔬菜瓜果观赏园、珍稀树木观赏园、科普植物观赏园、食用菌养殖园、珍稀树种观赏园等。

（2）亲水休闲类产品：如具有康复疗养、保健功能的温泉休闲产品；具有洗浴、游泳、健身功能的冷泉休闲产品；具有娱乐功能的亲水乐园产品；具有城市时尚气息的山水酒吧等。这类产品将传统的休闲项目与沐浴、桑拿、按摩、药浴、游泳、娱乐等结合起来，形成以休闲产业链与康复疗养产业链双链结构为核心，以会议、会展、体育、娱乐、购物、观光为内容的大型亲水休闲产业聚集区。

（3）郊野运动休闲类产品：如坡地滑草、高尔夫球场、训练营基地、定向越野、急速滑道、野战游戏、生态乐园、景观迷宫、动植物标本采集制作、综合性公园、娱乐性公园、动物园、植物园、景观浓缩园、科普园等。

（4）消遣娱乐类产品：如原生态歌舞表演、民俗文化表演、野外实景表演（以山水为舞台，使用实景道具）等。

2. 根据休闲旅游的开发方式和功能分类

（1）观光型休闲旅游产品：是指旅游者主要通过相对舒缓、悠闲的游览方式达到观光休闲的目的的产品类型，如欣赏城市风光、城市建设、乡村风光、山地森林景观、水域风光、特色建筑、文化载体或氛围以及其他独特或垄断性旅游资源等。它包括景点旅游和“无景点”旅游两类。

（2）体验型休闲旅游产品：是指旅游者在特定的旅游环境中，通过体验当地特有的民俗风情、生产生活方式以及文化氛围等达到休闲的目的的产品类型。“农家乐”“渔家乐”就是这种旅游产品的典型代表。

（3）度假型休闲旅游产品：这类产品是休闲旅游和度假旅游的结合，也是二者的过渡形态。与度假旅游不同的是，这种旅游产品实现的时间相对较短，对旅游资源的依赖性也相对较小。但是相比于其他休闲旅游产品来说，这类产品是最符合休闲理念的产品形态。

（4）康体运动型休闲旅游产品：这是最接近休闲的生理意义的休闲旅游产品类型，即以特定的旅游环境如滑雪场、温泉、海滨、高山等为依托，结合当地的特有资源开发的以康体和运动为主的旅游项目，主要是达到恢复体力、休养生息、养精蓄锐等目的。

（5）节庆娱乐型休闲旅游产品：是指依托大型的节庆活动开发的具有较强娱乐性和休闲性的产品类型。如依托元宵节、端午节等传统节日，利用当地特有资源开发的现代节日，如风筝节、斗牛节等。

（6）专门性休闲旅游产品：是除上述几种类型之外，某些旅游目的地结合自身的著名资源、市场区位、特有发展历程、特殊历史地位等开发的专门性的休闲旅游产品。例如能够提供一种或几种专门性服务的休闲产品，如城市周边的特色餐馆、乡村旅馆、大型的购物旅游以及休闲教育等。

第二节　插花艺术与香道艺术

一、插花艺术

（一）插花的特点

插花作为一种文化活动，其历史由来已久。它以剪切植物为素材，经过艺术加工，赋予其文化内涵，形成了一门独特的艺术。中国插花受古代“天人合一”哲学思想影响，崇尚自然，表现生命；受古代书画影响，重视线条，讲究生动；受古代文人插花影响，注重内涵，追求意境。

1. 崇尚自然

中国插花力求把大自然的美好世界，浓缩到插花作品之中，追求人与自然的和谐。

插花手法模仿自然，表现生命，对花材经过高低、长短、粗细、曲直、疏密、虚实、开合等处理和组合，把自然界最美好的局部融合到一个作品之中。每枝花、每片叶都神态生动，不露斧凿痕迹，追求“虽由人作，宛自天开”的艺术效果，进而达到“源于自然，高于自然”的境界。

插花主要采用不对称均衡构图方式，如起伏的山峦、蜿蜒的河流、高低的林木、栖息的动物等种种不规则的形态；花材选用讲究枝叶清新、充满生气，往往枝、叶、花、果、藤同时采用，未绽的花蕾、含苞的花、盛开的花并用，以表现植物生长的自然进程；花的姿态要求自然生动，枝条要枝枝生韵，花朵要朵朵挺立，叶片要叶叶舒展，处处表现出植物的生命之美、律动之美。

崇尚自然之美

2. 重视线条

与绘画一样，中国插花以线条造型为主要发展方向，线条为中国插花造型之骨，所以中国插花又被称为“线条插花”。线条的表现力极为丰富，直线可以表示上升、刚强、激昂、生机、力量、正直、稳定、秩序等；曲线可以表示自然、飘逸、温柔、圆润、潇洒、优雅、抒情等；斜线可以表示散射、突破、奔驰、冒险等；折线可以表示坚强、勇敢、曲折、起伏、百折不挠等；水平线可以表示平静、安稳、流动、沉重等。丰富的线条含义，为插花的创作提供了广泛的题材。

重视线条之美

3. 追求意境

古代很多诗文名家或书画大家都精通插花。他们渊博的学识和过人的才气，为插花造型注入了美学意蕴，更丰富了其内涵和理念，从而使插花艺术大大提高了文化附加值，增强了艺术感染力。久而久之，追求作品意念的含蓄深邃，成为中国插花艺术创作的重要法则。

追求意境之美

（二）插花的基本原理

1. 构图原理

为了表现作品的主题思想和造型效果，首先要进行构图。构图实际上是一个思维过程，即从自然存在的纷杂事物之中找出秩序；构图也是一个组织过程，即把散乱的构图元素组织成一个统一的整体。

（1）统一。千姿百态的花、枝、茎、叶、果、芽，为插花作品创造了多样变化的条件。然而，变化需要在统一的前提下呈现出来，没有统一，就会显得松散、零乱；反之，只有统一，没有变化，又会显得单调、刻板。要做到多而不杂、变而不乱，就需要把握好作品整体的统一。

统一之美

（2）均衡。插花多运用不对称均衡手法，这源于自然万物的不规则形态。自然界中山峦的起伏、河流的曲折、植物的高低、云霞的飘逸等大都是不对称却美妙和谐的整体。

均衡之美

（3）对比。插花创作中处处是对比手法，如疏密、聚散、大小、曲直、长短、虚实、俯仰、枯荣等，但对比中又必须注意整体的协调。

对比之美

（4）韵律。插花通过花材的高低、长短、曲折、横竖、前后、虚实、疏密、聚散、深浅等有节奏的变化，来表现韵律。

韵律之美

（5）比例。具有和谐的比例关系，是插花形式美的主要特性。插花比例普遍采用“黄金分割”原理。其比例尺度主要涉及外形整体的比例、花材与花器的比例、三主枝的比例、焦点的比例、作品与环境的比例这五个方面。

比例之美

2. 造型法则

（1）高低错落。自然界中的山峦、河流等，呈现出自然错落的美妙和谐。插花中的花材布局，也应该是有高有低、有前有后的，尽量避免插在同一水平线或垂直线上。

高低错落之美

（2）疏密有致。插花作品一般焦点部位较密集，框架部位较稀疏；在不对称造型中，一侧略为密集，另一侧略为稀疏；单面观作品，正面略为密集，背面略为稀疏。即使是同一部位的花材，无论是处于框架、补充还是焦点部位，都应有疏有密，尽量避免等距离排列。

疏密有致之美

（3）虚实结合。在插花创作中，虚实对比、虚实结合的手法比比皆是。掌握好虚实结合的手法，能给插花创作带来自然生动、变化万千的效果，也可以使插花作品均衡协调、尽善尽美。

虚实结合之美

（4）俯仰呼应。花朵有朝向，枝叶有弯势，插花时应以焦点为中心，使上下左右的花材围绕焦点顾盼呼应，形成一个整体，既使花的生命力得到生动的体现，也将观者视线引向焦点，增强作品的稳定感。

俯仰呼应之美

（5）上轻下重。为了增强插花作品的稳定感和安全感，在花材布局上通常采取上轻下重的手法。如花苞在上，盛花在下；小花在上，大花在下；穗状花在上，块状花在下；浅色花在上，深色花在下。

上轻下重之美

（6）上散下聚。中国插花追求自然，无论用什么器具和固定工具，都要注意有散有聚、上散下聚。散是放，聚是收；散是开，聚是合。当插画作品做到收放自如、开合适度，造型就会比较自然和完满。

上散下聚之美

二、香道艺术

香药，指主要取于天然植物芳香部位的香材，也有少部分是取于动物的芳香部位。从早期使用的兰、蕙、椒、桂，到被誉为四大名香的沉、檀、龙、麝，绝大部分香药在我国都有出产或曾经出产。我国现存最早的本草学专著《神农本草经》将所收药材分列三品：一是“上药”，“主养命以应天”“轻身益气，不老延年”，可“多服久服”；二是“中药”，须斟酌服用；三是“下药”，“治病”所用，不可久服。传统香的很多常用香药都在上品之列，如麝香、青木香、柏实、榆皮、白蒿、甘草、兰草、菊花、松脂、丹砂、菌桂、辛夷、雄黄、硝石等。以榆皮为例，它具有“除邪气，久服轻身、不饥”的功效，所以传统香喜用榆皮粉做黏合剂，偶尔也会使用白及等为黏合剂，现在的线香、盘香等仍然如此。

（一）早期四大名香

1. 兰

《孔子家语》中说：“芝兰生于深林，不以无人而不芳；君子修道立德，不为穷困而改节。”兰花之香自古以来就是文人气节道德的象征，“芝兰之室”也成为良好环境的代名词。许多兰花品种都可以入香，秋兰、墨兰、蜘蛛兰等的根茎也可作为和香的原料。

2. 蕙

蕙即蕙兰，又称九子兰、九节兰，是兰科兰属的地生、多年生草本植物，叶瘦长，丛生，初夏开淡黄绿色花，气味馨香，一茎可开十几朵，色、香都比兰清淡，可供观赏。其根皮芳香，可和香，亦可做药材。

3. 椒

花椒的种子和种皮有浓郁的香气，与兰花的芬芳一样，被视为高尚道德的象征。古代对道德高尚的人，会有“椒兰之德”的美誉。古人还认为其具有沟通天人、和合性命的功效。由于椒在古代比较稀有珍贵，因而成为重要的馈赠礼品和恋人的定情之物。

4. 桂

桂皮，又称柴桂、香桂，为樟科樟属植物，是天竺桂、细叶香桂或川桂等树皮的通称。桂是古代和香的重要香药之一，古代以桂皮之气韵喻贤人素德之风。

（二）唐宋后的四大名香

1. 沉香

沉香是一种特殊的树木因受伤或因极特殊的原因而产生的树脂，它在自然环境的长期作用下，逐步形成气味芬芳的凝聚物。能形成沉香的植物，主要是瑞香科沉香属的白木香树、蜜香树、鹰木香树等几种香树。这些树木受伤后，自身产生的树胶、树脂、挥发油与木质混合凝结，在内外环境的作用下生成香。所以，沉香是一种混合了树胶、树脂、挥发油、木材等成分的固态凝聚物，而不是木材。由于沉香成因复杂，受多种因素制约，不易形成，因此优质沉香比较珍贵。

2. 檀香

檀香取自檀香科檀香属树种。檀香树的根、茎、枝、果实等都含油脂，但越靠近树心或树根的部位材质越好，含油量也越高。檀香是和香的常用香药，也是重要的中药材，是制作工艺品、配饰的优良材料。檀香能安神开窍，与其他香药搭配使用时还有“提升”香气的作用，“引芳香之物，上至极高之分”。

3. 龙脑香

龙脑香取自龙脑香科龙脑香属树种的树脂，该科的其他属种也有可产龙脑香者。龙脑树的树脂含量丰富，凿开树干或树枝，便能渗出液态树脂，也可用这种树脂制成龙脑晶体。其木材、叶、花、果实也都含有香脂，也能提取龙脑香。古代就已能用加热蒸馏的方法制取龙脑晶体。天然龙脑自古以来就是名贵的香药，也是中医中重要的芳香开窍药。

4. 麝香

三千多年前的甲骨文里就已经有了“麝”字，《山海经》中也有关于麝鹿的记载。麝香的气息浓郁且经久不散，但并无“芳香”之感。若以微量麝香与其他香药搭配使用，则能使香气更为稳定持久，并能产生一种特殊的灵动感和“动情感”。麝香是传统香的重要香药，也是最早被使用的香药之一。古人很早就认识到麝香虽然奇妙，但用量须微，“麝本多忌，过分必害”。陆游还有诗写用麝香和制熏香：“小斮海沉非弄水，旋开山麝取当门。”“当门”即指麝香；“海沉”指海南沉香。沉香入水半浮半沉者，称为“弄水香”。

（三）香品的分类

香品可根据以下标准进行分类：

（1）根据原料的天然属性划分，可分为天然香料类香品、合成香料类香品。

（2）根据形态特征划分，可分为固态香品、液态香品。

（3）根据工艺特征划分，可分为传统工艺香、现代工艺香。

（4）根据香方划分，大多数传统香品都有特定的配方与炮制方法，有相应的特点与功效，也常有相应的名称，大致是“一种配方”对应“一种香”，故香品种类甚多，如“六味熏衣香”“宣和御制香”“三神香”“伴月香”“寿阳公主梅花香”等。

（5）根据主体原料划分，以某种天然香料为主要成分的香品，也常将此主体原料的名称用作香品名称，如沉香、檀香、柏子香、玫瑰香等。

（6）根据香品自身的基本功能特点划分，可分为美饰类、怡情类、修炼类、祭祀类、药用类、综合类等。

（四）香品的使用

1. 印香

香粉回环萦绕，形如连笔的图案或篆字，点燃后可顺序燃尽，大多是用模具将香粉压印成固定字形或花样。制印香的模具称为香印。印香约始于唐代，宋时尤为盛行并深得文人雅士的青睐。

2. 隔火熏香

隔火熏香是一种很考究的用香方法，该法不直接点燃香品，而是以炭块为燃料，通过“隔片”炙烤香品。此法可避免产生烟气，也可使香气的释放更加舒缓。隔火熏香在唐代已经出现，宋之后较为流行。

3. 祭祀用香

不同的宗教、民族，祭祀用香的方式也各不相同。

4. 修炼用香

身心修炼，如静心、打坐、诵经、练瑜伽等时，用香有多重含义。一曰泰，创造安泰、正定的环境；二曰幽，营造幽美、馨香的气氛；三曰净，帮助修炼者达到清净、放松、身心和悦的状态；四曰聚，辅助修炼者积聚能量、冲关开窍；五曰敬，培扶恭敬郑重之心；六曰圣，有沟通凡圣之意。

5. 药用香品

药用香品主要用于祛秽、防疫、疗疾等。

（五）香具

1. 香炉

炉，指“贮火之器”，香炉即为承纳、熏烧香品的器具。香炉的种类繁多，可从不同角度进行划分。

（1）从炉器整体样式来看，可分为：1）拟礼器类，模拟古代礼器，如鼎、鬲、簋等；2）拟动植物类，模拟灵禽瑞兽、吉祥花卉等动植物造型，如龙、麒麟、角端、狻猊、象、鹤、雁、凤、孔雀、鸭，以及莲花、橘瓣、海棠、竹节等；3）拟器物类，模拟各种器物，如奁、钵盂、盏、杯、鼓、台几等；4）拟景观类，模拟自然景观或建筑物，如山、塔等；5）拟几何体类，如长方体、球体等；6）综合类，不宜归入上述类别的香炉。

（2）从炉器的局部样式来看，可根据腹、耳、纹饰、口、足、盖、纽、座、盘、提链、提梁等分为多种样式。比如，腹，有圆腹、敛腹、筒腹、花式腹等；耳，有朝天耳、桥耳、蚰龙耳、象耳、狮头耳等；纹饰，有弦纹、云纹、雷纹、夔龙纹、莲纹、火焰纹等；足，有多足、圈足、乳足、戈足、象鼻足、马蹄足、如意足等；盖，有平顶盖、梯形盖、子母口盖、穹顶盖等；座，有三足座、方座、莲花座、须弥座等。

（3）从材质特点来看，有铜、金、银、铁、锡、陶、瓷、石（玉）、竹、木、象牙等。每一类又可细分为多种，如瓷炉可分为青瓷、白瓷、黑瓷、青花、釉里红、粉彩等；铜炉可分为红铜、黄铜、青铜、白铜等。

（4）从装饰工艺来看，有錾花、鎏金、铄金、渗金、点金、镶嵌、珐琅等类。

（5）从功能与使用特点来看，有适用于线香的“卧炉”和“香筒”，能自由旋转的“熏球”，适于熏衣物的“熏笼”，适于同时熏烧多种香品的“多穴炉”，适于印香的“印香炉”，适于手持的“柄炉”等。

2. 熏炉

“熏炉”一词历史久远，其出现早于“香炉”，西汉时已将博山炉称为“熏炉”。其含义有广义与狭义之分：广义的熏炉指“熏香的炉具”，与“香炉”基本相同；狭义的熏炉，指一些特殊的香炉。

3. 承（香）炉

约自宋代开始尤其是元代之后，较多使用能独立燃烧的香品，如印香、线香、签香、塔香等。焚烧这些香品的香炉大致有两类：一类是有炉盖的“熏炉”，形状近似汉唐时期的熏炉，但体积较小（有的炉具炉盖简易，焚线香时便于取下）；另一类是无炉盖、无壁孔的香炉，其功能主要是“承托、容纳”香品及香灰，而不是“贮火”和“闷熏”，例如，可插焚线香和签香的小香炉、无盖的印香炉和印香盘、焚塔香的无盖香炉等。

4. 卧炉

卧炉主要用于熏烧水平放置的线香。炉身多为狭长形，有多种造型。有有盖的，也有无盖的。还有一种类似香筒的“横式香熏”，形如卧倒的、镂空的长方体，以长方体的整个上平面做“炉盖”，或将“炉盖”设在一端。

5. 印香炉

印香炉又称“篆香炉”，用于焚烧印香。炉面平展开阔，炉腹较浅，下部铺垫香灰，用印香模具在香灰上进行压印。或有盖，或无盖。也有条几形的“篆香几”，以及多层结构的印香炉，可将印香模、香粉等放在下层。口径较大的普通香炉以及平展的“香盘”也可用于焚烧印香。

6. 印香模

印香模又称“香印”“篆香模”，指制作印香的模具，形如镂空的印章。大小不等，造型各异，多以木材、银等制成。

7. 多穴炉

形如多个熏炉连接在一起，炉腹互不联通，可同时熏烧多种香品。此类香炉数量很少，曾见于广州南越文王墓。

8. 提炉

提炉又称提梁香炉，是带有提梁，便于提带的香炉。

9. 柄炉

柄炉，又称“长柄香炉”“香斗”，带有较长的握柄，一端供持握，另一端有一个小香炉，香炉有各种样式。熏烧的香品多为香丸、香饼、香粉等。此种香炉可在站立或出行时使用。可手持炉柄，炉头在前；也可一手持柄，一手托炉。此类香炉在佛教中使用较多，魏晋至唐代尤其流行。

10. 手炉

手炉主要用于取暖，也可用于熏香。炉盖镂空成各式纹样，炉身常錾刻图案；外形圆润，呈圆形、方形、六角形、花瓣形等。手炉可握在手中、置于衣袖间或有提梁供随身提带。

11. 熏球

熏球又称“香球”，多以银、铜等金属制成，球壁镂空，球内依次套有三层小球，每个小球都挂在一个转轴上，最内层悬挂焚香的小钵盂。熏球旋转或滚动时，在钵盂的重力作用下，三层转轴相应旋转调整，钵盂则始终能保持水平，香品不会倾出，因此即使在床上和被褥中也能使用，亦称“被中香炉”。

12. 熏笼

熏笼即在香炉外面罩以“笼”形器物，大小不一，常用于熏手巾、熏衣、熏被，也可用于取暖。“笼”的材质有竹、木、陶瓷等。

13. 香筒

香筒又称“香笼”，用于熏烧线香或签香，常直立使用，也可纳于怀袖或衣被中。香筒多为圆筒形，带有炉盖，炉壁镂空成各种纹样，以通气散香，筒内设有安插线香的插座。材质有竹、木、石、玉、象牙等多种。

14. 香插

香插是带有插孔的基座，用于插放线香。基座的造型与高度、插孔大小、插孔数量有多种样式，可适用于不同粗细、长度的线香。

15. 香盒

香盒又称“香盛”，用于盛放香品，如香丸、线香、香木片等。材质多为木、陶瓷等。

16. 香几

香几即焚香的台状几案，可放置香炉、香盒和香瓶等物。高者可过腰，矮者不过几寸，四周有低矮的围挡，几面多为石料或木料。

17. 香囊

香囊又称“香包”，古代也称“容臭”，是用于装填香品如香粉、干花和中药材等的织袋，也可再罩以镂空的小盒，材质常为木、玉、银等。随身佩戴的香囊也称“佩帏”“佩香”；悬挂于车轿、居室、帷帐内的香囊，也称“帷香”。

第三节 旅游文创产品设计与审美

一、旅游产品

马克思在分析资本主义政治经济时，发现了商品的两个基本属性——价值和使用价值。法国社会学家让·鲍德里亚在马克思商品二重性理论的基础上进行扩展，提出了商品的符号价值。旅游产品是特殊的商品，符号价值显得更加重要。符号价值指同类别的产品在使用功能和制造成本上没有区别，但由于符号意义的不同而有了价值高低的差异。这种差异构成了某种商品的独特性，使同类产品得以区分开，旅游产品的符号价值也是体现文化特色的一个重要方式。

旅游产品是具有纪念性、艺术性、实用性的物质产品。我国的旅游产品品种繁多，有旅游食品、轻工业品、纺织工业品、手工业品、工艺美术品、文物、土特产、旅游纪念品等。其中许多旅游产品驰名中外，如美味佳肴、工艺美术品、金石字画、文房四宝、丝绸刺绣、文物古玩、名贵中药材，以及具有传统特色的日用小商品和纪念品等。

旅游产品不是单纯的物件，它是旅游地的媒介，是旅游信息的传播者，是地方形象的塑造者，也是文化的传承者，对于非物质文化遗产来说更是一种积极的传承保护方式。旅游者通过购买旅游产品将对旅游地的印象主观化、情感化，无论是珍藏还是展示、分享还是赠送，它们都被赋予了旅游者旅游时的情感。通过在旅游地的展示售卖，旅游产品潜移默化地强化着旅游者的旅游意识，提升着地域文化氛围。旅游产品的符号象征着某个景点、某个地域、某种文化，甚至包含了游客的情感，而这种地域特质、文化特色和情感认知与地方感有一定程度的契合。

二、旅游文创产品

随着我国旅游业的蓬勃发展，以及人们对文化旅游热情的不断上涨，旅游产品已不再局限于旅游纪念品和土特产等固有形式，融入各地域文化的旅游产品日益受到人们的喜爱，人们对于旅游产品的消费意愿也不断增强，从而促进了各地域的经济发展。以旅游产品为载体，也使各地域的文化传承和发展具有了更多的可能性，因此通过文创设计，设计出更具吸引力和生命力的旅游产品，不仅可以让游客购买到更具纪念性的旅游产品，满足某些游客礼品赠送的需求，也可以让人们意识到普及和传承各地域文化的重要性。

文创产品就是指文化创意产品，其显著特点是既具有文化性，又具有创意性。从字面意思来看，文创产品具有文化性和创意性两方面的特点。在文化底蕴的基础上产成创意是优秀文创设计师首先需要把握的。文创产品是以文化为元素、融合多元文化、整合相关学科和利用不同载体进行再造与创新的文化现象。

旅游文创产品应注重体现地域特色和纪念意义，要么是当地的地理环境，要么是当地的自然景观，要么是当地的文化特色，浓郁的特色性、地域性成为旅游文创产品明显的标识。运用先进的设计理念将现代的流行元素融入当地特色文化中所研发出来的创新产品，不仅满足了文化传承的需要，还践行了流行适用的价值理念。

旅游文创产品组合包括了旅游文创产品和旅游纪念品，在强调旅游产品商品性的同时，也强调产品中要有地域性、民族性的植入。但是要想做到既有文化性又有创意性，一定要注重研究文化和产品的联系、文化和创意的关系，不能单靠对一个传统名字的回忆体现它的文化性，要重视文化性和功能性的统一，这样产品才能在市场上畅销，也才能真正传播文化价值观，真正传承文化遗产。

三、旅游产品文创设计

（一）文创设计提升旅游产品吸引力

文创设计可以提升旅游产品的吸引力，使其吸引到更多的游客，并满足游客的购物欲望，这主要是通过增强旅游产品的独特性、收藏性和趣味性来实现的。

1. 文创设计使旅游产品更具独特性

要使旅游产品独具特色，与各地域文化的融合就是最好的选择，而因各地域经济发展水平和人们生活方式的不同，各地域文化都会有自身个性化的特点。文创设计所要做的就是在保证旅游产品合理性和科学性的基础上，对各地域文化中具象化的著名景观、传统图腾纹样、本地工艺品、特色材料以及抽象化的历史故事、文人诗词等先进行大量调研，对隐含其中的个性化文化元素进行提取，如延安红色文化中的色彩元素、胶东半岛的本地特色海草材料元素等；然后将这些提取出来的储存了各地域历史文化信息的个性化文化元素，体现在旅游产品的功能、造型、材料、色彩、使用状态等多个方面，将虚无缥缈、复杂难懂的文化转变成为实实在在、简单易懂的设计语言，达到与人们进行有效交流、使各地域文化得到广泛传播的目的。同时，独特性使旅游产品减少了与市场上已有产品的雷同，也进一步提高了市场竞争力，使旅游产品更具有吸引力。

2. 文创设计使旅游产品更具收藏性

旅游产品借由文创设计的思路能够使其自身的收藏价值得到提升，拉开与市场上现有产品的距离，这主要可以从以下两个方面实现。首先，要让旅游产品的设计理念与各地域文化内涵相吻合，使游客在使用旅游产品时可以获得与其他地域不同的情感体验，结合游客在旅游时的经历及所见所闻，带给游客美好的记忆。游客购买旅游产品就是在购买这份独一无二的记忆，旅游产品也会因为蕴含着游客美好的记忆而更具收藏意义。其次，不少游客购买旅游产品的目的除了自己留作纪念和收藏以外，还会将旅游产品当作礼物送给他人。因此，要先确定该旅游产品的定位人群在年龄、性格等方面的特点，再运用不同的设计语言去设计不同风格的旅游产品供游客挑选。例如敦煌博物馆所开发售卖的定位目标人群为青少年的滑板，在其整体造型上融入了敦煌独特的文化元素，因此与市场上已有滑板相比更具有纪念性，同时使更多的年轻人了解到了敦煌的传统文化与艺术，体现出游客的良好品味。因此，该系列滑板一经售卖就取得了商业上的成功，也使本地域的文化元素得以向外界持续输出，为文化的可持续传承做出了贡献。

3. 文创设计使旅游产品更具趣味性

旅游产品要想更加符合现代大众的“口味”，并进一步引导游客对旅游产品中所蕴含的文化产生兴趣，可以从现代潮流文化中寻求突破口，让旅游产品借助新时代潮流文化的推动“出圈”。一方面，通过文创设计将旅游产品中的传统文化元素与“盲盒热”“剧本杀”“密室逃脱”等潮流文化相结合，可以打破旅游产品缺乏可玩性的僵局；另一方面，将现代潮流文化中的“潮”“萌”“搞笑”等流行元素和更加大胆及多元的色彩、造型、材质融入旅游产品之中，可以打破旅游产品不够新颖的僵局。

以中国国家博物馆馆藏《明宪宗元宵行乐图》为主题所设计的首部互动解密游戏书《博乐·元宵行乐》就是将真实历史、文物等传统要素与“密室逃脱”“推理解密”等潮流文化融为一体的成功案例，它打破了传统纸质书籍单一的阅读模式，既有丰富的明代历史知识文字讲解，又通过 App、书籍、道具三者结合的交互方式，让用户可以在古代、现代两条时间线内进行沉浸性解密游戏，并且用户不同的选择会导致截然不同的结局，既提高了用户对明代历史知识学习的兴趣，又大大增强了用户的体验感，因此该项目上线后一分钟就众筹成功。

（二）文创设计提升旅游产品生命力

文创设计可以提升旅游产品的生命力，即通过增强实用性、展示生动性、营造良好的营销环境并树立鲜明独特的品牌形象三个方面延长旅游产品的生命周期，不断优化用户体验。

1. 文创设计使旅游产品更具实用性

文创设计除了要使旅游产品外观更美观外，还要注重让产品本身的功能更实用，以达到提升旅游产品生命力的目的。首先，设计者要了解所要设计的旅游产品应该具备哪些有针对性的功能，并在此基础上设计出衍生的附加功能。其次，文创设计应使旅游产品的功能融入外观之中，不能使两者是独立发挥作用的个体，外观设计应当向游客传达出产品的功能以及如何使用等信息。譬如，为了使旅游产品中活态化的文化更清晰地展现在游客面前，可以通过色彩、材料和表面处理等给游客带来不同层次的视觉享受和情感体验，加强旅游产品中文化符号的运用，为文化元素的展现及产品功能的发挥提供更多的支持，实现实用性与美观性的结合。

2. 文创设计使旅游产品更具生动性

要使旅游产品中的文化能够更加清晰、生动地展示在游客眼前，文创设计需要借助新时代下的新技术、新工艺和新材料，以新型的现代化信息传播工具作为辅助元素，打破传统的、固有的文化传播形式，使文化的传承方式更丰富多彩，使游客以更加新颖和有趣的方式感受到旅游产品中所蕴含的地域文化。目前，利用先进的信息传播手段 AR 技术，可以通过线上小程序或者 App 和线下旅游产品相结合的形式让旅游产品中蕴含的文化真正“活”起来，增强旅游产品的生动性，让游客可以从更多维度体验到旅游产品传递出的精神文化内涵与价值观念，加深游客对旅游产品中蕴含的地域文化的理解，达到更好地传播地域文化的效果。如将高品质的浮雕工艺和 AR 技术相结合，模拟并还原真实地貌的凹凸质感，用户只需要下载相应的 App，就能将整个世界微缩在自己眼前，近距离感受自然之美。

3. 文创设计使旅游产品更具品牌性

旅游产品投入市场之后，可以在建立完整的销售渠道的基础上，营造与文化氛围相契合的营销环境，从而让更多的人体验到不同地域的文化特色。在前期，线下平台可以提供机会使游客与产品有更为直接的接触，同时因为身处在当地的环境之中，游客能更为直观地领略到产品中所蕴含的本地域文化。之后通过线上平台收集游客使用产品后反馈比较集中的问题，进行设计改良，可以优化游客体验，提高游客满意度，也可以为之后推出新的产品打下基础。在后期，各地域就需要树立品牌意识，建立品牌文化和品牌战略。应当将能够激发游客对本地域旅游产品的正确认知与丰富联想的文化元素作为品牌标识，使旅游产品在游客心中留下深刻的印象，而一旦建立起旅游产品品牌和游客之间的联系，就可以通过文创设计和高品质制作，在游客心中树立起产品外观美和高标准的良好形象。譬如，北京故宫博物院线上和线下就采用了统一的品牌标识，即都取“宫”字形，在文创产品包装、网站等处都可以看到这一标识，久而久之，只要看到“宫”字，人们就会第一时间想到北京故宫博物院，也就对其文创产品的质量、安全性等方面都更加放心，从而提高销售量和游客忠诚度，这就是品牌标识的力量。同时，要对旅游产品进行适当的广告推广及宣传，在宣传中也要恰当运用品牌标识，建立起相应的粉丝团体，这对提升旅游产品的生命力，以及传承和发展产品中所蕴含的地域文化都具有非常正面的影响。

案例与专题

拈花入瓶——中国花道审美

参考视频：山东学习平台. 中国传统插花教程：缸花. 学习强国 App，2022-03-29.

闻香解香——香道在中国的产生与发展

乡村诱惑——乡村旅游产品审美

本章知识要点

本章主要阐述了休闲旅游的定义和特点，分析了休闲旅游产品的分类，对插花艺术与香道艺术的相关知识进行了介绍，最后总结了旅游文创产品设计与审美。休闲旅游已经成为人们旅游生活的重要组成部分，对满足旅游者的精神需求、实现自我价值和提升人生境界具有重要作用。

思考与讨论

1. 请谈谈休闲旅游的艺术与哲学。
2. 举例说明在插花造型设计中如何通过线条来展现不同的视觉形象。
3. 请谈谈香品的具体用途。
4. 举例说明旅游产品文创设计如何提升吸引力。

5. 举例说明旅游产品文创设计如何提升生命力。

推荐阅读材料

1. 闫红霞. 休闲旅游：文化·审美·体验. 北京：中央编译出版社，2016.

2. 文化和旅游部资源开发司. 中国度假休闲旅游发展示范案例精编. 北京：中国旅游出版社，2020.

参考文献

[1] 叶朗. 美学原理 [M]. 北京：北京大学出版社，2009.

[2] 朱光潜. 谈美书简 [M]. 北京：中华书局，2012.

[3] 莱辛. 拉奥孔 [M]. 朱光潜，译. 北京：商务印书馆，2016.

[4] 高曾伟，易向阳. 旅游美学 [M]. 2版. 上海：上海交通大学出版社，2011.

[5] 王柯平. 旅游美学导论 [M]. 北京：旅游教育出版社，2011.

[6] 于德珍. 旅游美学 [M]. 2版. 天津：南开大学出版社，2012.

[7] 杨哲昆，霍义平，何升华. 旅游美学实务 [M]. 2版. 南京：东南大学出版社，2014.

[8] 王柯平. 旅游美学论要 [M]. 北京：北京大学出版社，2015.

[9] 王柯平. 旅游美学 [M]. 4版. 北京：旅游教育出版社，2015.

[10] 张骏，卢凤萍. 旅游美学 [M]. 北京：中国人民大学出版社，2017.

[11] 刘晖. 旅游美学 [M]. 北京：中国人民大学出版社，2018.

[12] 张苏榕. 旅游美学 [M]. 镇江：江苏大学出版社，2020.

[13] 亓元，陈琳，屈凯. 旅游审美概论 [M]. 哈尔滨：哈尔滨工程大学出版社，2012.

[14] 吴荻. 旅游景观审美 [M]. 北京：中国旅游出版社，2018.

[15] 代道军. 旅游审美概论 [M]. 西安：西北大学出版社，2021.

[16] 潘文焰. 旅游文化与传播 [M]. 北京：北京大学出版社，2011.

[17] 刘悦笛. 东方生活美学 [M]. 北京：人民出版社，2019.

[18] 曹利华，史红. 饮食烹饪美学 [M]. 北京：科学普及出版社，1991.

[19] 杨东涛，陈孝信，丁应林. 中国饮食美学 [M]. 北京：中国轻工业出版社，1997.

[20] 李志伟. 中国风物特产与饮食 [M]. 4版. 北京：旅游教育出版社，2012.

[21] 杨铭铎. 饮食美学及其餐饮产品创新 [M]. 北京：科学出版社，2007.

［22］杜莉．吃贯中西［M］．济南：山东画报出版社，2010.

［23］赵建军．中国饮食美学史［M］．济南：齐鲁书社，2014.

［24］王建荣．茶道：从喝茶到懂茶［M］．南京：江苏凤凰科学技术出版社，2015.

［25］汪曾祺，汪朗．文人与食事［M］．上海：上海三联书店，2016.

［26］简名敏．餐饮空间氛围营造［M］．南京：江苏凤凰科学技术出版社，2017.

［27］章尚正．中国旅游文学［M］．福州：福建人民出版社，2002.

［28］冯乃康．旅游文学概论［M］．太原：山西教育出版社，2003.

［29］浙江省旅游局．导游文化基础知识［M］．北京：中国旅游出版社，2010.

［30］季世昌，朱净之．楹联知识手册［M］．北京：商务印书馆，2013.

［31］周爱华．戏曲美学导论［M］．2版．北京：中国戏剧出版社，2019.

［32］维克多·特纳．仪式过程：结构与反结构［M］．黄剑波，柳博赟，译．北京：中国人民大学出版社，2006.

［33］唐纳德·A．诺曼．设计心理学4：未来设计［M］．小柯，译．北京：中信出版社，2015.

［34］王远坤，蔡文明，刘雪．酒店设计与布局［M］．3版．武汉：华中科技大学出版社，2020.

［35］闫红霞．休闲旅游：文化·审美·体验［M］．北京：中央编译出版社，2016.

［36］喻文德．新时代美好生活的美学意蕴及其实现［J］．福建江夏学院学报，2021，11（2）：9－16，39.

［37］冯晓华，黄震方．新时代旅游美好生活内涵建构与实现路径［J］．社会科学家，2021（7）：34－39.

［38］张文祥．民俗文化的旅游审美［J］．桂林旅游高等专科学校学报，1998（4）：63－65，69.

［39］黄芳．传统民居旅游开发中居民参与问题思考［J］．旅游学刊，2002（5）：54－57.

［40］沈惊宏．中国传统民居建筑美学及其地域文化概论［J］．巢湖学院学报，2014，16（5）：101－108.

［41］黄艳丽，叶菡．中国传统民居的审美［J］．家具与室内装饰，2005（12）：78－80.

［42］李爱军．中国传统民居旅游审美意蕴探微：以湖南张谷英村为例［J］．淮北

职业技术学院学报，2009，8（4）：37－38.

［43］颜湘君．服饰·民俗·传统［J］．书屋，2007（12）：70－71.

［44］黄伟．中国服饰民俗漫谈［J］．濮阳教育学院学报，2003（3）：63－65.

［45］吴春兰．论苗族妇女在服饰民俗旅游中的作用：以黔东南苗族侗族自治州剑河县革东镇为例［J］．凯里学院学报，2012，30（1）：59－60.

［46］黄立群．论演艺民俗产业的发展［J］．新闻世界，2010（10）：137－138.

［47］李娟．浅谈民间音乐的特点及审美特征［J］．音乐天地，2005（4）：7－9.

［48］张秋里．戏曲的审美特征与保护［J］．当代戏剧，2012（5）：16－17.

［49］袁联波．民间戏剧与戏剧的民间精神［J］．戏剧文学，2007（9）：11－14.

［50］伍晓悦．浅谈杂技的审美特点［J］．杂技与魔术，2014（5）：51－52.

［51］杨斌．杂技审美特征论［J］．戏剧之家（上半月），2012（4）：87.

［52］朱思虎．节日审美性刍议［J］．湖北民族学院学报（哲学社会科学版），2016，34（5）：129－133.

［53］耿建蕾．传统手工艺的美学价值［J］．速读·中旬，2016（9）：4－6.

［54］陈成秋．浅谈传统文化与现代度假酒店设计之融合［J］．建材与装饰，2019（19）：80－81.

［55］王南．酒的生活美学意蕴［J］．人民周刊，2018（20）：1－3.

［56］胡小霞．茶艺中的美学意蕴挖掘［J］．度假旅游，2018（10）：189－190.

［57］何锐连．顺德饮食文化的传承与创新［J］．扬州大学烹饪学报，2007（4）：4－6.

［58］许宗元．中国酒文化与旅游［J］．江淮论坛，1993（4）：79－87.

［59］王亦敏，刘璎珞．更具吸引力和生命力的旅游产品文创设计研究［J］．设计，2021，34（17）：66－68.

［60］高春玲．基于地域文化特色的文创产品设计［J］．湖北工程学院学报，2021，41（2）：65－68.

［61］陈丽．旅游商品发展现状及对策探究［J］．吉林农业，2019（9）：56－57.

［62］宋佳，康米．新文创背景下传统文化的创新设计与传播路径［J］．现代营销（下旬刊），2021（3）：132－133.

［63］王维，毛芳怡．基于文化消费需求的文创设计研究［J］．设计，2020，33（5）：102－104.

［64］汪永河．服饰美学的研究意义［D］．天津：天津工业大学，2002.

［65］吴莉．旅游美学论纲［D］．西安：西北大学，2007.

［66］王蔚．山东省休闲旅游发展研究［D］．济南：山东大学，2010.

［67］李冬芹．传统民俗节庆的旅游创新研究［D］．武汉：华中师范大学，2013.

［68］郑新胜．审美文化视域中的民俗［D］．福州：福建师范大学，2015.

［69］许凯瑞．21 世纪中国民族民间音乐流行化趋势探析［D］．昆明：云南师范大学，2018.

［70］彭美菡．我国传统民俗节庆文化品牌建构研究［D］．南京：南京艺术学院，2021.

［71］王志苗．文化创意视角下的五指山市旅游购品开发策略研究［D］．三亚：海南热带海洋学院，2021.

［72］赵倩，马丽娟．“天山雄鹰”阿迪力“飞渡”黄河［EB/OL］.（2018-10-04）［2024-04-01］．https://baijiahao.baidu.com/s?id=1613375707803171106&wfr=spider&for=pc.